# 亲启

## ——致青春的你

刘兆军 著

济南出版社

图书在版编目（CIP）数据

亲启，致青春的你 / 刘兆军著. -- 济南：济南出版社，2025.3. -- ISBN 978-7-5488-7044-9

Ⅰ.G635.16-53

中国国家版本馆CIP数据核字第20255LW886号

## 亲启，致青春的你
QINQI, ZHI QINGCHUN DE NI

刘兆军　著

| 出　版　人 | 谢金岭 |
|---|---|
| 责任编辑 | 姜天一 |
| 封面设计 | 刘梦诗 |

出版发行　济南出版社
地　　址　山东省济南市二环南路1号（250002）
总　编　室　0531-86131715
印　　刷　济南鲁艺彩印有限公司
版　　次　2025年3月第1版
印　　次　2025年4月第1次印刷
开　　本　170mm×240mm 16开
印　　张　15.25
字　　数　230千字
书　　号　ISBN 978-7-5488-7044-9
定　　价　49.00元

如有印装质量问题　请与出版社出版部联系调换
电话：0531-86131736

版权所有　盗版必究

# 序

关于书信，古人寄寓了许多浪漫的情感，"鸿雁传书""红叶题诗""竹报平安""鱼传尺素""家书抵万金""岭外音书断""客愁无锦字，乡信有灯花""云中谁寄锦书来""青鸟殷勤为探看""鱼书欲寄何由达""欲寄彩笺兼尺素"……从司马迁《报任安书》、诸葛亮《诫子书》、陶渊明《与子俨等疏》、吴均《与朱元思书》、王维《山中与裴秀才迪书》，到近人林觉民《与妻书》、鲁迅《两地书》、傅雷《傅雷家书》，皆是感人肺腑的经典书信，映照出那些真实而崇高的心灵。书信为什么会有如此令人魂牵梦萦的魅力？一言以蔽之，信者，诚也，言为心声，信乃吐露心声之文字也。

深夜时分，待家人熟睡后，刘兆军老师走向书房或阳台，走进欢喜的独处时刻。面对济南的灯火阑珊，在沉思中，他开始给班内学生写生日祝福信，似乎是来到海边的灯塔前对着孩子们喊："到远方去！"就这样，从 2020 年 11 月到 2022 年 6 月，他给全班学生逐一写了数千字的生日祝福信，吐露关切青春成长的心声。

这场颇具仪式感的书信育人实践令人惊叹，而眼前这本《亲启，致青春的你》更令人感动不已。它在娓娓道来中为学生展现了广阔的人生风景，也在倾心相交中昭示了师生携行成长的内心力量。在这个被视频洪流裹挟的电子信息时代，为什么他会坚持给学生写信？他想通过书信传递什么呢？

身为家族中的第三代教师，多年以后，刘老师仍然记得在负笈他乡时激励他的两封信。一封是他的爷爷在他刚入大学时写的一封信，另一封是他的婶婶在他考上研究生时写的一封信。家人考虑到他性格内向，不爱表达，所以同为教师的爷爷和婶婶都选择用写信的方式给他激励和建议。待登上讲台后，凝望着台下同样青春的面孔，刘老师也将这种"家传"的书信育人方式带到了课内外，让用心书写的每一封信都变为连接学生的纽带。

为了不辜负语文教师和班主任的神圣角色，他养成记录教育笔记和书写反思的习惯，除了撰写几十万字的读书笔记和班级日志外，他还将书信育人实践花样翻新，开创了可称之为"书信体教育民族志"的独特育人实践，渗透于日常教学的方方面面，如节日祝福信、家校合作信、高考壮行信、生日祝福信等，甚至还坚持给一位同学持续写了十几封信。在他看来，这段特殊的旅程令人沉醉和着迷："对学生是激励和帮助，对自己是沉淀和升华。"

在不到两年的时光中，刘老师完成了这些生日祝福信，这无疑是一场艰苦的跋涉。刚开始制订这个计划时，他担心豪言壮语变成虎头蛇尾——作为高中语文教师、班主任和一双儿女的父亲的他，在时间的仓促和身兼多重身份的重压下无处藏躲。他只能在工作间隙中见缝插针，或牺牲休息时间熬夜书写，身体在超负荷运转下不免又落得家人的心疼埋怨。其实，比起规模化的书写，高质量、差异化的书写反而是更艰苦的。教师的使命除了传道授业解惑外，更要体察与呵护学生的心灵成长，这就需要教师在深入观察、用心交流后运用教育智慧去解决学生的内心困惑，回应学生的成长诉求。给学生的信件若千篇一律，便流于同质化流水线作业了。刘老师坦言，"每次书写都是一次角力"，但由于他足够用心，所以他"在做和写的进程中，找到了交流的重心和每一封信彼此不同的重点"。想一想，每位学生都是鲜活而不同的，他们有不同的姓名、生日、父母、家人、故乡、兴趣、特长，笔者在写信的每个时刻也有不同的心情与困扰。刘老师需要充分调动明澈的洞察力和丰富的想象力，才能对每位学生言之有物。正所谓许多事情不是想清楚了再去做，而是做着做着就想清楚了。他会在信件中谈及学生名字的美好寓意，提起对学生家人的印象，聊起学生曾做过的小事，也会回忆自己的乡野童年和求学岁月，分享最近工作上的烦恼或读的一本好书，说起一些勇敢坚定的学长和自由广阔的大学，传达正向的心理暗示。在写完这些书信后，他回顾道："23班，是我在时间不是太长的班主任工作经历中，最用心的一个班。不论是仪式感的呈现、激励方法的探索、情感的投入，还有作为班主任自己的成长，都是历届之最。"

在定义这部书稿的价值之前，我们需要明白它所面对的"学情"和"师情"是怎样的，即刘老师面对的高中生是怎样的群体，他自身又属于怎样的群体。平心而论，受制于中考和高考两大指挥棒，我们的孩子从进入中学后就开始了几年的"苦战"，除了少数人乐在其中，大多数学生在进入大学前已是身心俱疲，近视几乎是"标配"，失眠、厌食、焦虑、抑郁等屡见不鲜。了解了这些，我们便可感受本书的宝贵意义和人文关怀价值。

首先，教师通过书信唤醒学生的内在力量，用浪漫且庄严的仪式感塑造有温情的班级生态，提供了书信育人的鲜活样板。正值身心成长关键阶段且忍受着严酷学业压力的中学生有着丰富的思想，但不见得所有人都愿意表达与交流，尤其是对一些不善言辞、羞于言表的同学来说，教师也不便当面询问。书信恰好提供了一个私语空间，让师生交流回归到纸与笔的拥抱、心与眼的沟通，让语文教育回归到人与心灵。刘老师在书信中不断激励自己，在写作时"面对一个个飞扬的生命个体，我们不仅要有畅谈的欢愉，有静坐下来了解的过程，更要在书写的过程中看到人，看到一个个青年那么生动，那么清晰，那么纯净和真实地成长着"。这是属于"从前慢"的浪漫，尤其是在当下快节奏、碎片化的时代，书信交流无疑在宣示着纸本读写的庄严感。写信、装信、送信、收信、启信、读信、回信，构成了一条郑重其事的仪式链，每个过程都浸透着巧思、情感、态度。在第一封生日祝福信送达的时刻，其他同学也都在期待着自己的信何时送达，刘老师点燃了班内同学们眼中的光，无形中为这个班级注入玄妙而温暖的气息。在师生心灵共同成长的过程中，书信仪式营造出的健康积极的班级生态，帮助师生抵抗住日常的单调与学业的重压。

其次，生日祝福信充满浓郁的人生哲学意味，它让师生忍不住回望来时路，在大时代中连接起自我、家庭、故乡、青春、时代，实现师生之间的相互治愈。刘老师既追忆起他对学生自身、对学生家人、对学生故乡的印象，挖掘学生可贵的闪光点，也会分享起自己的很多往事，如童年"真正凋敝的旷野和吹自四面八方的风"、2003年那场惨烈的高考、2010年乘车来校工作的场景。他希望学生在成长的界碑上，"能读懂岁月的密码，清楚自己来日方长的走向，并为这走向真正投身、诚实对待自己的未来可能，让期待成真，让可能成为触手可及的成功"。他字斟句酌，喜欢"瞎琢磨"，试图寻找打开对方心扉的钥匙，让学生看到父母付出表象下深厚的情感河流，重思那些熟悉的人、空间及自己与原生家庭的血脉联系，赋能奔跑在路上的自己。值得注意的是，这些书信写于新冠肺炎疫情期间，曾有心理学家指出，这段时期对年轻人的心理伤害很大，"无意义感"和"空心化"比较明显。但在信中，刘老师见证、参与、制造着学生在疫情中的成长时刻，疗愈学生的苦闷，引导学生思考历史之于人成长的意义。

再次，作者用一封封充满诗性叙事、灵性文笔的书信，向学生树立了日拱一卒、功不唐捐的写作榜样，昭示着一位语文教师优秀的读写素养和心灵引导能力。按理说，读写应成为语文教师的日常生活，但在我的调研和观察中，不少中小学语文教师缺乏阅读写作的热情和实践，即便有兴趣阅读，也偏向于同质化的文学阅读。如何考验一个语文教师的能力与品格？简单来说，去看看他自己写下的文字和作品就可以。若一个孩子在中小学时期能遇上一位坚持阅读、写作且具备同理心的语文教师，该是多么幸运！我们很惊喜地看到，刘老师一封封长长的书信是一篇篇优秀的"下水作文"，他说只要与学生写信，就会踏入文字与灵魂编织的时光之河，唱响青春和意志激荡的奋进之歌。

可贵的是，刘老师在书信中并没有雕饰自己，反而是真诚朴实地分享自己的艰难过往，"那些从低谷中挣扎爬起的经历，是雨季里掺着雨水而流的泪水，是在看不见希望的黑暗中坚持着去寻找光亮"；说起对应试教育的无奈，"当我的孩子们入学时，我也会随波逐流、不由自主地加入这场从幼儿园开始便已听到发令枪响的'鸡娃'竞赛"；说起昔日同学的不同处境，"老师每到假期回乡，在集市，在途中，总能看到过去的同学们蓬头垢面地穿越人海，去寻生活的可能"。他分享这些人和事的目的，是希望学生体认到读书的真正价值，"能有热烈的言行，也要有匹配热烈的实践；你能有豪壮的假设，更要有与之对应的扎实的付出"。

我与刘老师本来素不相识，但2024年我和学生们共同撰写的《班史》出版后，突然之间，世界把一些志同道合的朋友们推到我面前。在看到刘老师的这部书信集后，在通读每一篇传达着赤诚情感的文字后，我感叹这位老师简直是个天使，脑海中浮现《十八岁的天空》《最好的我们》《一起同过窗》等影视剧的画面。我所感怀的是，"天下一致而百虑，殊途而同归"，本书的精神气质其实与《班史》很契合，那就是构建师生读写的班级共同体，审视自我与世界关联的历史精神，尊重和发掘学生各种可能性的教育信念。记得2024年夏天，我和学生们到威海一所中学做阅读写作推广实践，对方正在创办文学杂志，计划用"繁花"或"清木吟"命名，问我哪一个更好，我建议用"清木"：满心"倾慕"着自己清澈的生长，不知会开何种花，恰似学生的无限可能性。正如刘老师引用的塞缪尔·厄尔曼的散文诗所言："青春不是年华，而是心境。"

想起 2017 年夏天，我作为班主任陪伴自己的第一届学生毕业时，也给他们写了一封信。在信的结尾，我跟他们做了一个约定："十年之后的夏天，应该是 2027 年 6 月，无论你们散落在世界的哪个角落，无论这颗星球发生了怎样的改变，我希望你们能想起给黄老师写一封信，把你那时的状态告诉我，就像老朋友久别重逢后的聊天。"时光不语，但少年们可以用默默的成长和平安的生活回答老师的牵挂和问题。我也相信，有这部气势磅礴的书信长卷作为精神后盾，刘老师的学生们也会以更坚实的成长告慰刘老师与他们自己。

致敬所有用心陪伴学生成长的老师们，更祝福孩子们！借用本书引用加缪的话作为这篇冗序的结尾："不要走在我后面，因为我可能不会引路；不要走在我前面，因为我可能不会跟随；请走在我的身边，做我的朋友。"

黄修志
2025 年 3 月 25 日于烟台

# 目录

001 | 还有时间，还有机会
——写给鋆程同学

007 | 与未来慷慨相见
——写给依林同学

013 | 你是一个好玩的人
——写给马申同学

019 | 愿你拥有田园牧歌的诗意
——写给鸣宇同学

025 | 我们在努力，在向往星辰
——写给子睿同学

031 | 幸运一定交给奋斗来保管
——写给昕朔同学

037 | 不在云端跳舞，要在地面步行
——写给淑涵同学

043 | 人因出力而长力
——写给刘洁同学

049 | 每一次抉择都期待一场苦尽甘来
——写给京鑫同学

055 | 请走在我的身边，做我的朋友
——写给孙岩同学

| | |
|---|---|
| 061 | 高飞远行是青年的标志 |
| | ——写给昕睿同学 |
| 067 | 每个人都是自身的设计师 |
| | ——写给国峰同学 |
| 073 | 梦想是有神性的 |
| | ——写给春豪同学 |
| 079 | 奔跑着，潇洒地撞线 |
| | ——写给振厚同学 |
| 085 | 为自己锻造一副"铠甲" |
| | ——写给姝含同学 |
| 091 | 行者的未来在高处，行者的寄托在远方 |
| | ——写给王彦同学 |
| 098 | 前往，才是最青春的模样 |
| | ——写给玉恒同学 |
| 104 | 有时治愈，常常帮助，总是安慰 |
| | ——写给毅东同学 |
| 109 | 道路漫长，但紧要处只有几步 |
| | ——写给鹏飞同学 |
| 114 | 书写自己的故事 |
| | ——写给浩然同学 |
| 120 | 没有天生的信心，只有不断培养的信心 |
| | ——写给成娣同学 |
| 126 | 我来过，我征服 |
| | ——写给潘晨同学 |
| 129 | 如此坚定，如此从容 |
| | ——写给溪舟同学 |
| 133 | 享受真实生活的力与美 |
| | ——写给汇丰同学 |

# 目录

| | | |
|---|---|---|
| 136 | 善不是一种学问，而是一种行动 | |
| | ——写给辛杰同学 | |
| 139 | 逐光远行，便觉生活可爱 | |
| | ——写给李浩同学 | |
| 142 | 无情未必真豪杰 | |
| | ——写给陈喆同学 | |
| 145 | 男儿若遂栋梁志，拂晓宁与读书灯 | |
| | ——写给书宁同学 | |
| 149 | 聚焦远处山峰，踏上希望旅途 | |
| | ——写给定坤同学 | |
| 153 | 从生活的无字之书中，获取奋进的力量 | |
| | ——写给星松同学 | |
| 157 | 决心甚伟，丰富可能 | |
| | ——写给镇钰同学 | |
| 161 | 留一片空白随时浓墨重彩 | |
| | ——写给圣芳同学 | |
| 164 | 构筑新生代的稳稳安全感 | |
| | ——写给洪亮同学 | |
| 168 | 固守理想，直抵江河 | |
| | ——写给广宇同学 | |
| 172 | 相会在光芒万丈处 | |
| | ——写给未雨同学 | |
| 176 | 相信是有力量的 | |
| | ——写给炎泽同学 | |
| 180 | 去发现我们的潜力与可能 | |
| | ——写给长鑫同学 | |
| 184 | 在"大考场"的赛道上跑出好成绩 | |
| | ——写给敏灏同学 | |

| | | |
|---|---|---|
| 188 | | 笑着，表现生活的胆和力<br>——写给元敏同学 |
| 191 | | 辛勤是深沉的幸福<br>——写给俊杰同学 |
| 194 | | 少年与爱永不老去<br>——写给李泽同学 |
| 197 | | 愿所有美好，都不负归期<br>——写给新颖同学 |
| 200 | | 人总要为了一点儿目的活着<br>——写给维超同学 |
| 204 | | 前途似海，来日方长<br>——写给筱雅同学 |
| 207 | | 我们的奔跑必要有个终点<br>——写给新源同学 |
| 211 | | 有些特定的时刻，情绪比讲述真实<br>——写给泽豪同学 |
| 216 | | 读懂生活的深情与厚谊<br>——写给浩然同学 |
| 219 | | 用自己的实际行动回馈美好<br>——写给奭喆同学 |
| 223 | | 期待不会过期，将永远保质<br>——写给杜燚同学 |
| 227 | | 日为日行，不负时光<br>——写给允楷同学 |
| 229 | | 展信一马当先，功成必定有你<br>2022 高考壮行信 |
| 230 | | 聚是一团火，散是满天星<br>美好大学生活开启前老班的唠叨 |

# 还有时间，还有机会

——写给鋆程同学

**吾生鋆程：**

见字如面，展信快乐！老师祝你十七岁生日快乐！

惊不惊喜，快不快乐？让老师猜一猜，你可能会说"没想到"。我也没想到，老师将要开启的一段书写之旅是从你开始的。这样去想，你便是23班开启美好的最为重要之人。岁月、灵感、馈赠、机缘、巧合、爆灯，列举再多的词汇也不能诠释这份特殊。从为你书写生日贺信开始，如果时间和事务允许，我计划为23班的每个学生书写生日贺信，共同记录我们师生的点滴成长，在每个人的生日这个特殊的时间节点，和每一个心怀期待的23班青年人，去拥抱青春岁月的美好，去拥抱高中成长的幸福。

2003年的今天，你来到这个世界。你的到来，肯定给你的爸爸妈妈带来了无限的幸福和感动。2019年春天，在千佛山医院产房门口，当我第一次看到我的孩子们那清澈的眼睛，看到两个小生命在转动明亮的眼珠，看到他们并排躺在一个婴儿车里，当时的我幸福得流下激动的泪水。在泪水伴随的幸福里，护士小姐姐提醒我"年轻的父亲，签字重要啊"。每每想到当时的情景，我总是愿意再多花一些时间去沉浸和体味当时的幸福，重现当时的每一个细节。时间距离2019年的春天越来越远，但那个下午的画面和场景，却在我的脑海里越来越清晰，也越来越让我充满抗衡无情岁月的力量。因为，从父母的角度来说，孩子的到来让我们有机会去和一个新的生命共同走一段路，去感受生活的美好，去收获生活的幸福，当然，也体悟生活的各种滋味。这滋味，因为有了孩子，便变得更为醇厚和香甜。

和你认识两个多月了，如果算上开学前我们见面的那天，我们比起其他同学来，算得上是"老朋友"了。你也许会说"老师，我们的认识始于我的违纪"，关于这个，我没有印象，也没有记忆了。违纪的学生很多，老师觉得你只是在上课的时间里进行了一次恢复体能的休息，只是这次休息，做得没那么恰当。从我们的过去中抽身出来，回到我们拥有的现在，现在的你，老师觉得已与过去的状态告别，你正坐在23班的教室里，用新的投入和新的状态书写新的高中史，这是你在场的现在，也是重整旗鼓后毅然奋勇前行的现在。

因为你们的纽带作用，23班同学的家长也成了老师的朋友。你的父母，也是我们23班的好朋友。你的父亲，经常驾驶着他的摩托车，出现在我们学校的北门。每次看到他带着你的妈妈到北门来看你，我总跟你说，他们很拉风。懂得感恩和关心父母的你，也每每跟我说起对父母骑车来校的牵挂和担心。一个多么心疼父母的小伙子啊！但老师知道，无论酷暑严寒，父母骑摩托车到学校一个多小时，是为了与你短暂的相聚和交流，是为了见到你之后的那份踏实和欣慰。父母不能替你在学业的战场上冲锋陷阵，不能代替你面对成长之路上的荆棘和挫折，他们能做的，就是在每个周末或平日下班后，穿上机车服，变身为你的超人，为你遮风挡雨。他们是愿意做的，我相信，你的父母在返程的摩托车上，又在期待和盼望着下周的见面，又在筹划着下次来校的准备，吃穿用度，话语交流。平日里在工作上兵来将挡的父母在这一刻变得心思缜密而又细腻。在父母的心里，在他们繁忙的生活时序里，来学校看你是多么重要的一件事啊。前几天晚上我们聊天，老师才知道，每个晚自习的课间，你要与母亲通三个电话，而不是老师以为的每天一个电话。知道这件事后，一开始我很惊讶，后来一想，这是父母对你多么深情的牵挂啊。能坚持每天向家长如此频繁地报告在校情况，我敢说，在这方面你是历城一中第一。

进入高二以后，老师和你多次聊起你的选科学习情况，你感到吃力，也饱受着压力。我们从旁观者的角度，说些"高一时挖下的坑要高二来填"之类的话，仅仅是马后炮的轻松表达。对于你来说，那让人感到吃力的每一个知识点、每一节难挨的课、每一次难啃的作业和让自己不满意的成绩都在真实地与你对抗。这些困难和阻碍，突然间变得巨大和无序，你疲于应付，我猜想你甚至会有偶尔的挫败感。你所面对的窘境，估计你在电话里经常向母亲提起，你的母亲给我发的微信里流露出对你的忧心。你初入23班第一个月的喜悦，带给了母亲希望和期冀，但更大的困难和挑战接踵而来，我们甚至没有足够与之抗衡的力量。但无论困难多大，请重温海明威老爹的振奋之语和激励之语：

　　一个人可以被毁灭，但不能被打败。

　　青春的斗志从不会枯萎，也不会凋零。在每一个晨起的黎明，在每一个即将入睡的暗夜，都告诉自己：还有时间，还有机会。

　　面对应接不暇的学业挑战，老师在各科学业的知识点上帮不了你。有时老师也很无助，比如当面对你如此现实的选科困难时。今天，暂且借着对你生日的祝福，送去精神的鼓励和话语的慰藉。

　　老师理解你的焦灼和挣扎，更经历过如你一样学业爬坡时的疲惫和无力，我读高中已经是近二十年前的往事了。如何去积累抗衡的力量，如何去破解陡增的无措，诚实地说，我忘记了。但我没有忘记，也不会忘记，并在现在和未来仍能时时给我力量和勇气的，是当时那个与你一样年轻的小伙子，面对挑战的自信态度和认可自我的成熟信念。荣誉和强大，角力与胜出，韧性和坚持，是构成每一个敢于直面困境的年轻人最为坚实的人生基底和青春底色。

　　但鋆程你要清醒地认识到，我们不能只拥有花团锦簇的未来设想，却没有与之匹配的持之以恒的日日付出；我们不能只怀抱有无限可能的明天，却没有不放弃毫末累土的日拱一卒。属于"00后"的你的未来在你所坐的23班的位置，在你现在敢于毅然前行的每一天。这个前行，必须是以你的改变为前提的。你敢不敢付出之前从未投入过的努力，你愿不愿为了心底的承诺进行克服自我惰性的战争，你想不想以走出过去待惯了的舒适区为代价去赢得未来美好的兑现，你能不能在别人玩耍的时候坚持自我，寂寞地追寻，你敢不敢花费每个高中生完成逆袭需要付出的精力，你要不要成为自己和父母真正的骄傲……这些选择之问，构成了你真正做出改变的思想前提。说句白话，那就是鋆程"干还是不干"的选择。

如果上述的内心追问，你都选择了肯定，老师恭喜你，成功已经在向你招手。成功必是由放弃一些暂时的享受作为它开始的标志的。当然，成功也带来更为持久和恒远的体验。前段时间你问我说："老师，我也不知道什么原因，我的成绩提不上去，月考反而下滑了一些名次。"道理很简单，绝对意义上，你自我感觉高二比高一踏实了；相对意义上，别人比你更踏实，或者说选择纯理科的同学都是在心理、勤奋上有备而来的人。我们不妨做个比较，勾勒几个场景，看看是不是这个道理。你认真地听讲，别人也在认真听讲；但在课下自主的时间里，别人依然在认真，在忍耐，在与自己较劲，在嚼硬；反观你自己，和困难较劲付出的努力怎样？你自己能感觉到，也有理智的判断。所以老师说，你付出的努力、做出的改变还不足以匹配你想要的。怎么办？需要你更大程度地匹配，需要你拿出改变的勇气，并能付诸实践。不对自己狠一把，不让自己累起来，轻轻松松永远到不了心中的理想彼岸。

你才进入23班两个月，这么短的时间说明不了什么。但时间无言，却能告诉我们些什么。这两个月里，既留下了你吃泡面的香甜，更留下了你对一中生活态度的向好转变。合唱比赛，你积极出点子，想招数；课堂上，老师多次注意到你认真地跟着老师的节奏在思考，在求进；八段锦练习时，你投入、融合到大集体的表演之中。无言岁月告诉我们的，老师都记在了心里，这些，都在诠释着一个新青年的特质，彰显着一个热爱集体、关心23班小伙子的优秀品质，所以说，老师认为你是一个好青年、好伙伴。但老师更愿意与之并肩前行的是敢于做出改变的年轻人，那样，我们才有希望光荣抵达，才能满怀骄傲地呐喊：我们的青春是有价值的。

今天，恭喜你，踏入了十七岁的大门，加入了十七岁俱乐部。说到十七岁，老师经常会想起林志颖的一首歌——《十七岁的雨季》。

> 十七岁那年的雨季，我们有共同的期许，也曾经紧紧拥抱在一起；
> 十七岁那年的雨季，回忆起童年的点点滴滴，却发现成长已慢慢接近。

这些歌词，经常会因听到"十七岁"，便自然地萦绕在耳边。我如果没有猜错，你的父母也应该很熟悉这首歌的旋律。这些歌词，不仅属于一个人的十七岁，更是一代人的十七岁。十七岁里全是成长的期许，因为成长在十七岁时更加接近。

十七岁的旋律带给我们感动，老师看到你的十七岁更由衷地羡慕。这是多么美好并充满着无限发展可能的年纪啊。在这样的年纪，我们从不说畏惧，也绝不会屈服。当然，老师在羡慕你时也很感动，很高兴，老师有缘分和你们年轻人在一起，自己的心境和体魄，也长久地葆有青春涌流的样子。用青春之姿摇动青春之境，以青春之貌相扶青春之功。

作家塞缪尔·厄尔曼在他的经典散文《青春》里写下了这样的语句：

> 青春不是年华，而是心境；青春不是桃面、丹唇、柔膝，而是深沉的意志、恢宏的想象、炙热的情感；青春是生命的深泉在涌流。青春气贯长虹，勇锐盖过怯弱，进取压倒苟安。
> 年岁有加，并非垂老；理想丢弃，方堕暮年。岁月悠悠，衰微只及肌肤；热忱抛却，颓废必至灵魂。忧烦，惶恐，丧失自信，定使心灵扭曲，意气如灰。

人人心中皆有一台天线，只要你从天上人间接收美好、希望、欢乐、勇气和力量的信号，你就青春永驻，风华常存。一旦天线倒塌，锐气便被冰雪覆盖，玩世不恭、自暴自弃油然而生，即使年方二十，实已垂垂老矣；然则只要竖起天线，捕捉乐观信号，你就仍觉年轻。

这些语句，影响着每一个让青春驻守心间的人。老师在意志消沉、懈怠生活时，便拿出来读一读，给自己以力量和继续前行的勇气。这也是上周五参加学生婚礼做证婚人致辞时，你的顺政学长问我现在是否在班会时依然热情澎湃，我不假思索地回答"是"的原因了。因为青春是我们的文化基因，是我们战斗的决胜密码，我们喜欢并热爱着生命的挑战，我们享受着只有面对困难无所畏惧的人才值得拥有的奖赏和恩赐。越努力，越幸运。吾生鋆程，你说是这个道理吗？

写给你的生日祝福信终于要结尾了，我在培训时写，我在晚自习写，我在陪伴女儿入睡时蒙在被子里用手机写，我在今天早自习时写……只为最后老师的祝福到达你手里时，它是美好的样子。

感谢岁月让我们有缘相识，感谢你的父母为我们23班送来优秀的青年，感谢酸甜苦辣的生活。十七岁是新的开始，就让我们荡起青春的双桨，划向斑斓的未来吧。

掌舵人，生日快乐！

班主任　刘兆军<br>2020 年 11 月 6 日

# 与未来慷慨相见

## ——写给依林同学

**吾生依林：**

见字如面，展信快乐！小伙子，十七岁生日快乐！

"老师，你牛，我最服你。"记得这是你在完成鋆程同学生日贺信"驿路使者"的任务后，从教室前门走进班里说的一句话。得到你的肯定，我信心倍增呢！

老师在这里啰唆几句，不是老师牛，而是你们54名青年人打开了我书面话语倾诉的闸门，能够让我在担任班主任十年后，有了另一种更为深沉的与学生对话的方式。在开始这一次崭新的计划——与23班每个同学心灵对话的书写旅程之前，我担心自己内心的豪言壮语仅仅只是事情开始前的高调呐喊，更担心自己在心底为自己树立的飘扬"flag（旗帜）"和在同学们面前夸下的海口又落得草草收场的结果。"善始者实繁，克终者盖寡"，这是老师过往很多起始恢宏、结尾黯淡的预想常常会落入的豪言怪圈。大张旗鼓的开头，铺张扬厉的陈词，悄无声息的结尾，岁月无痕的空白，说得直白一点，老师做事经常"虎头蛇尾"。老师的习惯也让自己很多描绘得无比美好、起初时激昂慷慨的计划搁浅在书面的蓝图，封存在落满尘埃的记忆深处。

我们每一个人，每天都在挣扎着与自我沉积的惰性斗争，与积习进行胶着的角力，与脆弱的韧性展开旷日持久的竞技，与无情的岁月上演着争分夺秒的厮杀。"胜人者有力，自胜者强。"所有的克服和挑战，所有的对决和竞技，其实都不过是一次持续一生的自我完成的过程。一个大写的"我"在战胜自己之后巍然屹立，宛如山岳，这样的自己，才可以荡平一切"来犯之敌"，才可以让怯懦和苟活、懒惰和堕落、短视和自满、沾沾自喜和得意扬扬、自我设限和止步不前等一切有碍个人发展和成长的拦路虎望风披靡，才能写下自己的个人史诗。

这一次，我尝试努力地约束自己，逼迫自己走出过往的自己，在大家的期待和自我的威压下，争取最美的结果。预想未来，365个沉甸甸的日夜，将会拥有与众不同的、与自己的历史时日迥然有别的时间颜色。期待，努力，坚持，自省，兑现，包括我和你。

今天，2020年11月15日，是返校的日子。2020年冬天的第一考，也要在明天开始了。老师先预祝你取得优异成绩，期待你在考后的班级奖励表彰会上继续展现迷人的眼神和招牌式的笑容。一切都会实现的——只要每一个心怀勇气和意志不屈的年轻人用热血去写就属于自己的高中传奇的话。老师相信，你就是其中誓言铮铮的一个。

入班两个半月了，我们师生二人也从陌生慢慢变得熟悉起来。有一件小事，我要旧事重提。你可能觉得事情微不足道，但不假思索的举手、其他人没有弯腰而你在那一刻出手的真实举动，让老师看到了一个学业成绩优异之外的你。如果抛却掉我们不得不面对的学业压力，老师更愿意相信，那一刻你留给我的身影向我们展示了一位优秀青年的无限可能。我们听过无数次求职者因颇有涵养而赢得面试官青睐的故事，暂且不去细究这些故事的真实与否，也不用考虑这样的故事是在试图向我们揭示一些大道理，但就那个课间，你弯腰的背影，还有老师因巧合而给你拍下的照片，都在向我们宣告：依林同学，你的未来必定无量，我们看好你。

老师还清楚地记得当时拍照的场景。你从走廊走进教室，看到悬挂的拖把滴落在地上的积水，随手拿过拖把熟练地清扫。你没有注意到，那时我正好坐在班级的后面，我读懂了那个男孩的背影讲述的东西。时机转瞬即逝，我迅速拿出手机，按下快门，然后就有了被你自己认为"不好意思"的照片,这张照片一直保存在我的手机相册里。照片的内容很朴素,没有美丽背景陪衬,没有色彩浓淡调和,没有专业的曝光度,这张照片普通、平常。它不是南山无边的风景,不是色彩斑斓的画面,不是天高云淡的明丽,它不是写真,不是艺术照,没有精心的修饰,没有为了完成任务而摆拍的拘束,但它是质朴中的大写意。有什么比美好的人更适合成为美丽的校园风景呢?我舍不得删掉,把它上传到了班级空间相册里,希望借助技术的便利,让它成为23班这个秋天里动人的场景之一。

现在有个词,被人们奉为修饰个人风采的圭臬,但又经常被当事人用自己与之不匹配的自然举动将前期的美好设想、在众人面前苦心经营的光辉形象砸下神坛,最后做了自我良好形象的"掘墓人",这个词叫"人设"。但23班有个小伙子,依林同学,在老师看来,你的日常言行与气质禀赋,你的良善内心与外在呈现是和谐统一的。你没有矫饰的夸张,没有遮掩的伪装,真实、善良、乐观、淳朴、负责,有担当、知礼仪、懂谦和、护大局、爱集体,这些美好的元素和特质,这些生命的肌理和内涵,都和谐地在你身体里生长,在班级和生活中温暖地呈现。不要不好意思了,老师只是在做作为一个观察者和讲述者最基础的事情,在向大家展现一个真实的依林同学。

记得十月份的一天晚休,你跑到124宿舍跟我说:"老师,李泽还没有回来呢。"当时,我正在124宿舍与同学们聊着大家的日常起居、学业生活,听到你的汇报,我先是一惊——已经晚上十点零五分了,李泽还没有回来,他也没有向我请假。做班主任的,对学生的人身安全都有一个思考惯性,在未知情况的前提下容易往最坏的方向想。我立即结束与124宿舍同学的谈话,去你们宿舍查看情况。厕所、大洗漱间,都没找到他。说实话,老师当时有点儿慌,接下来的场景,你也是知道的,志斌和我在电话亭找到了李泽,好在虚惊一场。后续的事我们先不回忆了,回到事情的重点,我们聊一聊你又"不好意思"的这件小事。

> 外面的进行着的夜，无穷的远方，无数的人们，都和我有关。我存在着，我在生活，我将生活下去，我开始觉得自己更切实了，我有动作的欲望……

鲁迅先生在《这也是生活》中的这段经典表述用在你身上，我觉得再恰当不过了。外面是校园漆黑的夜，你宿舍里的情况，我们尝试着用画面复原一下：李泽未在场，其他人都在忙着自己的事情。面对同学深夜未返回的情况，作为好舍友、好伙伴，你察觉到了。出于天性自然的、绝不矫饰的、未有在班主任面前邀功矜伐夸耀目的的一个年轻人对集体主动关照的优秀品质在这一刻展现。为这一次你对我的告知，老师再一次表达对依林你的感谢，希望你将这种关心他人、照顾集体的美好品质继续发扬下去，去感染人，去影响人，去帮助人。你可能会说"老师你太夸张了，你对我的表扬让我不好意思，这事不值一提"。无论你在内心里是否接受老师对你的评价和认可，在老师这儿，老师的所有形容和纸面评价、老师的事后分析和教训思考，都不足以表达暗夜里你微小举动的动人之处。有你在，我们放心。我们甚至可以做一个反向假设，我当时在124宿舍的谈话，如果没有你汇报情况的打断，可能还会持续，李泽同学的不在场还将继续。好在李泽仅仅是与家长打了一个处理误解的电话，如果是其他……所以在集体的意义上，所有的事情都值得推敲，所有的事情都经得起检验。请接受老师对你的赞美，请收起你迷人微笑后的不好意思，请毫无保留地认可老师对你的感谢。一个健康、和谐、向上、富有凝聚力的集体，总是由每一个优秀的你组成的，这是颠扑不破的定律，也是经得住时间考验的真实。

我们不断地闪回镜头——运动会上，你扮演了"担架逆行者"的角色。虽然是一个娱乐小品，但白色的"天使服"一上身，让小伙子你更加硬朗和帅气。借由这个引发了大家关注，并且为我们班级带来第一个集体荣誉的小品，我们谈一谈不愿交流、不想交流、但又不得不交流的学习成长问题吧。

高一一年的过往数据老师没有掌握，不能客观上评价你过往的奋斗和前行。你入班两个月，时间不长，我对你的了解可能不会太具体，但好的形势和趋向，积极的态度和作风，认真负责的习惯与不妥协的斗志，你身上这些在别人看来可能很"虚"的东西，却在愈发清晰地告诉我一个光明的方向——小伙子依林是可塑的，未来是不赖的。即使过程注定曲折，哪怕旅途荆棘密布，尽管现状难以尽如人意，纵然内心深处也充满了对挑战的恐惧，可年轻的心，面对各种各样但是总会被克服的阻碍和困难，我们自信的心胸激荡着无穷的伟力，同行者的坚定步伐和一代代青春人的过往，都在揭示着一个道理，如央视评论员白岩松所说的："没有一代人的青春是容易的。"我们顺延着这句话的逻辑，挖掘出这句总括现实的潜台词：走过了不容易青春的年轻人，才更有能力和机会享受到胜利者的喜悦，才更有资格得到岁月的奖赏与恩赐，才更有底气叙述和回忆自己的拼搏与过去，才更有勇气和信心面对人生的一切"来犯之敌"。高中三年的拼搏史与挣扎史，三年的磨炼史和锻造史，就是一个人青春最光亮的时刻，是一个少年最耀眼的星空，就是他自己，就是青春本身。从某种意义上说，在我们不能逃避的人生发展可能的路径上，高中，就是一个年轻人完成自我蜕变和实现自我成熟的舞台。主角是你，导演是你，付出与收获的都是你。有这样施展才干的机会，我们怎能把机会和绽放的权利轻易放弃？我们不要抒情化的语句"我愿意做那个在路旁为成功者鼓掌的孩子"，我们不要仅仅成为后年夏天花团锦簇的盛夏时节肆意呐喊的同龄人的背景板，我们不是他人风华正茂、意气方遒的背景图，我们要做的，只有一个，那就是主角，那就是领衔。

不由得想到毛泽东同志在总结抗美援朝胜利的经验时精辟概括的话语："敌人是钢多气少，我们是钢少气多。"我们的敌人，是惰性，是自满，是远方之志的欠缺，是空有拿云雄心却不敢喊出口。我们应有这样的志向——我们的青春是为一大事来，我们的光彩是为展宏图志。

在制定班训的时候，我没有选择昂扬的口号，没有构思激情的誓言。

亲启，致青春的你

一个偶然的机会，我在胡适先生20世纪30年代送别大学毕业生致辞里寻找到契合我心的语句——日拱一卒，功不唐捐。今天的人好大喜功，赞美阔大忽视微小，但老师对这种态度和作风做评价：所有的阔大都发于微小，所有的恢宏都始自单一。日拱一卒，便是不拒绝微小，不轻视点滴，每日勤勉索求，每日积累收获；功不唐捐，便是微小集聚，终成大道，点滴涌流，方为汪洋。功力必不唐捐，功成必定在我。依林同学，这美好的未来就是老师为你设定的高中旅途的美丽终点。车已发，我们登程可好？

时光呼啸，岁月不居。时间从不辜负前行的约定，你的十七岁来了。

曾共刘郎把臂游，自言家住白蘋洲。
锦云川上如相仿，直教门前玉水流。

这是老师在十年前走进一中时在高三教学楼四楼看到的诗句，写的是南山的美丽。凡是过往，皆为序章，今天我们师生有缘，都是文刀刘，都在23班。鹏北海，凤朝阳，相携书剑路茫茫。鲜花满径的人生长途，无量未来的宽广大道，在我们的面前渐次铺展。你可有愿，与老师一踏未来，与未来慷慨相见？

纵有千古，横有八荒，可惜纸短情长。搁笔至此，老师再一次祝福你，前途似海，来日方长！小伙子，十七岁，生日快乐！

班主任　刘兆军
2020年11月15日

# 你是一个好玩的人

## ——写给马申同学

**吾生马申：**

  见字如面，展信快乐！小伙子，十六岁生日快乐。

  寒冷的冬季真的来临了，这几天的温度，才对得上冬日严寒的刺骨风吹。教室里，大家都在埋首苦读，为了一个确定而又各有不同的未来。天气虽然寒冷，但老师在生日贺信思绪的进行时里，看到的明明是一个开心微笑着的马申同学，跟平常面对每日满满课程、劳累和疲惫时依然保持幽默与开心的你一样。老师也很好奇，为什么想到马申时，不是俯首勤勉耕作的学生日常场景，而是如阳光般清扫漫天的阴霾，如一缕和风拂去沉积的烦恼的感觉，这，也许就是马申的独特之处吧。

  老师工作十年，教过几百名学生，但名字让我好奇的，你可以数第一。"骏马申长天，浩然明哲理"。在开学前为大家构思姓名联句的凌晨，我在努力地想象这位名字中有四个字的孩子的样子。是父母的姓氏，是传承的家风，抑或是长辈的寄托，答案在我一厢情愿的想象里来回颠倒，直到你解答了这个让我一直感到好玩的问题。好玩的问题，像极了马申是一个好玩的人。在这个语境里，"好"字读三声，有时我觉得，字面意思简单的词汇却更能准确地描绘一个人的最大优点和最明显的特质。

  关于好玩的人，王尔德的小说《道林·格雷的画像》中曾有过这样一句话："好看的皮囊千篇一律，有趣的灵魂万里挑一。"这也在说明一个简单的事实——外在可以精心修饰，灵魂拒绝刻意伪装。面对忙碌的生活时序，很多人丧失了幽默和开心的能力，我们把生活过成了简单的三点一线，甚至以格式化的公式指导生活，好玩的人越来越少，甚至稀有。但隐藏在我们中间的他们，却像我们生活里的一盏灯，让在黑暗中摸索的我们，看到了这一盏盏灯的光亮，从而捕捉到了诙谐因子。马申，老师感知到了你身上的诙谐幽默。

前几天，在学校信息中心正对着的篮球场入口处，大家都无比熟悉的那个圆润的对弈小孩童石像身上，多了一件长款的羽绒服。面对校园里的风景，我总是缺少发现美的眼睛；但面对这个好玩的场景，我刻意保存了影像的纪念。这张照片太好玩了，因为，为石像披衣上身的背后，分明是站着一个好玩的孩子。我们不知道他是谁，我们不知道他的想法为何，但当我们看到有古风气质的对弈小孩童披着现代款式的衣服时，我们发自内心地开心，我们真切感受到了被这个设置的情景所感染的美好心情。这就是好玩的力量，它在有言语地感染人，它在无言语地影响人，它在对抗着逐渐失去趣味的琐碎生活，在表达着深刻的力量。

马申的好玩，是如同这个给石像披衣的同龄人的。"爸，咱还是定前五十（名）换手机吧；妈，你劝劝我爸。"好玩的马申，喜欢手机媒介的便利通达；好玩的马申，写给父母的这句话，在习以为常的语言顺序和叙述节奏里平静地起惊雷，轻松地抖包袱，质朴地造矛盾：这个买手机的段子，足以让老师认定你是好玩的人了。你做到了"尺水兴波"，不就是老师把你认定为一个好玩的人最有力的证明吗？

我们做一个不科学的对比。在没有父母在场，没有亲情"打扰"的轻松氛围里，在班会任务的驱动下，老师让大家写下对家长倾诉的内心话语。23班其他的同学，表露着对家长的感恩，剖析着自己的勤奋与懒惰，甚至抱怨着家长对自己的不理解。他们都在或悔恨或埋怨的内心私语中再一次确证每日的生活点滴。这些内容没有什么不对，只要同学们敢于、愿意倾诉和书写，孩子与父母之间的矛盾便有了意义，沟通便得以实现，隔阂在一定程度上也能弥补。我甚至愿意把它想象成为一个共同的出发点：

家长们是愿意看到孩子与自己交流的。即便有人在某种程度上欺骗了自己的内心，借助文字高声呐喊着回报父母恩情、持久地继续奋斗之类的话，我们认为这也是高中生生活的主旋律和自我责任感使然。每一个学生，在班主任指导的汇报总结里都会如此诉说和努力地表达，我们不否定、不打倒，老师预设的班会活动效果便是让同学们倾诉感恩、化解矛盾，甚至在一番反省后从与父母的隔空书面对话里觅得跋涉和再来一次的勇力。班会课堂的效果总是超出我们的预期，同学们的想法每每引发我们的思考和反思。

马申，你写给父母的书面话语真实，再一次印证着老师对你的美好印象：你就是这样好玩的学生。老师对你的书面对话没有褒贬，只是在真实地陈述一个让我感到开心的事——我被你写给父母的幽默书面语言彻底征服，我欣赏你的乐观、幽默，赞许你对待生活的心态。在这个骤然加速的时代，能拥有好玩心态的人已经越来越少，可是老师从你这里惊讶地发现，这种积极意义的好玩就在我的身边。这好玩的珍贵之处，在于这是一笔在进行着长途奔袭历程的高中学子不用努力便可葆有的财富，是直面、对抗和战胜无数人生困顿最好的、最重要的自我力量之源。它不仅让自己化解生活的刺痛，柔软地处理庞杂的关系，更能感染和影响别人的心情，形成轻松愉悦的人际关系，让大家彼此美好，美美与共。好玩的人，更为通透，更为纯粹，更为简单；好玩，比智慧更睿智，比聪明更明达，比学识更真实。我们愿意与好玩的人在一起。马申，交个朋友吧？

入班三个多月了，老师在细节里了解着。时间的短暂不能阻碍老师对一个优秀的人了解的欲望。开学第一天，要安排班内座位，老师记不起当时对话的全部了，依稀记得你表达了想靠前坐一坐的想法。为了省去对男生座位格局的大幅度调整，我索性让你坐在班内"VIP 雅座"的位置。你很爽快，落座"西南包厢"。当时我还有些犹疑地担心，安排这样一个"天时地利人和"的座位会不会让你不情愿，会不会给你带来从未体味过的压力，更有私心地忧虑会不会造成我们师生交往的裂痕。但是，现在想来，这些担心都是多余的。因为，这个孩子是马申啊。他幽默地处理生活中的问题，快乐地健康成长，乐观地感染他人，他带给我们的比我们给予他的帮助和关心更多。我们面对他，怎么能站在个人狭隘的认识上呢？马申同学，你点滴的言行，也带给我们很多深刻的东西，在梳理、思考、重回历史现场的努力中，我们一次又一次地发现你的优秀，发现你的美好。

我们可以大胆地推测，你来自一个家庭关系和谐、亲子关系民主的幸福家庭，就像老师在中秋节写给家长的信里表述的：23班每个幸福的家庭都有一个幸福的孩子，这些幸福的孩子组成了阳光幸福的23班。幸福，很难被定义，学界也无法给出统一的标准，甚或不能通过世俗的眼光去为它找到大家都认可的概念。可是，对于幸福的显露，众人是有能力去感知到的。这几天我们交流，你在老师们的引导下，逐渐形成一种认识：青春的最美时光，当仅仅奉献给值得奉献的东西，比如自我学识的提高，比如对父母的感恩，比如追逐梦想的过程，比如培养责任感的担当。

聊天时，你说自己是一个没有责任感的学生。老师不去做逻辑的反驳，老师先讲一个真实的小故事。我带的2016级的班里，有个叫刘硕的学生，他现在就读于沈阳航空航天大学飞行器控制专业，生日和我同一天。这件事我是后来知道的，因为在我们生日那天，全班同学起立鼓掌送给我"永远十八岁"的生日祝福，我抢了刘硕的风头。提到刘硕，就像提起你，画面感十足。他的好玩，在于"纯甄"——这里指的是性格、禀赋、特质、人际，都让人感觉那么干净和纯真。现在你可以悄悄摸一下抽屉里的小手机，这部手机是刘硕认真和用心保管了三年的。短信通知、家长信息，转达及时，在没有影响他学习的前提下，他把这件小事自始至终做了三年。这部小手机不值钱，但它写满了故事，承载着历史，更意味着发扬。现在你是小手机的"大总管"，包月时间提醒、家长短信通知、班主任紧急事项的传达，刘硕的用心之举在你这里再一次传承和发扬。这些小小的事情，看似毫不起眼，可是"时间无言，如此这般"，朴树《平凡之路》里的经典歌词不就是在揭示这样的真实吗？老子《道德经》里的经典语句"天下难事必作于易,天下大事必作于细"和我们的班训"日拱一卒,功不唐捐"都在说明这朴素的真理:一个把小事做好的人,是未来坦途宽广、明天星辰大海的人。飞行器的控制在召引着刘硕,现在你把"大总管"的小事担起,便是在担起一个人的未来和责任。你比刘硕学长天赋更深厚,加点责任的佐料,未来更加不可限量。

你的梦想是山东大学。我带过的学生里,有十人以上毕业于山大,更有崔同慧学姐决胜青春之行,摆脱家庭物质条件的束缚,在山东大学里更进一步,走上清华大学的励志成才之路。我们学校不出"清华生"已经很多年了,上一个在高考中直通清华的是一个叫徐守凯的男孩。我曾经批阅过他的作文。"古之立大事者,不惟有超世之才,亦必有坚忍不拔之志""让历史铁一样地生着",这样自我激励的语句在他工整的卷面上经常出现。学长们的往事无不在展示简单的逻辑:梦美好,不做不达;想可以,付出必至。山东大学,为天下储人才,为国家图富强;学无止境,气有浩然。这样的理念和宗旨,如斯的校训,无不在感召和指引每一个好玩的高中学子放下好(此语境读四声)玩,去拼搏,去抵达,去实现,去绽放。青春之姿在山东大学这样的平台上才能真正散发知识的魅力,才可灿烂挥洒生命的豪情。

回到我们的"VIP雅座",回到我们置身的坐标,23班教室的"西南包厢",应该有一个叫马申的少年,在十六岁时真正地为自己的山东大学之梦涂抹靓丽的色彩,筑起到达的天梯,夯实扎实的学识。我们现在付出的努力,都是在把自己送往更高的境界,推向更大的舞台。我们最应该摒弃的一种态度是:闭上眼是梦想,睁开眼是放弃。我们最应该坚持的一种方法是:睁着眼是梦想,闭上眼是充实。白日梦永远虚无,实践力从不过时。

老师就读的大学不是特别一流的高校,但即便是这样的大学,也让我真正领略学识的魅力并跪倒在它的面前。享受国务院政府特殊津贴、获得第五届鲁迅文学奖的高楠教授,以及我那出身名门,将复旦、北大、北师大读了一个遍的导师，都让我清醒地认识到，高考，不是让全世界都认识你，而是让你看到整个世界。如果我们一直待在白日梦的暗渠里，阴沟里翻船还是小事，更遗憾的将是我们永远不会有机会看到霞光万丈的人生美好之境。

"明年此日青云去，却笑人间举子忙。"这是辛弃疾在《鹧鸪天·送廓之秋试》里的结尾两句。意思你自己体味，老师不做解释。当十六岁的马申在十六岁走上真正的进阶之路，在学问上登堂入室；当十八岁的马申在十八岁的大学课堂领略学识的魅力，回想十六岁在23班"西南包厢"真正勇敢地启程的时刻，你将会以一个当代青年人的姿态自豪地领悟一个奋斗者的自信胸襟和卓越洒脱。

梦已扬帆，即将远航。再一次祝福好玩的马申，十六岁生日快乐！

班主任　刘兆军<br>2020 年 12 月 12 日

# 愿你拥有田园牧歌的诗意

——写给鸣宇同学

**吾生鸣宇：**

见字如面，展信快乐！小姑娘，十七岁生日快乐。

日头是最经不起过的，转眼一学期结束了。回首半年的时光，在整理行囊时，不论你收获的是感动还是失落，老师都希望你在未来的光阴里，理性、理智地对待自己的成长，任何不负责任的得过且过，所有的一蹶不振和失意颓丧，都注定了自己是在书写一段必将败得一塌糊涂的高中生活。

我们预想未来，包括自己未拼尽全力之后可以预料的并不光鲜的未来，都是为了给当下的自己以告诫，为了给现在的鸣宇以他者的规劝。老师带着最简单和最朴素的愿望，期待目送你、祝福你、鼓励你走向青春该去的远方，走向光芒万丈、霞光四射的芳华之地，那就是你该就读的校园，你曾神往的去处，你能攀登的险峰，你可站立的土地。在神州，在大地，在天南，在关外，有细数不过来的高等学府在慷慨等待你的抵达，有梦里不止一次幻想的远方在敞开它的怀抱，有能用指尖触摸的未来正热切欢迎你的加入，有兄长走过的漫漫征途正期盼你的重温。未来无限之美好，青春磅礴之肆意，芳华汹涌之奔腾，未来的未来，远方的远方，如果不能激荡起你的热望，那我们还在一中干什么？

走笔至此，我甚至有些惶恐。为何为你书写的生日贺信竟与往日书写的几封开头的感觉和笔端行进的节奏大不相同？原来老师是担心、害怕你真的在明年的盛夏没有绽放花团锦簇的青春自我。老师的忧虑如果成为现实，那只有一个可能，便是你在此刻已经放弃了对未来的所有想象和热望。但逻辑上和现实上老师又相信不会出现如此大跌眼镜的事情，因为那样就不是你李鸣宇了。回到老师对你期望的逻辑——自从我有了女儿，最不愿设想和看到的景象便是：一个女孩没有收获体面的未来和优雅的生活。老师甚至愿意把对我女儿西西的期待顺延到你身上来，因为未来值得你去奋斗和赢得。田园牧歌的诗意生活。父母为你努力和甘愿辛苦的过去，都会结成现实美好的果子，沉甸甸地结在岁月的枝头，构成你家最耀眼的标志和符号。

当然，这一切在不久的将来会成为铁定的真实生活，不过在这之前，确是需要鸣宇你敢于挑战坐在教室里放任的自我。对抗放任，形成长久、持续的优秀习惯，不仅可以稳步度过来年盛夏的高考，也会助力支撑你通过每一次人生大考。

有一句不知出处的箴言："所有的高考成功者，他们的经历都是反人性的。"寒冬凌晨急促的哨声响起，能闻之而动并不赖床的人反了天生懒惰的人性；疲惫不堪的连轴转上晚自修却能够踏实认真坚持到最后的人反了大多数人坚持不到终点的人性；在诱惑多多的假期里尚能埋首伏案耕耘自己未来的青年反了贪玩、贪求舒适的人性。这样的罗列和举例我们可以继续铺排，它们不仅仅出现在我们的高中生涯，也贯穿于整个人生。任何一个让我们仰望的个体，无不是在"反人性"的超越之路上成就自我的。因了信息化时代的便利，我们可以借助电子设备，接触到很多"大神"和"学霸"，他们熠熠光环的背后都是与寂寞和惰性厮杀的丰富细节。时间的累积，日程的安排，自我的挑战，每一寸自我成就的获得，都浸透着奋斗的汗水。

我们先暂停一下啰唆的说教和反躬自身的省察，去回到鸣宇初进入23班的"历史现场"。老师愿意勾勒和回忆更多美好的真实，在场景里见证一个优秀的女孩给我们留下的特有记忆。

昨天，历城一中的公众号发布了一则简讯，内容是23班的集体朗诵节目荣获"济南市班级文化艺术节一等奖"。简讯配了几张图片,宏大的背景上,是23班的青年们身着统一的浅灰衬衣,在为2020年的"逆行者"们献上我们的尊重和敬意。看着过去半年来不时出场的班级文化衫,我们的回忆便从这浅浅淡淡的衣服开始吧。

去年秋天,我们在等待了一个学期之后,新组成23班的五十多人终于在校园最高处、观景最宜处团聚。这迟来的团聚像极了曾经彼此相熟的老友再会,大家一入集体便熟络起来。鸣宇同学是拥有天生自来熟的禀赋的,很快就成了女生集体的代言人。在你的周围,又有潘、刘两位"大神"级女青年,三个女孩一台戏,你们的戏码演得好不热闹啊。学校的一切安排,又似单为你们而设置——秋季运动会来了!

高一的时候,我带的11班孩子大多来自南山,家长们对于班级事务物质上的支持,让我心里一直隐隐有着不可触碰的危险暗示。于是,高一的运动会悄无声息地过去,甚而连震荡历史的回音都没有留在2019年的秋天里。"没有条件创造条件也要上",是有点"巧妇难为无米之炊"的苛责了。你们的到来,注定是要改写本班主任所带班级参与运动会的历史了。回首望去,也应当向年龄表达一句谢意,向时间奉上我们的献礼。如果不是年龄的增长和高二这略显轻松的好时光,将23班写入校运动会的历史又怎会成为可能呢?

带着年长一岁的张扬,你们要把压抑在高一的所有渺小梦想变成现实,要把在高一时目睹过的学长的傲视转化为亲身实践的经历,要把长长的红色跑道架成自己的舞台,要把蓝天白云、大地山峰的空间划为自己的主场。

我完全丧失了主见。

衣服,定制,网购。中间的流程繁复而烦琐,由着你们去抉择。在新科技面前,我甘拜下风;在网购面前,"闻道有先后,术业有专攻"。"姜还是老的辣",这个朴素的带着酸甜苦辣人间烟火气的生活真理,在你们这里失去了它的通用性。中间讨价还价的挑选、与店家的往来,在你们"花言巧语"的围攻下,竟用最低的价格达成交易,成就了最好的"卖家秀"。记得有一次与张淑涵妈妈闲聊，作为一个见惯了商场如战场大场面的女企业家，她甚至感叹你们将五十多块钱这样普通价格的衣服穿出了国际大牌的自信和风度。其实，淑涵妈妈没有说出的意思，老师认为才是你们的资本和潇洒的真谛：青春，是一去不回的青春，才将一切普通装点为华丽，让一切廉价迸发出光彩，让一切配角升为主角。舞台，当属于认真和付出的青年；未来，正应该由问题的解决者担当。

运动会的班级展演（我们当然也祭出了暗合年份主题的大招，这在能够预见的未来应该是会成为一个传说），秋日里的青春赞歌，济南市的班级风采呈现，每一个重大的节日和场合，那浅浅淡淡的灰色，都成了五十多人在高二青春里最亮丽的底色。后来，我与其他班主任闲聊，虽然审美的一致，让你们的浅浅淡淡与其他班级撞了衫，可谈起价格，在多快好省的最优组合里，你们才是胜利者。

这件生活的小事，你们以大事临之。店家，被你们折服；家长，为你们骄傲。洋洋洒洒的申请信，字里行间流露着莫让家长们那留有遗憾的青春在可爱的"00后"们身上复刻，家长也被分分钟"拿下"。爽快，利落，转账，统计，花钱的人幸福，消费的人满足，老班只能"鞍前马后"，互通信息，理解万岁。

前几天，在刚刚过去的全国两会上，全国政协委员、江苏省锡山高级中学校长唐江澎提出，好的教育应该是培养终生运动者、责任担当者、问题解决者和优雅生活者，"给孩子们健全而优秀的人格赢得未来的幸福"。去年秋天历历在目的往事，就是对唐校长提出的教育目标的最好回答。问题解决得干净利落，我愿意用孩子的笔体写下"服"字。岁月和年华给了鸣宇最珍贵的品质，葆有、珍惜，并将这习之不易得的能力和品质施与你最美好的时光和生活，唯有如此，才不辜负命定的恩赐和无言的慷慨。

我们继续镜头的转换，暂且让它慢些回到"反人性"的枯燥学习（学习之乐趣是学习过程积累的附加值而非永远伴随的状态，否则，便没有淘汰和等级），我们去想象那"优美，健康，自然，而又不悖乎人性的人生形式"，老师羡慕地认为，这优美的人生形式，它就在鸣宇岱岳区的老家。

南山是济南的泉源和绿肺，每每到周末，省道103线上络绎不绝的出城大军便浩浩荡荡地涌进南山。他们穿花过林，履溪登山，用脚丈量土地，用手抚摸广宇，以耳捕捉风景，以眼观察天际。厌倦了城市熙攘嘈杂的人，会来到我们的驻地，要一下，遛一圈，第二天带着得于南山的灵气和喜悦，去继续来日的生活。他们梦想中的田园牧歌，他们遥想中的水上人家，他们在繁忙脚步频率中追寻的慢生活，他们想带走的一切，老师觉得，那些美，那些静，那些闲，那些松软和安详，都写在你老家的鱼塘里，写在池塘边的树林和草地里。

你的父亲撒下万条锦鲤苗，将简单的饵料撒向水面，鱼儿争先恐后地欢腾，五颜六色的生命游弋，层层叠叠地争食，扑通扑通的水面敲击之声，已让我们这些外人羡慕不已了。

老师在这里联想和想象到的一幅幅画面，即便与你为我描绘的池塘风景不一致，我也愿意把它想象为生活的真实。法国象征主义诗人兰波曾经在他被广为传诵的经典诗篇《生活是一首诗》中写有这样的语句：

诗人，生活在别处。在沙漠，在海洋。

德国诗人荷尔德林也在他著名的诗歌《在柔媚的湛蓝中》中写道：

充满劳绩，但人诗意地，栖居在这片大地之上。

鸣宇拥有无穷的诗意，因为，这些就是你的真实生活，怎不让我们向往和渴慕呢？

镜头为我们捕捉了你带来的如此之多的美好，希望你在美好里开出人生之花。可岁月的美丽又怎可轻易得到？甚或最为公平的造物主也不会将美好之物轻易地给予人们。父母为我们带来了生活的轻松和便利，兄长在父母给予的便利之上依然在奋力前行，我们，当何为？我们，优雅的生活者，当以怎样的姿态和柔韧去触摸星河入梦？我们，当如何跳脱出舒适，走向真正战斗者的青春，迈向劳绩与诗意交织的多滋味生活？这些应成为你的经常之问，应成为你的力量之源，应成为你的前行之光。

"锦鲤"，在网络上被人转发，以期待未来的好运；锦鲤，在生活里让你注视，澄澈一己的心境。信的开头，老师曾因走笔的节奏产生过疑问，蓦然发现，原来，我最想对你说的，都放在了开头。就如你在2020年的秋天带给我们的开头，磅礴而大气。老师更愿意相信，三年故事的结尾，也定张扬而精彩。故事在进行，祝鸣宇写好未来的故事，带给我们更多的期待与感动。

老师也入乡随俗，送你一条大"锦鲤"，那就是：日拱一卒，功不唐捐；天道酬勤，力耕不欺。

搁笔至此，老师再一次祝福你，小姑娘，十七岁生日快乐！

班主任　刘兆军

2021 年 2 月 11 日

# 我们在努力，在向往星辰

## ——写给子睿同学

**吾生子睿：**

  见字如面，展信快乐！小伙子，十七岁生日快乐。

  今晚的夜是宁谧的。在教学楼五楼的走廊上向远处望去，仲宫的夜也是安静的，安静处总让人沉思。我们从教室所处的五楼远望静观，会惊讶和感动的是：整个小镇灯火最为明亮处，是距离我们不远的一所初中。我们向北远眺，目力所及处，没有阻隔，我们可以看见那所初中教学楼明亮的灯光，可以想象明亮灯光下那些挑灯夜读的人，可以预见那些挑灯夜读人的明亮未来。走在五楼的长廊，在每一个晚自习的课间，我总是喜欢远远地凝视自己家窗户透出的模糊灯火，也总是喜欢在奔走的步伐里，注目远处那所初中教学楼的灯光。

  在陪孩子们前行的每个三年时光里，我所带的班级有两次居于高二楼的高层。五楼位置最佳处，是我们的23班。在我家的阳台上，能看到的五楼的唯一教室就是咱们23班的教室。我不是一个宿命论者，但教室与我家阳台的这种对望角度，这种彼此的观照和联系，这种牵挂和选择，却让我在偶然的巧合里愿意去读解并挖掘更为丰富的意义。我甚至在阳台上用自己的望远镜努力地捕捉走廊上的人群和教室的窗户，即便这样"别有用心"的聚焦，每次都是以失败告终，但失败丝毫没有减少我对这种捕捉方式的兴趣。我不空谈师德与高风，自己徒劳的视觉捕捉与其说是想极力证明我的望远镜效力，不如说是一个担任班主任的父亲想将家庭职责和工作职责这两副担子在主观上统筹兼顾，在现实里完美结合。可是，这样质朴和真实的期待总是不会在粗糙的现实里遂我们的愿。

老师经常和必须面对的现实，可能是如下的场景：因为放心不下五楼教室里的学生们，我需要将自己从与两个孩子的嬉戏里抽出身来，进入与五楼这些"小镇做题家"并肩前行的节奏中。可是，孩子们的哭喊和不舍，家人的疲惫和抱怨，与自己两难处境的抉择交织混杂在一起，逼促我必须马上做出决定。每一次的抽身可能都是一种无奈，但是每一次的逗留更有可能是对五楼"小镇做题家"们的耽搁。我不止一次地在各种场合讲述过基于自己合理推断的判断：23 班的青年，是最对得起"神兽"定义的青年；23 班的青年，是最需要纪律和规矩约束的青年。因而，23 班的青年，也是我见过的有限几届理科班青年中"非典型性奋斗欠缺症"表现程度最深的。我们共同参与的上学期，老师在用各种方式和手段等待一群"神兽"的回归，皈依理智的成长，收拢散逸的惰性，追寻启悟的境界。许是时间过于短暂，老师和家长们对青年们收心一厢情愿的等待注定是一次需要时间的温火慢煮。"非典型性奋斗欠缺症"表现程度最深的青年们，长久累积的沉疴，固然还需时光这一剂能除"病魔"的佐料，但或许用上"依照法律严惩"这一剂烈性十足的猛药会迅速地使他们步入正途。"十年树木，百年树人"，时间或许是对一个个生命体最好的规劝。我们在努力，在向往星辰。

于是老师和家长们在一次次与青年斗智斗勇的角力后明白，每个个体的合理成长和未来建设，虽然离不开他者的关注与帮助、激励和哺育、告诫和规劝，可是我们往往会忘记，我们的青年若想拥有一个富有智识和更为自由的未来，更多的是要借助并依赖他们自身的内在自觉。老师的这个朴素认识，或许有《坛经》"一闻言下大悟，顿见真如本性""令学道者顿悟菩提，各自观心，自见本性"之类的意思吧。多么理想的状态啊！我不禁哑然一笑。这种状态是理想的追求，更是每个独立个体向往的跨越，渴望到达这样的时刻，实现你们青年人求索过程中质的飞跃。过去的几个月，子睿同学，你能够在23班"小镇做题家"这个群体里，固守住自己的坚持，沉浸于攀登的征途，实现了超越过往历史的迈进，老师为你的寂寞坚守喝彩。成功的喜悦我们可以分享，对于"提刀而立，为之四顾，为之踌躇满志"的少年得意，唯有自己能够在绵延不断的行进里，细细揣摩这无法从他者身上获得而自己拥有的内在激励。说得直截了当一些，只有自己的成功能促进成功，只有喜悦能催生喜悦，只有自信能激发自信，只有获得能赏赐获得，只有有力能长成有力，只有璀璨能照耀璀璨，只有自己能成为自己。

前几天的一个周四下午，2019级在田径场召开了2020~2021学年上学期济南市统考优秀表彰大会，看着你站在领奖台上，与身边优秀的青年并肩，与同行的书生挺立，老师的心情，除了高兴，剩下的唯有祝福。但前路正长，未来不远，你全情投入后塑造更为卓越的自己让老师更为期待。你的母亲，也能在我的"美篇"文章里见到这张图片，学校的公众号等相关媒介，我相信她肯定也在关注着。这次以学校、年级名义发出的宣传喜报和通讯文稿，因为有了自家孩子的存在，对你的母亲来说便具有了不同于以往的价值和幸福感。我相信，令堂的内心，一定会为你骄傲，也一定会为自己作为一个母亲骄傲，正如看着你在身边给她不间断的惊喜一样。从此，每一天的黎明和晨起，每一天的日落和安歇，你都带给了母亲最为踏实的幸福和抚慰，也在潜移默化中以一个大哥在家庭里应该引领的正确方向指导着妹妹的成长。于是，你作为儿子对母亲的拳拳深情便不必用语言进行口头表述，因为这般日常行动反而最具反哺家庭的温度。

我们都喜欢足球。三个学期已过，正如一场正规标准足球赛45分钟的上半场结束。一张在早春下午定格的图片，会成为你对高中"上半场"的最好总结和最有力证明。我们不去过度阐释高中教育之于个体的重要价值和你在一中三年全面成长的人生意义，我们只将关注的视角收窄，立足在一中学生三年后跨越门槛的指标，放到青年们不喜面对但又不得不面对的数字上去，用最窄的视角和最长远的观察，去掂量你的进步和教育层次跃升,以此发现更具体的细节,从而拥有更强劲的助推。因为,在来年盛夏接受检阅的五六十万山东考生分数的厮杀中,只有数字,才是最重要的标准;也只有数字,才是最方便的"硬通货"。透彻懂得了这一点,理解并不排斥竞争,你所具有的全方位的优秀基底,在跳跃教育层次和叩开高校大门时,才有了更为扎实和畅通的实现平台。反之,若没有教育层次的跃升,没有标准的定义,没有共识的参照,大概率我们自我认可的优秀和他者评价的卓越便是没有基础的缥缈之物。

在老师的班级文件夹里,还有一张去年秋天运动会时为你拍摄的照片:在400米红色跑道的终点,你大步流星向前飞奔。这又是一个值得记录和记忆的瞬间。与你聊天时老师才得知,你对体育的热爱,你的运动天赋和优势,很大一部分源于家长带给你的基因禀赋。从一群不愿走向阳光和大地天空的孩子中间脱颖而出,身具运动的基因,是多么让人羡慕的事情啊!中国近代教育家罗家伦先生在《新人生观》里曾做过这样激动人心的表述:"一个强者要有三个基本条件,最野蛮的身体,最文明的头脑和不可征服的精神。"现在你比别人更轻松地拥有了其中最为基础的东西——运动的天赋,这何尝不是在三年进击的竞争中,家长已经帮助你先胜一招呢?高中三年短暂而又长久的竞争,不只是数字的简单排序,背后更有体能的储备、精神的对决。况且,从老师有限的体育活动参与度认知出发,400米是所有项目中最具悬念和最具挑战的。你在收获的金秋,用忍耐、策略、顽强、超越、智慧冲刺红色的跑道;明年的金秋,优秀的青年,你当以在另一场竞赛里表现出的更为动人的决绝和韧性,去收获高等学府里极为绚烂的天光。

小伙子,所有美好的祝愿,所有抵达的喜悦,所有站立的土地,所有兑现的诺言,所有生命的期待,所有恣意的想象,所有恢宏的张扬,所有胜利的呐喊,所有青春的意气,所有付出的回报,令妹的追随,令堂的欣慰,当在明年的秋天收获。你坐在一流大学的教室,聆听专家教授的教化,呼吸校园的空气,望向窗外的风景,才能切实体会一个拼搏者三年来路的曾经，方能真正欣赏一个伟少年——自己，和这三年无悔的芳华。

在老师的家族里，我这一代只有两个孩子，另一个是叔叔家的妹妹。老师费尽九牛二虎之力，拼了自己愚拙的能力，下了很多的笨力，勉勉强强读了一个211院校。在老师求学阶段的假期里，在城里上学的妹妹都要到我家住几天。每段兄妹共处的假期时光，我们会一起"阅读"我这个不算争气的大哥在大学的时光记录，包括奖学金、获奖证书等可以勉强证明我没有荒废青春的东西，后来连毕业证也进入被"阅读"的行列。妹妹的智商和悟性都在我之上，也许，当她"阅读"大她十一岁大哥的大学时光时，那个微小梦想的种子又在她的内心茁壮地生根发芽。我工作后的第二年，妹妹直升老家高中的推荐生班，在婶子（老家一所初中的优秀班主任，所带毕业班的一名学生在前年中考中取得数学单科成绩济南市第一名）无微不至的家庭教育氛围的激励中，高考时顺利考入位于重庆的西南大学。理科生的妹妹爱好阅读，因综合素质突出，大三作为交流生去往台湾学习，大三暑假在北京大学短暂学习，大四作为交换生前往美国，现在已经在青岛工作，老师很为她骄傲。

在老师为你书写生日祝福的信件里，对舍妹的叙述，看似旁逸斜出地偏离了生日祝福的内容，其实在老师的话语逻辑里，你何尝不是老师关注的青年，是老师寄予期望的家人呢？前段时间与你畅谈，你曾经为老师讲述令堂家族的故事，也说到了外祖父家族的书香传统。具体的细节虽然不用讲述，可是你的姨妈通过高考的独木桥，得以进入政治、文化、经济中心北京，去享受拼搏和付出过后生命的绚烂，不就是一代人对另一代人的感召？不就是不同的代与代之间，经由高考的共同通途，向下一代年轻人做出的最无言的指引吗？其实，这样的接力，也经由老师的一届届毕业生在传承。现在在一汽工作的建帅师哥，在2018年的冬季，点燃了你2019级学长心中的梦；就读于中国科技大学、中国农业大学的赵坦和玖鼎师哥，在用文字激荡你们的内心。"在北京上大学的每一天，除了上课，都如开盲盒一样惊喜"，玖鼎的描述让你们言犹在耳，记忆犹新。真正一流的大学，真正值得为之付出并流淌汗水的学府，值得你在家族文脉传统的影响下，去付出更为勤勉的努力，去迈出更为坚实的脚步，未来，值得现在的一搏。

"我们走在大路上，意气风发斗志昂扬"，你当下的奋斗之路，就是最为正确的青春正路；"踏平坎坷成大道，斗罢艰险又出发"，你的光辉未来之路，就在脚下。我们期待你叩响高等学府之门，那时，"陪君醉笑三万场"，当作约定，一言千金。

书写的间隙，我侧身一转，看着你在我旁边，在努力地高举一个足球，渐觉今天晚上开始为你书写的生日祝福充满了幽默和趣味。老师描绘的这个场景，只有你懂得。多年以后，大概率你已经忘记了今晚自习作业的内容，然而你的肌肉记忆，却在时间回溯的长河里留有深深的印痕，令我们回想起更多的往事。

搁笔至此，老师再一次祝福你，小伙子，十七岁生日快乐！

班主任　刘兆军

2021年3月9日

# 幸运一定交给奋斗来保管

## ——写给昕朔同学

**吾生昕朔：**

见字如面，展信快乐！小伙子，十七岁生日快乐。

四月过生日的人，在老师看来，是多了几重幸运和幸福的。尤其是我们对过生日的认知已经从孩童单纯幼稚的期待升级到青春的担当，这时，外面的春光也会重新让人找回清清爽爽的步履，踏上开往希望的列车。校园内外，草木蔓发，盈眼皆绿；群山连绵，生命张扬，暮春奔腾；纵展眼力，谛听万籁，整个生命与南山之美相融，与浩茫广宇相依。

在每一个休息的瞬间，为了让下一个学习时段思维更为活跃和跳动，我们在教学楼的高处极目远眺，目之所及，群山苍翠。学校东面的太甲山之上，匍匐了一个冬季的植物，都在蓬勃地舒展，在盎然地挺身，会让一个因学业和工作疲惫了的行人，升腾起再一次出发的勇气，在自然大度和慷慨的馈赠中，找寻跋涉的方向，得以康健地踏上征程。没有什么能比看一看远山更能休息我们的双眼，没有什么能比望一望绿意更能疏解内心的挣扎，也没有什么能比静一静沉思更能调节我们的匆忙，没有什么能比听一听自然更能激发我们的豪情。这样的春天，让每一个我们无不在最优越的环境，都生发最简单的巧思——我们只要愿意，这里的一切便是都为我们的内在勇敢而存在，为我们的坚定行进而欢呼的。一个懂得在内在为自己不断欢呼和持续呐喊的人，他所处的每一寸土地和渡过的每一条河流，他所能静观到的每一瓣花朵和聆听到的每一种天籁，他所能注意到的每一片风景和凝视到的每一个生命，哪怕这些它们，极其微小和卑下，极其柔软和虚弱，哪怕这些它们，被忽视和旁观，甚至被贬低和讥刺，但在一个鼓荡着进取之气的青年人看来，这些围绕在青春之我周围的它们理应得到重视和奖赏，就像每一个青年得到来自师长的褒扬，就像每一个优秀的青年收获来自同伴的赞许，我们在被肯定、被关注、被寄予的积极暗示里生长出奋进的伟力，投身于更为宽广的人生实践。"我见青山多妩媚，料青山见我应如是。"在他者与自我共同搭建和构造的观照中，青年又一次得到对自我的期许和认可。吾生昕朔，你当有智识地休息，当在生命的静观中不断累积勇气，不断吸纳环境给予我们的馈赠。你的生日，时逢暮春南山景色最优美之时，当更能体会他者生命给予我们的律动，更能借鉴四围春色带给我们喷薄的进击力量。你的生日与暮春的美好重合，便多了几分深意，多了几许静好，多了几重幸运和幸福。在老师看来，便是这自然的成长内在与你的成长内在高度贴合，万物带给你的情绪，便是生日带给你的情绪。幸福又幸运的你，与自然的轨迹并行，去绽放你更为华彩的青春人生。

如果你曾留意过教学楼东侧的花园，你会发现，这两天，"遥看近却无"的草色和树木，在谷雨的助力下，正盎然呈现着生命的舒展，朗润着校园的春意。不论是银杏的绿色、红枫的红色，还是那不知名的点缀着的小花的白色，无一不在用它们的生命诠释着"秋实园""春华园"的深沉意义，并诉说着校友们的感恩捐赠所带来的满园春色中曾经书写过的奋斗青春和过往。

昕朔同学，当你置身于这联通校园历史、现在和未来的春光中，老师便觉你也能拥有那我们不曾参与的校友记忆，也能激荡起曾经流淌下汗水、施展过智慧、真正享受过青春并在祖国大地贡献才干的每一届一中青年所曾携带并一直葆有的卓越基因。

2019年5月1日上午，我回家必经的高速、国道全都大堵车。为了能在中午准时回老家给儿子和女儿办满月宴，我驾车穿行在长清大学城园区附近的乡间窄路上。路两边是绿油油的麦田，路上是随处可见的杂乱堆积的玉米秸秆。在转入一个陌生村庄一条东西走向的水泥路时，车载收音机里播放了一首老师未曾听过的歌曲："时间只不过是考验，种在心中信念丝毫未减，眼前这个少年，还是最初那张脸，面前再多艰险不退却……"我如被电流击中，瞬间被歌词吸引，后来在网上搜索，才知道这是一首新歌《少年》。我们不去探讨这首歌之所以火爆全网的原因，仅仅拿出其中的几句歌词就已经让我们在低沉徘徊中觅得无限勇力了。老师回想起两年前的往事，并未沉湎于过往的喜悦与不舍，而是会心地发现：小伙子，你，你们就应该是这样的青年啊。

高一时，你在9班。我们的缘分开始于己亥年的深冬（23班学生的名单已经在冬天确定），真正起锚于庚子年的孟秋（因为疫情，我们的相识推迟了半年的光阴）。9班的孩子，来到我班之后，给了我惊喜。让我对他们产生敬意，是有历史的。这样的历史，总会在不经意间让我无意识地与现在的你们做比较，产生衡量，进行分析，这样的比较是寄希望于你们能复制以至于超越历史，是老师的期待，更是"面对再多艰险不退却"的年轻人应该具备的忧患意识。9班的孩子来到老师的班级，进而书写他们炫彩的青春，是始于四年多之前的。虽仅仅只有两名青年，但已经让老师很是惊叹他们的进步之大了。从压线进入一中，到高分被两所全国知名的高等学府（其中有一所是知名的海军军事院校）录取，现在的他们在各自的学校继续发扬着厚植起来的进取之心、报国之志。遥远的传奇就在老师的身边生成，就在老师的身边发生，怎能不让我对这样的来自9班的年轻人回以赞美的歌声，回以鼓舞的呐喊？

你的这位就读于海军军事院校的学长，是很让老师佩服的。在他身上，洋溢着的是勤勉扎实的笃行作风，是永不言弃的自信气质，是不找借口的担当风格，是勇担责任的男儿气魄，当然，还有最基本的，是面对学业从不自满的进取之志。这样的学生，不是让家长或老师感叹的"别人家的孩子"，而是"我的孩子"，因为他就在我的身边，就是我的所见与所闻。如果要总结和梳理你的这位学长的成长经历，老师认为，可以确定的是，没有什么是不可以复制的，没有什么是不可以实践的，没有什么是不可以追随的。只要昕朔，你，真正地在心底筑牢这种信念：现在之我是为了未来优秀之我，现在之我是为了未来卓越之我，现在之我是为了未来大写之我。当你的优秀、卓越和大写之我，能与家国的未来同步和同行，把我们的小我之行汇入祖国之梦的火热征程，我们的热血就会更为激荡，我们的斗志就会更为坚毅。因为，来自9班的你的另一位学长就读的高校、所学的专业，也是与祖国当下的沸腾现实紧密连接在一起的。

你是从9班来到老师班级开创新历史的青年，也应该和必须是这样的青年。老师不知道你在9班的过往，但你应该让高一时的老师耳闻你在23班的现在，成长信息的回传，是不是就是最好的进步和最大的进取呢？如果我们单纯地或简单地从数字发生的变化来看，你在23班的现在，是要优于你的过往的。但时光一往无前，奋斗接续发力永不止步。奋斗的征途上，一个个重要的时间节点，正是我们前行的坐标。老师希望看到，并相信能够看到，你的未来将更加卓越和出色。

因为，卓越和出色的，还有你的家人。高二开学时赞助免洗消毒液之事和前几天的家长会，老师得以有机会认识了你的母亲。言语表情之间，都是对你的关注和期待。前几天，老师空闲时刷朋友圈，看到你的母亲分享的几张照片，照片上是几个初中生模样的年轻人在市区的街头并排坐在马路边台阶上，认真投入地看着手机；与图片一并分享的，是作为家长的你的母亲，对不相识的孩子的焦虑与担心。我没有点赞，没有回应，只是默默地读懂了一个母亲将对自己儿子的关心自然地投射到了儿子的同龄人身上。我们的生活可以挂牵处甚多，能够进入我们视野范围的，都是心灵的参照和展现，对青年的聚焦，就是对未来的聚焦。

高二秋季学期开学的当天，你的母亲在送你入校之余，为她还未曾谋面的23班的孩子们一并带来几箱洗手液。物轻情意重，尤其是上次与你交流之后，你的母亲——老师称之为"大姐"的形象，也在我的心里高大和伟岸起来。猜测一下，老师与你的家长年岁差不了太多。老师是独生子，性格和为人处世上有时会凸显一些自私和小气，所以对有兄长之风和大姐之范的人，也多了些敬重。你的叙述虽不是特别详细，但老师从你的描述里，看到了一个女强人和大姐之范的形象。昕朔，你可能感觉老师在这里过多叙述了与青年人的生日祝福不是密切相关的事情，但老师认为，你母亲在用身体力行的方式，为你树立了一个榜样，定义了一种模样。"有些人有信念，而另一些人有善举。"我们不仅仅要从主观意识的角度去认识这句话，我们更要明智地发现：原来，母亲在用行动叙写无言的家风。曾经听过一句不知出处的话："真正优秀的父母，都是孩子生命里不动声色的摆渡人。"他们将价值观体现在行为上，而不是敷衍在空泛的道理中。你的母亲，在我这个外人看来，可以作为这句话的范例。老师絮叨这些，是想让你明白这个常识：在我们无力、懒惰、放松、逃避、犹豫、畏惧时，可以从母亲这里，找到再一次前行的动力，校正继续出发的方向。"别人家的孩子"，是你的兄长们，也是努力着的你。在遥远的北京，能以自己的专业和能力，为国家领导人保驾护航，欣喜与激动，荣光和责任，价值与使命，青春和担当……我们无从知晓你兄长彼时的心情，但我们可以大胆猜测，就是这样的。

为你写生日贺信的过程，因为我家老大十多天的输液、吃药，还有老师的教学技能比赛，中间耽搁了好久。这封开始于你生日之前的祝福，一直持续到春天真的要结束了。今天晚上，我在选举现场，看着你的名字下面的"正"字不断积累，心里在为你感到喜悦和祝福。"心情可以交给'鸡汤'来安慰，但幸运一定交给努力来保管。"你顺利加入了中国共产主义青年团，不就是"努力"的另一个名字吗？越努力，越幸运，今天晚上，你是真真体会了一次，在对自己未来负责的态度之下，收获了青年们的认可和鼓励，这当成为你继续美好前行的外在力量。老师作为专职的团干部，向你表示祝贺，寄语你：人生的路需要你不断地去努力奋斗，只有这样才能赢得鲜花与掌声！

习近平总书记教导我们："中国梦是国家的梦、民族的梦，也是包括广大青年在内的每个中国人的梦。""得其大者可以兼其小。"只有把人生理想融入国家和民族的事业中，才能最终成就一番事业。五四青年节马上到了，老师祝福你，成为优秀的青年，成为卓越的青年，成为你自己心中最美的自己。加油，昕朔同学！

搁笔至此，老师再一次祝福你，小伙子，十七岁生日快乐！

班主任 刘兆军

2021 年 4 月 21 日

# 不在云端跳舞，要在地面步行

## ——写给淑涵同学

**吾生淑涵：**

见字如面，展信快乐！小姑娘，十七岁生日快乐。

"静若处子，动如脱兔。"老师坐在能看到高一、高二教学楼的教室角落，看着你安静地奋笔疾书。窗外的两座教学楼，就如记录了你两年多高中生活的见证者。灯火荧荧，冬夜寂寂，我们坐在温暖的教室里继续埋首攻读，聪明的你，当要如这静谧的夜在蓄力，去争取你未来的阳光和未来人生的美丽。

也不知什么"妖魔鬼怪"的运气，能让你跟着我的班到了现在。就如也不知什么千丝万缕的漫长时光中的草蛇灰线，让我的班里有一个阳光100中学的毕业生。

记得那是约略接近二十年前的往事了。读高中的我在家里一位亲人的转述中，听说了他的一位表哥因为学业成绩优秀，后来在济南一个区县做部门的主要领导。"他是住在阳光100的。"对当时的我来说，市区是一个陌生的地方，这个有着数字"100"的地方，可以让一个田野间奔跑的少年纵展想象。好家伙，你是从我近二十年前想象的地方走出来的优秀学子，怎能不让我回忆起一些事情，泛起一些岁月流逝的慨叹呢。

再到后来，因为与长清行政区毗邻，我外出求学，便经常会在和谐广场、西市场附近换乘转车。你成长中触手可及的生活区域，我在那时也逐渐熟悉起来。保不齐，可能我身边走过的某个小朋友，便是童年的你。原来，我们师生一场，是有这样的神奇的运气啊。思路在行进，文字在产出，这一幅幅过往岁月交织的画面，怎么会如此清晰地被老师描述和合理地想象出来呢？也许，当年我的那位亲人转述的"阳光100"这个名词，是一种冥冥之中的指引吧，这个名词甚至成了我当年求学时对于城市美好的憧憬或者另一种不同于黄土生活的图景描述。这样看起来，它激发了一个少年对未来的渴望。

现在，因为经常要去省立医院，老师的必经之路便是阳光新路，每每看到"阳光100"楼群那鲜明的色彩，看到光泽明亮的积木一般的建筑风格，还是会让我想起遥远的岁月里那位亲人的转述，想起我为少年时曾经如此渴望走出风尘漫天的乡村，想起一个带着阳光般温暖的名称给一个乡野青年未来蓝图的指引。是的，我当时对未来的所有变现的动力，也许都是出自这样一个简单的描述和这样一次偶然的讲述，它们就如一块磁铁，在拉拽着我不断向前，向前，去抵达那些我曾经的渴望，去见证那些具体的真实，然后，它就真的变成了真实。

犹记得，听闻"阳光100"这个名称不久，我收到了祖父曾经的一个学生寄给我的济南大学的明信片。在21世纪初，带有大学风景的明信片会经常出现在大学生昔日老师们的案头的，这是一个感恩的仪式，也是大学生对自己当下现实的肯定。是的，这个小插曲又让我无穷的想象力飞速启动起来。明信片上的风景画是济南大学西校区的信息楼，十三层的红顶大楼。当时看到这张明信片，老师顿生对大学高楼的向往。20世纪30年代，时任清华大学校长梅贻琦在就职演讲中提出"所谓大学者，非谓有大楼之谓也，有大师之谓也"的著名论断。可是，我对大学美好的向往却是被一张明信片上的大楼夯实了。明信片上有一首小诗，是宋代大儒朱熹的《偶成》：

少年易老学难成，一寸光阴不可轻。
未觉池塘春草梦，阶前梧叶已秋声。

这张明信片，就如漫漫前路上照射来的一缕亮光，把前方的美好提前向你投射而来。于是，在高中求学的下半场，我便时时在心里默诵起这首小诗，给自己一些激励和安慰，更给自己一些理智的警醒和透明的告诫。每每当复习的烦闷和身心的疲惫袭来时，仍有强健的精神在内里为自己打气，在心底传送一些托举的力量。

现在想来，虽也是21世纪初不久前的往事，可是在这白云苍狗般飞快的时光里，一个简单的甚至略显幼稚的想法，竟默默地给跋涉的旅人带去了源源不断的动力和助推。这让我们感叹，如你一般的"00后"们，我们当用什么，让你们更为勇毅地前行呢？淑涵同学，你一直在我的班，我也将看见你三年的完整变化。在大分流的选科走班的现行制度下，能彼此互见三年完整的周期，说来也是挺幸运的一件事。可是，我们是否也要问问自己，我们要为这难得完整的三年贡献一些什么？要为自己完整的三年写下怎样的结尾，构思怎样的结局呢？现在看来，我们故事的结尾，如果不能拿出非常的付出和非常的努力，它就会像一段普通不过的求学史，平淡而无声地圈完最后一个句号，平静而遗憾地止步于一个时点。想一想，那可是我们曾经热烈向往过的6月啊！如果我们真的愿意停下来反思一下，修正我们现在的状态，更正我们现在的想法，试着去为自己明年的句点装点一些可以在回忆岁月时值得提起、愿意提起并舒展地去讲述的青春奋斗史的样貌，是否会在日渐低迷的进程中增加一些背水一战、破釜沉舟的坚定和勇气呢？

"为理想今日埋头遨游书海甘寂寞，酬壮志明朝昂首驰骋碧霄展宏图。"高三锦云楼东侧，悬挂着这样一副对联。寒冷寂寞的冬夜，我站在院子里，抬头环顾教学楼课间的喧闹景象，有人在趁"打折"的课间出门透气，有人在走廊里低头奔走，有人在热烈地喧腾，有人在沉默地静思，有人关注自己的内心，有人无视他者的放纵。我在这枯燥的晚自习课间，站立着看各楼层的人群，因为一些乏味的工作占用了自己太多独处和静读的时间，我很是难安，于是又抬头，注视这副对联，出声读了一遍，给自己一点儿前行的信心和果敢。是的，没有一个人可以始终保持激昂，没有一个人可以永不懈怠，没有一个人可以完全无敌，在这些软弱的时刻，在自己疲惫的感受和游离的思绪将要攻占阵地的时刻，我们只能不断地一次又一次地在心底，用自己合适和便利的方式，为未来优秀之我的现在再一次灌注继续突围的底气，为疲惫、犹疑、徘徊、懦弱、敏感、脆弱、跟风、妥协、轻飘、松动和怀疑的自己，吸纳清醒的认知，充盈无限可能的精神基底。不知此刻的你，是否也赞同老师近乎偏执的描述，是否也有类似或同样的时刻。如果我们也怀疑现在这"暗无天日"的高三此刻，那就去找一些读来令人热血沸腾的句子，让滚烫的热血继续勃发出连自己都感叹的潜能。"十年饮冰，难凉热血"，这八个字是梁启超挂在自己书房的座右铭，他一生倡导革新，从未动摇，一直燃烧，熊熊似火。这个看上去文艺得不行的句子，在我们高三的情境下却能让我一次又一次地忆起它，去升腾我们此刻拼搏人生的意境，去渲染如火燃烧的奋进激情。

我们都是被神眷顾的孩子。什么神？"日拱一卒，功不唐捐"的岁月真理之神。前天，我的2019届毕业生，在时间尺度上你最近的同门师姐，在遥远的吉林长春发了一条朋友圈动态，配图是"自强自立大学生""十佳大学生终审答辩"，看着屏幕里如此青春、如此蓬勃的我曾经的学生，站在答辩台上自信地展示自己，我高兴、欣慰、骄傲并自豪，因为她的这条朋友圈动态配文是我们的班训"功不唐捐"，也是他们当年的班训。如同暑假里，当苏炳添跑出9秒83的创历史成绩时，我的另一个2019届的毕业生在QQ空间的配文："实在想不出形容词了，还是高中班主任教给的词最合适——功不唐捐。"《小王子》里说："正因为你为你的玫瑰花费了时间，才使你的玫瑰变得这么重要。"今天，距离我们的"玫瑰"绽放之日仅剩170天了，我们还要花费多么有质量的时间，去让明天的盛夏变得绚烂，当成为我们最为紧迫的命题。

老师不是在向你输出高考的压力，我们仅呈现一个睁开眼就必须面对的现实。我不会用虚伪的笔调和故作轻松的姿态说："淑涵同学，随便考，无所谓，快乐最重要。即使高考不成功，不是还可以跟着爸妈搞'军火'

吗?"你的父母也不会掩饰真实的想法,用假得你都能看穿的表情告诉你:"没事,快乐最重要。"凡是对明天拥有点期待的一中学生,都不会相信这些骗人的话,因为,你要为自己在一中受的累、为在一中少睡的觉、为在一中少放的国家法定假日做一次最为彻底的弥补和救赎。这样对等的"救赎",只有在有一定水准的高等学府才能实现。

老师就读的大学不是特别好。有一次我从学校所在的皇姑区到和平区出游,经过你父亲曾经就读的东北大学的北门,看到张学良将军题的"东北大学"四字,心生无限感慨。那感慨,是对更高水平学府的向往。借用王小波的论断,那就是"人的一切痛苦,本质上都是对自己无能的愤怒"。你是一个天赋很高的孩子,要去往与你的能力匹配的大学,方能对得起这千余个日夜的辛劳和挣扎,方对得起自己的才华和梦想。为了这梦想,带着对九月的不舍和对高二一年的留恋,包昕朔远上天津,求一个圆满结局;为了这梦想,马申终于做出勇敢的决定,迈出关键的一步,去挑战要求更为严苛的28班了。就算你熟悉一些的老11班的同学,也在忘我地投入,去看一看自己的极限在哪里。淑涵同学,不知你能否也试着去施展这样的决绝,我是看好你的。

期中考试后,我们聊到数学成绩,你用一贯的乐观和举重若轻的方法论,为自己开解出平淡视之的理由。面对你现在的定位,我是不甚满意的。在我的心里,你永远是年级前180名的学生;我愿意相信,现在你在用数字的游戏,为我们幽默地写下一些诙谐的历史,好让我们感叹你的高中结局是出人意料和情节突转的。因为,距离那个引擎全开、火力十足的你,现在摆在我们面前的成绩,实在是与你优秀的潜质不相吻合的。

科学最讲实证,也最讲证据。现在的这些实证和证据,怎能解释和证明有天生的乐观派?如果不能,聪明的你,就用证据和确凿的表现去匹配老师对你的优秀印象吧。所有美好都值得期待和等待,所有美好都值得勤勉付出和真实投入。前一段时间,家人为给你提供最合适的复习条件,你成为秀水清华通校生中的一个。你母亲奔波两地,还要兼顾她自己的事业和你的弟弟，你当更深地理解母亲的苦衷——或许在你母亲看来是不觉"苦"的。每一个父母，在自己努力打拼的前提下，都愿意为孩子提供在他们看来最合适的成长条件和最大的支持。而我们的报答和回馈当以何种样态放到父母面前，是一个即将成年的高三生真正需要静心思考并必须付诸实践的事。

希望你能理解老师写下的这几句话。如果你勇敢，放马追逐；如果你渴望，打马而去。希望你找到高三最后一段生活拼搏的简单理由，在简单的指引下，坚定自己的内心，然后远行。最后，还有一件简单的事，做些简单的改变，不在云端跳舞，要在地面步行。

那天中午，老师看到你的母亲在一九八七球馆照看你的弟弟。你看，你是多么幸福的一个！我看到我的两个孩子，便觉有个兄弟或姐妹是一件天赐的幸福之事，虽然他们经常吵嚷打闹。在家庭的责任里，你或许应该为你可爱的弟弟做出一个大姐应该向上、向前、向好的引领姿态。现在，在高三冲刺最为紧要的关头，你为自己的未来负责，就是一个姐姐为弟弟做出的最为卓越的榜样了。再说一点，见你母亲时临近下课，她又急匆匆回去为你准备午饭。莫忘感恩，莫忘家长的劬劳。啰唆了好多，反倒不像一个规整的生日贺信了，这又有什么，倒正像我们师生平日喜悦的交谈了。

"志士惜日短，愁人知夜长。"昔日我求学在沈阳，你的父亲年长我一些，也曾负笈那里，我们都看着你走过高中生活的风雨。于风雨中战斗，其乐无穷。淑涵同学，继续做一个静女，在萤窗万卷书中，去迎接属于你自己的人生广袤晴空。

看好你，加油，大家顶峰相见。

搁笔至此，老师再一次祝福你，小姑娘，十七岁生日快乐！

班主任　刘兆军

2021 年 7 月 6 日

# 人因出力而长力

## ——写给刘洁同学

**吾生刘洁：**

见字如面，展信快乐。可爱的你，刘洁同学，十八岁生日快乐！

我在2021年12月19日夜晚第四节晚自习这个准确的时间节点，想象你打开信纸的瞬间，有没有被惊讶到？无论如何，你的"体育老师"老班终于要把这个心愿完成了。完成这个心愿，既是对你的祝福仪式的完成，也是对我自己一份育人承诺交代的完成。

个人时间被学校日常事务挤压得凌乱不堪，状况频出的育儿活动需要更多的家庭时间，老师愈来愈感觉到时间的紧迫和身兼多重身份而分身乏术，对于每一个身份我都不敢懈怠和犹疑。于是，我在时而怀疑却不敢放弃中把这个生日贺信系列进行下去。只是，我也不知道自己的班主任旅程中这个空前绝后的豪言是否能在明年毕业前顺利落地。但你是幸运的，你看到了独属于你的这个片段的完成。

面对如此数量的庞大输出，现在我自己都怀疑起来了。刚刚坐定，理顺了一个思路，突然一个电话叫我去参与某项事务；好不容易起好开头，工作群里马上急需的报表为我设了最后的时限；班里的同学，在我的思路艰难行进之时，又用他或她的独门"必杀技"为我上演不得不急需处理的棘手插曲；还有我的孩子同哥和西西，"周末父亲"又在迎接检查和陪同督导中牺牲了生活的微小时间。于是，我所期待的一个班主任与自己独处成为奢望，是每日都难以完成的。这便是我怀疑自己生日贺信旅程是否能够完成的原因。又怪我的性格里有一些弱点，不知道如何合理地拒绝，即使拒绝别人后又经常会不由自主地想：我的拒绝是否给被拒绝的人带来了不适？但当我的手指在键盘上敲击，我的思绪不断地回忆与大家的过往，并畅想你们的美好未来时，那个书写的过程是让我沉醉和着迷的。尤其是当看到老师对你们的真诚祝福被实实在在地呈现出来，再包装起那些粉红色的信纸时，那是只有为之付出和为之倾注心血的人才能体会到的满足和快意。一如你在高二时，用自己的才智和认真，获得学业上的提升，体会到的踌躇满志。

也许在外人看来，书写生日贺信只是一个写和编辑的过程。可是，面对一个个飞扬的生命个体，我们不仅要有畅谈的欢愉，有静坐下来了解的过程，更要在书写的过程中看到人，看到一个个青年，那么生动，那么清晰，那么纯净和真实地成长着。于是，这个挑战便不仅是单纯的写的挑战了。

很难让人忘记，我与刘洁同学的初见。"我是你们的班主任，你们的体育老师。"不知是你天真无邪，还是从一开始我们的师生相见便天然地带有幽默诙谐的成分，在第一天见面时，我们便用身份的调侃开启了高中剩余两年的时光。

于是，我的班里迎来了"女生时代"的又一个标志性人物。是的，说起另一位这样纯粹和乐观开朗的女生，在老师时间不长的教学生涯中，要追溯到九年之前了。那是一个姓名读音为"cui ren ming"的你的学姐。回忆中，依然有她爽朗的笑声和每日展现给大家的笑脸。如你，总是用灿烂阳光的笑，疏解疲惫的沉重，照彻沉闷固化的庸常，在乐观开朗的性格里，我们彼此受益，并将这喜悦的心情相互传达，为复习的节律带去温暖和煦的底色，为这寒冬渐深的日子增些慷慨的勇力。

随着书写的进行，我们便不能不忆起一些事情，勾连出许多往事。

十一年前，我们是差点做了邻居的。2010年的冬天，你现在所住的国际花都，估计是刚刚在槐荫区党杨路的东侧"破土而出"。我从一位市建委大哥的口中，听到了这个有着诗意和远方的名称。他甚至从现实的便利和生活的语境出发,为我勾勒出它的样子,但彼时老师刚刚从大学校门走出,还没有能力去追随这位大哥的想象,便与它擦肩而过。一晃,便是那么遥远的往事了。遥远的往事,遥远的心情,遥远岁月里的美好的想象,遥远日子里的刘洁,也从一个七八岁的小姑娘出落成 23 班的大姑娘。岁月带给了我们美好,我们也在岁月里不断地把自己当年的设想生根为现实。这种生根,当要稳扎稳打,厚积薄发,在拥抱微小和收拢冰冷滚烫的粗粝现实中,充盈自己的美好和能力,在一路前行中披荆斩棘又谨小慎微,才能把自己茁壮成风雨中屹立的翠柏和苍松。刘洁同学,是否还要更加努力一把呢?

后来,或者现在,我曾经骑着踏板,或驾车路过现在国际花都的近旁。看着挺拔矗立的建筑群落,便会想起当年那片土地的样子。努力过后,现在的现在,总会比过去的过去更为踏实和美丽。一个建筑群落的改变是如此,一个人的成长似乎也是这样。

你聪明、乐观、阳光、开朗、慷慨、友善、活泼、自信,老师甚至在描述你的优点时发现了自己词汇的贫乏。我绞尽脑汁翻动的这些词汇也只能是挂一漏万,以偏概全。词汇的罗列形容不了生活那丰富多彩的样态,修饰的繁多也不能描述你在班级里真实的样貌。生活展示给我们生动无比的精彩,就如你笑起来那美丽的青春的样子。

是的,青春如此美丽,我们当以何种美丽的青春姿态回馈这美丽的华年呢?经常追问,才可有经常的反思,才可有经常的行进,有经常的改变与努力,有经常的进步和提高。王小波在《沉默的大多数》一文中曾如此动人和警醒地描述道:"在这个世界上的一切人之中,我最希望予以提升的一个,就是我自己。这话很卑鄙,很自私,也很诚实。"

高二时,我们看到了你在不断战胜自我惰性的过程中收获着连续不断的进步。不知你是否也在天真地认为,自己已经稳定在了一定的层次。看到你在高二时的进步,我也隐隐约约感觉到,你将会把这优异的表现进行下去。可是,残酷的竞争又使你的成绩跌落到谷底,也让我对你的美好期待跌入谷底。当时,让老师敢于如此大胆并超前想象的,是你优异的数学成绩，我甚至忽略了"路遥知马力"这类俗语中的朴素真实：要从长期的表现来评价一个学生的韧性和毅力啊！可是，我还是愿意如此坚定地相信：刘洁同学，你可以的！老师对你的期待是不是像极了我们"自命不凡"的优越感？可是，现实的无情嘲笑来得如此之快，来得如此迅捷。你的成绩在进入高三后断崖式的下滑，真的可以用"惊人"来形容。可是，老师依然坚定地相信，这是你在用短暂的障眼法迷惑我们。老师依然用简单和不证自明的实践逻辑相信：刘洁同学，你会绝地反击，会力挽狂澜，会给所有人一个漂亮的证明。因为，只有这样的证明和反击，才天然带有传奇色彩和值得讲述的故事价值，也更具有一切伪饰所不具有的纯粹和真实。

老师在忙碌之中也经常会挤出时间来阅读。最近读过的几本书，我都印象深刻，心有戚戚。黄灯博士在纪实性散文《我的二本学生》讲述了被"湮没"的大多数，让老师慨叹中国大学层级中，重点大学学生和普通高校学生的命运走向和未来延展路径的巨大差别。脑科学研究者池谷裕二在《考试脑科学》一书中，散落着那予人力量和意志的哲理名言，帮助我们深刻地审视自己的进取之路。全书以美国前总统振聋发聩的简洁名言作结："失败并不等于结束，一旦放弃了才是真的结束。"

这句结束语，像极了2021年12月20日锦云楼东侧电子显示屏上，也就是今天的高考倒计时提示语：

> 生命之中最快乐的是拼搏，而非成功；生命之中最痛苦的是懒散，而非失败。

我又把这句话读了几遍，渐觉这句话是特别为你而编辑。

借由这句话的逻辑，老师可以把它修改为："高中阶段最美丽的是尊重，用实力赢得尊重，而非外在涂抹的美丽；高中阶段最漂亮的是坚持，凭信念支撑坚持，而非衣衫装点的漂亮。"当然，最完美的人生样式，我认为在某种程度上是那些本可以靠帅气漂亮的外表就能活得轻松，却非要凭实力"出圈"的人。为什么？因为这样的人生最值得尊重，也最经得起岁月的考验。是的，老师相信，以你的智慧理解这几句是很容易的。于是，我们可以把视角调整得宽泛和深广一些。

因为疫情，我和你们的家长在见面次数上是要比同之前的家长少很多的。我便不能从家长那里得到更多关于你的信息，或者在这些信息里发掘、窥测到更多有教育价值的细节和丰富经历的点滴。你的母亲，因为你偶尔的自由散漫对学校纪律的逾越，曾在百忙之中抽空来到学校。我看到了一个母亲面对你时的平静，我甚至在这个平静里大胆猜测到了你的历史惯性和历史积习。至于你的父亲，我未曾谋面，或者家长会他曾经参与过，但由于时间紧张，我们没有面谈和交流，我感到有点儿遗憾。借由此封生日贺信，也向他们送去问候。我与你的父母没有太多深入的交流，等你的父亲有余暇，我诚挚地邀请他来一中，畅谈你的未来，可否？这个任务交由你去完成，相信你可以帮老师圆梦。

写到这个旁逸斜出的贺信段落，其实我想说，我在微信上与你的父母也经常沟通你在校的情况。没有父母不对孩子寄予期望，没有父母可以稳稳站在事不关己的第三者视角，跳脱出事物本身去看孩子的发展和将来。正如没有一个真正负责的班主任敢拍着胸脯充满底气地放出豪言："我的学生，完全可以拥有他们的自由。"如果那样，自由的代价，将是用一生疲惫和无可选择的枷锁，来为我们幼稚过往的高中时光买单吧。

天气虽冷，但高三的拼搏却应该是热血沸腾的。你的卷面，经常用方块字的大写意来纵展你的潇洒。刘洁同学，我欣赏你的态度，但我更想看到你的改变和进步。

作家文森特曾说过："如果没有阴霾和暴风雨，也就不会有彩虹。"现在的你，正在经历高三的阴霾。但池谷裕二也这样理智地讲过，"学习和成果的关系呈现指数级增长"，其前提是"反复的努力"和"毫不气馁的毅力"。就如现在高三复习的暗夜里，只要我们耐住性子，眼前的迷雾总会突然散开，艰辛的努力定会有丰厚的回报。"能做到的人"和"做不到的人"之间的差别，不过是源于他们在强烈的改变自我的意愿上体现出的细微差别罢了。

距离高考还有167天，老师热切地希望看到，刘洁，你再一次用自己的努力，去编织一次让我们刮目相看的反击。也许，这样决绝的付出和努力，将会是你一生美好的收获。老师相信你，祝福你，希望看到你有这样改变的勇气和底气。

你曾经发过牢骚，埋怨老师把好脾气和好言语都给了别人。我当时没有反驳。因为，我想让时间和岁月告诉你，事实并非如此。今天，我要用我的贺信，向你表达老师的态度了：刘洁同学，那是你的误解，因为借由这封长长的祝福，你会读出老师的深情和鼓励的。

十一年前，出于对未来的担忧，对毕业即失业的恐惧，我在腊月二十三背着编制麻袋，像一个农民工坐在穿梭城区的公交车上，中间经多次换乘辗转，到达一家大型国有保险公司的章丘分公司，寻一个兜底的职业。公司的文化氛围热烈而激昂。"人因出力而长力，人因重视而忠诚""山阻石拦大江毕竟东流去　雪压霜欺梅花依旧向阳开"——十几年过去，公司文化墙上悬挂的标语和警句，背诵起来依旧让人振奋无比。"人因出力而长力"，老师想强调的是，两年来，作为课代表，你为老师做了好多事情，为同学们提供了学习上的帮助，希望你继续在为同学们服务中体会助人的快乐，品味奉献的幸福。

"我们的人生随我们花费多少努力而具有多少价值。"信的最后，我把莫里亚克的这句话送给你。衷心希望23班那个拥有爽朗笑声的姑娘，好好利用时间，拼在当下，赢得属于自己精彩的未来。我们会在美好的未来相见。刘洁同学，加油，启程！

搁笔至此，老师再一次祝福你，大姑娘，十八岁生日快乐！

班主任　刘兆军

2021年12月21日

# 每一次抉择
# 都期待一场苦尽甘来

## ——写给京鑫同学

**吾生京鑫**：

见字如面，展信快乐。优秀的小伙子，十八岁生日快乐！

我们从2019年的秋天走来，甚至还来不及去梳理过往的点滴，便直奔高中三年的尽头了。今天，距离我们期待的高考，还有158天。多日的低温和酷寒，在周一开始时，才有了一些力道逐渐减弱的样子。我们每日勤勉地行走在学校和家的往返旅程上，我们每天都能在收获满满的沉甸甸的满足感后，去抚慰自我的内心，去回应家人的期待，无论如何想来这都是一件幸福的事情。

出学校北门向东行800米，可以到你家；从仲南中学南折向东行700米，可以到你家；从仲宫中心小学南折向西行680米，也可以到你家。这些指向家的西、北两个方向上的学校集合，从地域层面串起了你的基础教育历程。东南方向上更为庞大的高等学府的集合，在等待你用自己的决心和智慧去叩开其中一扇或更多扇大门。这些方向上的隐喻，似乎将会构成你未来的教育史史话。老师只是做了一个未来设想，因为东往和南行，都会是更好的求学之地的所在。如果，京鑫同学，你能在150多天之后的决战中用自己的实力和奋战到底的坚毅，实现老师对你未来的美好设想，那老师可真的敢大胆宣告：我是一个能读懂每一个有耐心为自己的未来负责的学生之人了。这样的美好设想的实现，不仅之于你，也将会给每一个关注你成长的人，带去携手前行的底气。

老师在清点23班学生中跟随老师三年的学生名单时，发现了一个好玩的现实：你是2019年秋天到现在，23班和24班的共一百多人里，跟着我时间最长的学生中最为优秀的那个了。在每一个安静的角落和每一次值得砥砺向前的意义和价值背后，你的清醒和坚定，你的克制和选择，在为你现在的优秀证明，也将为你的更为美好的未来奠基。"每一次抉择都期待一场苦尽甘来"，这是《南方周末》的新年献词，也是给每一个个体生命最为质朴和深沉的激励和呐喊。

没有一分优秀，不是寂寞时光的堆积；没有一分光亮，不是人生火石的叩击；没有一分骄傲，不是压抑克制的代指。苏轼在《晁错论》中说过这样一句光耀千古的话："古之立大事者，不惟有超世之才，亦必有坚忍不拔之志。"我第一次看到这个句子，还是在一个后来考上清华的学生作文中。在那个勇敢坚定的孩子的作文里，也曾出现过这个句子："让历史铁一样地生着，以便不断地去看它，不是不断地看它的文字，而是借助这些踌躇的脚印去不断看那一向都在写作着的灵魂，看这灵魂的可能与方向。"我先是为这个学生引用的广博惊叹，在慢慢品味语言的过程中，又不断地咀嚼出一种力量，反刍来一份绵长有力的支撑自我的味道。那是这个学生高二时写的作文，他坐在班级的角落，清晰和辨识度极高的卷面，像极了他内在辨识度极高的拼搏和坚持，沉稳与努力。犹记得高考完满收官后，他回母校在秋季开学典礼上接受掌声和祝福，接受奖励和笑语，同时寄语一代代更为年轻的后学者：勇于超越，去攀登人生的阿尔卑斯山。这个"阿尔卑斯山"的比喻，来自当年一中校长的一次讲话，竟然在默默地支撑一个孩子度过苦累参半的三年高中生涯，他把这样的辛苦和持久的焦灼，化为了挺举未来的真实信心和底气。不得不说，每一个优秀青年的身上，都散发着时时刻刻和无处不在的精神光辉，这样的光辉，是照耀，是指引，是方向，更是在每一次挑战困难时最为有效和直接的精神支持了。

在这个学生之后到现在，已近十年没有这样让人回味的学生了。在人们口耳相传中，他的故事被传颂得更为精彩和传奇。除了大环境导致的生源减少，老师更觉得，是学生们失了那种源源不竭的青春力量和自我托举的底气。于是，我们看到了更多这样的场景：自命不凡的年轻人，在用欠缺的能力和虚假得不堪一击的物质体面，标榜着廉价的个性；用物质的光彩和表面的轻浮，取代了最有价值的东西——学识与品质。这正是"系好人生第一粒扣子"后的年轻人，最需要付出心力和智慧、最需要诚恳和踏实去践行的东西。

令老师高兴和欣慰的是，京鑫同学，你的身上有这些美好品质的影子和潜力。它们应该成为你卓越人生基因的一部分，成为灵魂唤醒之后引领你自己前往人生宽广长途的指向标。让自我的特质指引自己，去发现，去到达一个让自己向往的未来。

车流滚滚。每日清晨，你南山的父亲或母亲，都会从南山去往北向的城里辛勤工作，为家庭带来粮食和蔬菜，带来孩子的学费和家庭的积蓄，带来生活。我听过一个老师转述南山一名官员曾经略显调侃的概括：南山有"三多"，其中的"一多"，便是我们的父辈在用坚硬的臂膀，扛起背后的家庭。

因为生命的别无选择，或者说是时代的尘埃抛给每一个乡村里的生命注定的选择，我们的父辈只能更多地成长于土地，耕作于土地，播种希望于土地。继而从土地抽身出来，也只能更多地接近城市的大地，从大地之上抗拒或挑战命运的界定，去为下一代的生命提供更多逃离故土的可能。

老师来自乡村。田园的晚风和旷野的晨曦，青山的松柏和浅溪的游鱼，麦浪的起伏和暗夜的宁谧……多么像一首抒情诗般的希望田野。可是，在这美好的修饰背后，是热浪滚滚中的挥汗如雨，是冰天雪地里的瑟缩取暖，是我们少年时只能迈向小镇的脚步，是连去往县城都是奢望的困境。

要说，那些来自乡村的年轻人在老师的童年和少年时代有进城的机会的话，更多的是两种无奈的"机会"：求药方和求生存。身体在狭窄的乡镇没有医治的可能，生存在狭窄的乡镇看不到改变的可能——这样的两种情况下才有去城市的可能。除此之外还有更少的一种，便是一个逐渐成长中的年轻人，用多年寂寞时光的求学等待，去往城市，求一个未来无限宽广的人生之方。这求方的旅程，只要年轻人愿意耐住负笈远行的寂寞，大多都会改写生于土地的命运走向。老师勉强算作一个。

京鑫同学，你是幸运的，当在这份幸运之上东往或南行，求更好的人生之方。这份幸运，是父辈用他们的辛劳为你提供的。老师在大一、大四的暑假曾经跟随家人在渤海之滨、槐荫之北谋生计。为了减轻家庭的负担，在寂寞的工地，我像那些城市里漂泊无定的农民工一样，有了近三个月的劳动经历。现在想来，尽是无限感慨。可是，在遥远的2004年的暑假和2007年的暑假，那些寂寞时光中也有很多乐趣。在渤海之滨的开发区，我和高中的老友一起在尘土飞扬的工地，抬着装载满满的建筑垃圾，高唱着未来美好的人生赞歌，行走在荆棘遍地的厂区，好似还有无限慷慨在里面。老师的回忆过于抒情，过于美好——人总是忘记更多的苦难，记住那些缝隙里快乐的光阴。我和高中老友，倒真的是走在人生越来越美好的路上的。只是，当年咬牙坚持栖身、尽是蚊虫叮咬的地下室，已经在为现在的我们打牢地基，在为我们磨炼着不畏困难和艰险的底气了。利用那个暑假闲暇的白日，我甚至在工地栖居的地下室里读完了冯梦龙编著的"三言"，读完了《万古风流苏东坡》，写的暑假日记还登上了院报。可是，那样的暑假怎会是我们的主动选择呢？"没有伞的孩子，必须努力奔跑！""出名要趁早"的作家张爱玲说过："中年以后的男人，时常会觉得孤独，因为他一睁开眼睛，周围都是要依靠他的人，却没有他可以依靠的人。"生于乡土的少年，更要去依靠自己了。

可以设想，你的父亲或母亲，一定程度上离开了土地，为了少年的你，可以享有少年锦时。他们可能不会有修饰的词汇，忘记了生活的苦楚，但他们会用最为质朴的生动日子，为你筑起远行和前往目的地的坚实基础。这就是每一对父母最为伟大处和最为无私处，一瓦成家，遮风挡雨。在1919年11月1日的《新青年》6卷6号中，鲁迅先生在《我们现在怎样做父亲》一文中如是表达："自己背着因袭的重担，捐住了黑暗的闸门，放他们到宽阔光明的地方去；此后幸福的度日，合理的做人。"未来的宽阔光明，不会自动降到我们的头顶，需要我们去争取，去赢得，当然更要去分享，这是长远发自人性良善的事情。

令老师欣慰和高兴的，还是你的懂事和克制。在相同的年龄上，我可能懂事如你，但克制不能与你匹敌。你的学业天赋和未来发展的可能性，更是要胜老师一筹的。老师读书多年，为了未来远行东北。读研时家里困难重重，我一心向学，又惦记家中困难，坐在辽宁大学崇山校区最高教学楼蕙星楼的自习室里，看着南面的高层建筑和滚滚车流，内心翻江倒海，汹涌奔流，一边渴望未来，一边担心明天。每逢假期，老师都要往返沈阳和济南，坐在简陋的绿皮火车的硬座上，十几个小时的车程中困意时时袭来，每一次往返都是一次极限和疲惫的挑战。也是在那时，我对坐火车彻底丧失了渴望和希冀。但是，唯一没有放下的，就是咬着牙坚持下去的决心和自信。"打脱牙，和血吞！"这是晚清重臣曾国藩的至理名言，也是他自强不息与永不放弃的一生写照，放到这里倒是合适的。我们的青春，在上坡路时，是需要这样的一股劲头的；放弃和认命是一条没有尽头的"下坡路"，倒是那些走下坡路的年轻人，是永远不会体会这硬气的鼓励之语和激励之言的。

9月，因为参加市里和省里的比赛，我与很多已毕业的你的师哥师姐们联系，他们发来现在就读大学和攻读研究生的照片，个个意气风发，蓬勃而青春。想到他们也曾经穿着一中的校服，苦坐在相同的教室，现在的他们在985院校，在211院校，在省重点，在激昂人生，在踔厉奋发，多么让人幸福和喜悦。你的同样激昂的青春，也在快快到来的路上，只需要将这最寂寞的旅程认真走完，定会与他们在东向，在南方，握手相见。

"他们懂得从生活中，寻找那一星半点闪烁着的情趣，他们就不会觉得困苦和孤独。"在追求梦想的路上，这些愉快着的，自由的，出于自愿的，值得我们不停下脚步，永远勇敢前行。

明天便是岁尾，2021年马上就要过去了。在每个大休的小结尾处，你和其他几名通校的同学，为班里做了很多事，没有怨言，没有拒绝，永远是踏实和谦逊，永远是认真和坚守。在这些小事上，老师又能看到你们的格局，看到一些优秀深厚的品质了。老师同样希望你把小事做好，在服务他人中体会奉献的乐趣与价值，因为有句话是这样表述的："但行好事，莫问前程。"那些人，前程没有不美好的，老师可以做证。

为了有个颇具仪式感的结尾，我们回到那个清华师哥的回忆。他的作文里说了成功的前提条件和必经过程。王国维先生从大学问里找到了这样的角度：

> 古今之成大事业、大学问者，必经过三种之境界："昨夜西风凋碧树。独上高楼，望尽天涯路。"此第一境界也。"衣带渐宽终不悔，为伊消得人憔悴。"此第二境界也。"众里寻他千百度，蓦然回首，那人却在，灯火阑珊处。"此第三境界也。

这些大事业大学问者体会到的，也必能让每一个执着追求在路上的年轻人体会。老师热切地希望，京鑫同学能够体会这人生的深意，走好高中最后、最值得守望的旅程。加油！

搁笔至此，老师再一次祝福你，十八岁生日快乐！

班主任　刘兆军<br>2021年12月30日

# 请走在我的身边，
# 做我的朋友

## ——写给孙岩同学

**吾生孙岩：**

见字如面，展信快乐。优秀的小伙子，十八岁生日快乐！

无论我们如何抗拒时间，时间从不因我们的犹豫和徘徊而暂停它一直向前的趋向。恍惚间，今天已经是2022年的第一个工作日了。昨天近深夜，央视主播在"央视新闻"公众号号召大家明天一起加油，开始自己的2022年。这个提示既有警醒的味道，也有时光呼啸而过的感觉，给每日埋头行走的你我一个及时的棒喝，一个点到为止的提醒，一个需在言传中意会的告诫。是的，我们甚至来不及梳理过去的2021，2022就这样猝不及防地到来了，像极了不速之客。这样突然的空投，让我们必须在时光之轴上保持清醒和理智，在书写再改正中一次次确证，时间是真的没有等任何人。

记得很多次，我们都会在书写时间时，把刚刚到来的年份写错，我们固执和习惯地把已经尘封的年份和已经进入历史的年份写在现实的纸页之上。当别人友好提示时，我们才会有恍然间更正错误的怅然：哇，我又一次没有与历史做一个干脆的告别，我又一次生活在历史的惯性中，我又一次沉浸在自我的历史时间。那个时刻，我们是不是更感叹时间的飞驰？留恋于过去的光阴，就如一个前朝的遗老，不断用自己的方式，书写和吟唱着自己梦里悼念岁月的挽歌。

如果再做一次确证，再给人一次警醒：今天，距离2022年的高考还有154天！我们是不是更加感觉到，日子迅疾地离我们而去了？

从高三一入学时的剩余二百七十多天到今天，一段努力投入的一百多天过去了，我们经历了什么，又改变了什么，自我是否变得强大，有没有实现当初的许诺，我想每一个人都会有一个适合自己的答案。半年来，老师经常晚睡，直接原因是近几个月有几个竞争性的比赛和项目需要我在晚间梳理思路和整理资料，或许，更为深层的原因是："晚睡是对白天生活的无声抗议"和"你不是喜欢熬夜，只是不甘心"。不知，小伙子，你是否也认同这些观点？这几句话，我查阅了资料，没有具体的来处和引用之源，但的确击中了我们的一些要害，说出了普遍的现象。即使在那个抗议的和不甘心的时刻，我们没有做真正提升自我的事情，没有行进在越走越宽广的坦途，抑或纯粹做了虚度光阴的事情，但另一个白日和充满了希望的明天，在精准持守着它的使命，在慢慢地到来。只是，这猛然间到来的白日，就如一个睡过头的人，掀开温暖和舒适，看到钟表指针的前进时，会"慌不择路"地进入略显迟到的白日时间。循着这样的逻辑线，我们墨守着内心挥之不去的旧年，要在某一个突然的瞬间，催促自己快步跳上已经开启的时光专列。

这专列，是开往春天的地铁，是通向舒展青春的高台。高台之上，当是青春纵展飞扬，帅气的脸庞在四围之风的激荡里，张扬出生命的美好，写下青春的样子。那每一个青春曾经拥有过的，都会在后来人这里再一次重现，青春的接力，青春的传递，青春的基因里曾经种下的每一颗美好的种子，都要在这个高台之上尽情挥洒。我们把这人生的高台暂且狭隘地定义为高等院校，定义为每个学子向往的大学。

"九层之台，起于累土；千里之行，始于足下。"于是，我们懂得，大学之于孙岩同学帅气的青春，不是让更多的人看见帅气的孙岩，而是让帅气的孙岩看到更为帅气的世界。这样的世界，是那些没有为之付出日夜和没有经历高考的淘洗的青年看不到的世界。因为，这些日升和月落，这些对决与选择，这些特立独行和包含于高中岁月里与老师的对抗，这些引领和追随，构成了我们高中岁月和青春生命里的"江河"。如果用一个粗糙的比较，倒有点像"矿工诗人"陈年喜在散文集《微尘》里的描述，我们是在用一千多个日夜"写诗"，在今年的6月底，我们又是"冲天一喊"。孙岩同学，聪明如你，想象并对照当下的生活，今年的6月该是多么酣畅淋漓和志得意满。是的，这就是我们畅想的未来，也应该是我们最后实现的样子。对等的忍耐需要现在的俯身，光辉的明日要用今日略显黯淡的光阴换取。这寂寂的日子，是最能打磨一个人的心性和品质的。习近平总书记在党的十九大报告中说过：目标"绝不是轻轻松松、敲锣打鼓就能实现的"。它可以比附我们人生中每一次细小的完成，它也可以概括每一次广大意义上的恢宏。

你来自优秀的初中，身边当有更为优秀的同学。他们身上有闪光之处，理智的我们当能看到同辈身上之所以熠熠闪光的原因所在。这些光亮，是我们看得到的美好生命特质，是我们企慕和艳羡的己之不能。"临渊羡鱼，不如退而结网"，我们每个人都有属于自己的轨道和前行的方向，只要我们不失掉方向，抵达便是一件轻松的事情，绝不是一件不能完成的事情。

知名网络作家牛皮明明这几天发表了一篇文章《几百年后，人们会如何书写这消失的两年?》。文章没有聚焦宏大的时代叙事，而是把关注的笔触放在了普通人日常的生活，从凌晨到深夜，每一个微小的生命个体都在用力生活，写下属于自己的抒情诗行。后疫情时代里，我们更应该用心生活，用力表达。老师在这里，为表达穿上标点的盛装，是让你读懂一些东西，体悟一点深情。

2020年的秋天，我们共同的23班迎来新的同学和新的面孔，组成新的班级。虽然，这个迟到的23班在2020年的初始就已经在文件里组建，但我们依然等待半年之久，才在沸腾的气氛里构成它的火热和蓬勃，才在与老师的斗智斗勇中形成它的气质和特征，也在时间的浸润中沉淀它的样态和风格。每一个小伙子都展示了活力和激情，也向老师表现了他们的特质和"排场"。是的，这是一个不容易"搞"的新集体。现在回忆起第一次见面前的 8 月 30 日深夜——开学前的那个晚上，我在阳台上为大家书写姓名联句，倒有点自作多情和过于理想的成分了。"小孙巍巍，岩岩无极。"这是老师对你的想象，是的，是未见之前的想象。希望你养成巍峨的精神，用学识汇聚成挺拔耸立的样貌，当然，这也应该成为你的追求，去匹配你帅气俊朗的外表。

想象总是单向的，现实远比想象的更为丰富多彩。是的，我在领教你的自由之心和由此而来的各种自由的形式。这些讨论和回忆，只能在高考要求的语境里才有回忆过往的价值和意义。

我们师生二人过招多次，我终于败下阵来。回忆的影像清晰、明确、精准，现在站在时间之线上再回忆第一次，其实也是一件小事。你拿着篮球，站在 23 班教室后窗台处。就是那么几下，就是那"流转千年的一眼"，被迫让你晚上十点才吃上晚饭。后来的几次，具体缘由都忘却了，我反倒觉着，这样忘却有它的好处——当我回忆起来时，更多的是岁月的馈赠和经历的美好，让时间之网自然筛除了那些不开心和不愉快。

时过"事"迁，老师真诚地希望你，能在跳将出来的视角里，冷静地看待自我成长。如果是自己的确需要提高，那便请你学习尊重，学习"一定程度"的妥协。或许，你会在将来懂得其中的道理，并能享有秩序感带给你的帮助和成长。

好在，年龄让我们懂得了一些东西。2020 年的春天，我没有参与你的高一，也只能在想象中描绘和摹写你的一些在家的状态。只是，不知道高一时老师对你的惩罚，能否让你在成长的弯路上警醒，并适时止步。

"以中有足乐者，不知口体之奉不若人也。"这是你熟悉的文本，想必你能背得过。《送东阳马生序》里的宋濂老师，循循善诱，用真实启迪真实，以深情唤醒深情。聪明的你，应该能读解出老师在这里引用的意思。我们应该寻找我们的"以中足乐"，那应该是纯粹和单纯、简单和坚定的

"足乐"，那应该是让自己如此美好、永远帅气和潇洒的内在智识之乐。这样长久的快乐，会不因岁月淌流、时光易散而消失，也不会因年华老去而消失。一个拥有真正丰富学识和学科知识的人，应该是优雅而迷人的。"我是一个在黑暗中大雪纷飞的人啊。"中国当代作家、画家木心先生的这句话，应该成为每一个帅气年轻人追寻的方向。

凤凰网读书版块这几天发起了一个活动：在日常的流转中，寻找被忽视的语言的力量。一句问候，一句鼓励，一句惦记，恰似生命中那些柔和的光，这些语句构成了岁月里的"一种美味"。"不用太勉强，不用太努力，能好好享受也可以。"这是一名读者回忆的一句让他的 2021 年被治愈的话语。这句闪耀着温暖光芒的句子，为我们阴霾的日子注入了加持的力量，如此委婉，如此美好，如此深情。可是，这粗粝得犹如矿石的锋棱一般的高考威压的生活，怎么想都是和这句略显轻松的句子不搭调的。老师私下认为，不会有哪个班主任或老师，会在我们求学的光阴里为我们送来如此柔软的"鼓励"。

我们的语调有和缓，有激励，有号召，但不会让青年"不用太勉强，不用太努力"。我们每日的清晨和夜晚，无不是在"杀气腾腾"的高三氛围里度过的，因为竞争的存在，需要我们割舍委婉抒情的节奏，转向更为坚硬和更为踏实的竞争之途。

"当你觉得为时已晚的时候，恰恰是最早的时候。"进入高三的冲刺阶段，你及时的拨乱反正就是一个美好的开端。比你年长六届的一名学长，在高三的冬日，进行了及时的节奏调整，在充实的寒假和无保留投入的高三下学期，实现了传奇的逆袭。这是我教过的学生中，真正让感动自我的努力诠释出意义、价值的一个高三生活书写者，在一中，在娘子之阿，在卧虎之畔，留下绚丽动人的故事。看着你的这名学长，在一汽，在海滨岛城，从一个南山的少年成长为让岁月为之骄傲的青年，连讲述这个故事都是激动人心、热血沸腾的。2017 年的寒假，我邀请他回校为后来人分享成长经历和感悟，真正在高中岁月里积累的东西，才在那个冬天温暖、抚慰、鼓励、指引了更多的人。火把点燃，内心唤醒，聚起生动的伟力，才能实现一个个敢于讲述的人生。老师重述这个故事，不是在布道一种狭隘的"成功学"，而是让聪明的你，看到辽阔旷远的人生里，最美的风景如斯。

"我发现时间它很公平，当我们努力做一件事情的时候，整个世界都会来帮忙。总有一天你坚持的，它会反过来拥抱你。""鸡汤"有毒，但有时又有些味道。游戏好不好，我没有发言权，因为存在的当有它一定的价值，不然EDG（国内知名电子竞技俱乐部）这帮不被看好的青年夺冠也不会轰动一时；外在美不美，我有发言权，毕竟若你的对面是一个"颜值"很高的人，你也有交流的愿望。我们在用心经营自己的形象，在老师看来，不应仅仅停留在虚浮的表面，更要修炼与之匹配的内里。"文质彬彬，然后君子"，连孔子老先生也在一定程度上认可外在的美好，我们没有理由拒绝。但岁月漫长，唯有扎实的学识和丰富的底蕴可抵。此外，母亲给了我们想要的一切，一个真真正正的男子汉，当有思考，当有拿得出手的报答，才能不负寸草心，才能报得三春晖。你说呢，小伙子？如果设想更为长远的未来，我们该为我们的未来交出怎样的答卷？我们当如何跑好我们的接力赛中的这一棒，应该是一个马上成年的人的人生之思。希望能带给你一些思考。

为了有个仪式感的结尾，我把阿尔贝·加缪的话引用过来：

不要走在我后面，因为我可能不会引路；不要走在我前面，因为我可能不会跟随；请走在我的身边，做我的朋友。

就让我们师生携行，奔走在意气风发的路上！加油！
搁笔至此，老师再一次祝福你，十八岁生日快乐！

班主任　刘兆军<br>2022年1月6日

# 高飞远行是青年的标志

## ——写给昕睿同学

**吾生昕睿：**

见字如面，展信快乐。优秀的小伙子，十八岁生日快乐！

老师曾在你家长的朋友圈里见过你少年时的模样，不由得感叹——多么俊朗的少年。2021年的冬天，俊朗的少年又找回了俊朗的样子，但这次的俊朗，不只是洋溢给人的外在舒展，而且是历经千回百转后，用实力证明给自己也证明给别人的学识之美，以及在细节里让人捕捉到的青春之美。自信、笑意，眉宇间给自己的并传达给别人的，便是这美的内在了。老师和你的父母都切实地期待你能表现出这种"俊朗"的自信之美和内里之美。呈现这些青春之美，别无他法，唯有在成功和自信的经验里，找寻并触摸到适合自己的节奏，复制让自己和关心自己的长辈看到未来无限美好希望的可能。在可能的长途上，攀登跋涉，当为最美的路径，也是最美的归途。

去年初秋，你乘着浸润了民主家风和民主班风的自由之风，来到23班。我们师生相识并熟络起来，还要感谢那恼人的秋天的"恩赐"。你的母亲，为你提供了她所能想到的最大可能，去帮助你战胜秋天的小"福利"，老师只是在秋天为你提供了一种最小可能。但每次你去我那里，都是懂礼仪、知谦敬，相比于由学业压力和紧张节奏造成的大部分师生的情感疏离，昕睿同学这一点就已经让老师印象深刻了。

于是，如果起个开头，我们可以说，这是始于"礼貌"的相识。初秋南山的天气，带给你的固然是不胜其烦的困扰。我们学校的秋天，虽是如诗如画，但随着节气的更替，这些高树、红瓦编织的美丽，都在秋风里变得支离破碎、暮气沉沉了。南山的风也劲烈，南山的空气也干冷，你的身体是一个信号，对抗着秋冬的推进。老师工作十一年了，依然不能与一中秋天之后的天气握手言和，我也是不喜欢这绿意隐退之后的秋天的。更为不喜欢的，是那满眼尽是枯败的冬天。站在每一个高处，登高远眺，举目四望，总会让我的心情略显低沉，少些清爽。但2020年的秋天，带给我们每一个人（与你相关的每一个人）新的思路和新的体认，也是对一个俊朗青年未来美好之肯定的开始。

后来，借助家长会，我从你父亲那里好似窥见了一些你所拥有的优秀品质和完善人格的端倪。管中窥豹，难以得见全貌，但老师还是做了一些大胆而合理的猜测，若有幸言中，那便足以证明你的实力了得。

因为我们一中特殊的地理位置和地域化的招生政策，我们的学生是来自乡村与家在市区的各占半壁江山。从每一个孩子身上，老师甚至都可以看到他背后的家庭。后来与你家长交流得多了，老师在心里就有了一个需要你证明的观点：你的懂谦逊、知尊重，一定受到了父母潜移默化的影响；你在高二对学业成绩荡不起涟漪的反应和表面平静地对待分数的脾气，也一定来自父母的民主和包容，支持与理解。

你的父母毕业于潍坊知名高中，又进入高等院校深造，是20世纪末国家高等教育体制的受益者。父母给予你的宽松和谐的家庭氛围，对于你未来发展的教育规划与老师接触的来自南山的家长们所给的教育方式是有很大不同的。南山的家长，多因自己少年和青年时期物质的贫乏，在物质丰余后，便将自己可能承受的条件以一种无节制的方式补偿给了孩子。你的父母则既有理智的外在支持，又有内里的精神引导。小伙子，你是何等的幸运和幸福，这又何尝不是一种上天的恩赐呢？

后来与你家长交流得多了，我又发现了一个好玩的现实，或曰窥探到了家族代际传承与家风对你产生的意义。这个隐约的答案是从你有趣的父亲身上得来的。原来，家风是如此形塑着一个家族的精神特质和标志底色。对这个家风的狭隘理解，可能就是父母对于孩子的期待和影响，可能就是家长日常话语的引导，但在你的父亲身上，是有祖父对他"不远游"之要求的传统。孩子们远行的背影，孩子们逐风的走向，必经高等教育的上色，远远地成为模糊的掠影，成为断线的风筝。父母朴素的生活愿望，怎么也战胜不了优秀孩子挣脱狭小地域束缚的愿望，因为高飞和远行，叫板与脱离，本就是年轻人对父辈思维的反叛，本就是卓越个体注定的可能。越优秀，越行远；越卓越，越挣脱。你父亲没有固守乡村，没有局限于潍坊，在祖国的天南和海北，实现了更大的人生可能。这都是对家风传承和家长期待的更好的回答，甚至可以认为是对祖父当年固守思维的反叛和逃离。

细胞基因是如此强大，家族的文化基因亦如是。在语汇的传递、思想的浸染、家庭的默化中，你可能形成了以淡然看成绩、用随心迎未来的脾性。这便是老师在高二一年，除了认识了一个因为自己的谦虚和知礼而让老师刮目相看的你，更认识了一个"静如止水"看待成绩的你，认识了一个静如平湖观照自我发展的你。

但是，"父母之爱子，则为之计深远"，我从不相信有哪个父母面对孩子的成绩会静如止水，只是，那些看似平静的面容背后，可能是内心的波涛汹涌。2018年冬天，老师曾在山东师范大学接受家庭教育指导师的培训。培训班上，山东中医药大学王维勋教授面对自己孩子学业成绩的不理想，曾经以专业、智慧的角度分享了其身为父母的心路历程，舒缓的语调其实不能掩盖挣扎的内心。清华大学知名副教授刘瑜曾大呼"我的女儿正在势不可当地成为一个普通人"，引起现象级的讨论和争鸣。置身事外，我们都可以故作轻松地讨论与分析、质疑与评点、观看与鉴赏。是的，老师拿来这些故事，是让你真正读懂父母，读懂生活细节后的情感真实。老师相信，聪明、懂事、知礼如你，这些简单的生活感悟是可以体会得到的。

犹记一次家长会后，老师与你的父亲聊天。他提到了你的祖父对于你父亲未来的美好设想，老师权且把它定义为那是一个老父亲用"一辆摩托车"的诱惑，去捆绑一个好玩青年的好玩青春和好玩未来。我甚至渐觉你的祖父那些留住你父亲的砝码，那么真实，又是那么可爱。我曾经见过很多留着长发的青年，倚靠在红色摩托车上，记录下符合一个特定年代青年最美好的样子，留下属于那个时代的乡土审美。车身的红色，似乎是属于那个时代的大众色，流行色。你甚至可以注意一下，那个时代的青年好像都有这样一张岁月留影。相片模糊，但记忆清晰；思维迭代，唯父母爱子情深。

今年秋天，季节又一次跟你"碰瓷"。你母亲心细，希望你未来的大学可以在江南读。因为工作关系，聊起你的成长和在校表现，老师与你父亲接触更多，但近来渐觉，真正"运筹帷幄"的原来是你的母亲。这也见证了大学对于一个人的深远影响，既是眼界，更是那些踏实和深入肌理的校园生活。老师较你的父母年轻几岁，会有代沟，但对大学的真正体认应该不会有太大区别。老师在沈阳读的大学，不是很知名，但学校对我人生的启迪和未来想象的影响，可能不仅仅是具体知识的答疑解惑。离开校园十年之后，我渐觉大学老师对我的影响最深远，可能拥有更为长久意义的，是他们讲授知识时的潇洒，是他们在讲台之上的从容，是他们志业于热爱的情怀。工作后，学校经常邀请济南驻地大学的老师来为我们做继续教育培训，可是，我再也没有遇到一个让我如沐春风的学者，一个可以让我用"风神潇洒"去形容的老师了。不是说这些请来的学者水平值得商榷，而是因为，我的大学曾经把我带到那样一个境界，"曾经沧海难为水，除却巫山不是云"。这就是老师想传达给你的一个质朴事实：大学，不是让世界看到你，而是让你看到更好的世界。研究生毕业后，家里急需我就业化解家庭的困境，如果有可能，继续读书是多么美好的事情。唯有于知识的通融里，你才会发掘人生更大兴趣之所在。知识的边界，也在一定程度上代表了我们兴趣的边界。聪明的昕睿同学，你可以大胆假设：拥有无

## 高飞远行是青年的标志

限的兴趣，并去追逐兴趣，我们的人生将会布满华彩。

青年的责任和要义，便是在过去之我的基础上，成就更好的自己。如果是高二一年或加上更为久远一点的老师没有见证的高一，你在用一种面对知识的"害羞感"去掩饰你的实力和能力，那么，进入十八岁，来到人生的新起点，我们当要抛却没有支撑力的虚假从容，当要摒弃没有底气和不能让人敬佩的自我宽容，在走向最直白的学业水平晋级之路上，拿出点父亲"反叛"乡村的勇气，使出些母亲前往成都的信念，行走在书生意气的路途，留给我们更深更远的背影。看着你走向远方冲锋，看着你潇洒昂扬奔跑，老师才渐觉这是一种青春本来的样貌，一种华年天然拥有的姿态，一种新成年人基因中携带的雄伟。虽说，青春的人生可以有多种可能，但当我们细数每个人的发展史，有一定水平的象牙塔里的生命更值得我们去追逐，也更能给我们去翱翔的风力。"扶摇直上九万里"，文字的想象尚且美好如斯，实践的人生岂不美哉妙哉！

高二时，我和你的父母，总为你单一成绩的提升束手无策。我们甚至有"缴械投降"的无力感。就像一本让武林人渴慕的秘籍，找到了它的传人，却被弃之如敝屣，被冷落，被轻视。方法需要实践者的主动作为，经验依靠传承者的积极投入。

这个冬天开始之时，你的母亲，可能是最为战战兢兢的一个人了。老师理解她的心情。作为一个"逃离"乡村的人——你的父亲，也在距离之外，纠结和担心着。因为我们的俊朗少年令人大跌眼镜的成绩像极端天气里的寒风，冰封了周围人的想象和渴望。

柳暗花明，峰回路转。昕睿，小伙子，你在用自己的软实力，上演一部跌宕起伏的剧集，我们愿意是龙套演员，陪你将传奇写就；父母可以是剧务，老师也可以是特效制作，但导演和领衔主演，只能是扬起风帆的小伙子本人。

十八岁，熠熠闪光的十八岁，潜力无限的十八岁，老师依然愿意固执地把这个冬天发生的变化，视为向阳而生的生机，翻译为读懂未来美好人生的剧集。

　　借来的东西，终归是假借的工具；听来的故事，终归是他者的心得。那些自己内心油然而生，在静默的时刻品味和体察到的信心和勇气，才最值得咀嚼，才最值得回味。小伙子，冬天寒冷，但一定能跨越；跋涉辛劳，却必可以收获更丰。

　　在你父母的朋友圈里，我还看到了你妹妹的照片。阳光、开心与喜悦，写在她的脸上。长兄如父，如此幸福。作为兄长，昕睿同学更要在家族的承继中树立好一面猎猎作响的旗帜，执旗的青年是要有这样的责任感的。因为，我们是愿意看到和听到这样的故事的：妹妹在向同伴们骄傲地讲起大哥的故事——这个大哥，就是昕睿同学。

　　"在梦中播下再多种子，也得不到一丝丰收的喜讯；在田野上哪怕只播下一粒种子，也会有收获的希望。"我们期待你拥有这样的荣耀，我们希望你怀抱崭新的意志。加油！

　　搁笔至此，老师再一次祝福你，十八岁生日快乐！

班主任　刘兆军<br>
2022 年 1 月 7 日

# 每个人都是自身的设计师

——写给国峰同学

**吾生国峰：**

见字如面，展信快乐。优秀的小伙子，十八岁生日快乐！

从去年冬天开始，国峰同学便开始了进步的发力。也是从去年开始，老师就在与你的交流中感受到了你得益于家人的影响，设定好自己的前行目标，并为之奋斗的坚持之意了。

高二12月冬夜的一次晚自习，我们在23班东侧的大厅交流学习，漫谈生活。恍惚间，已经是一年前的往事了。那次以学业为中心漫开去的交流，是在为书写做一次提前的准备。从某种程度上可以说，那晚的交流内容是今日这封书信的构思基础，是脉络里的内容，是主线后的因由。从十七岁到十八岁的跨越，这三百六十多个日夜，向老师展现了国峰同学的真实面貌，也让老师看到了国峰同学的成长。可以说，这个大约在冬季的书写之旅，或曰迟来的祝福，又或劝勉鼓励的文字之形，终于要在这个冬天实现了。其实现的过程，从漫长预设里的游刃有余，变为现在距离高考145天的时间警示。我们每一个人身上那或多或少的拖延之症，使得本来持续舒缓的微波，本来正常规律的节奏，全因人的那一点点惰性的萌生，把手里握持的一把好牌和预想里的美好期待硬生生地被自己折腾成了"险象环生"的残局。这生活或现实里多次被比较和多次被验证的事实，都在告诉我们：开始，永远都是最好的一步。

2020年的12月，老师开始了生日贺信系列的书写。"幽咽泉流冰下难"，每一次书写对老师来说都是一次角力。惰性、怀疑、审视、权衡、牵扯、掣肘，每一次行进的过程都是一次时间和思维的挑战。去年冬天，孩子们接连生病，我也被流感侵扰，在写了三封之后只能暂时搁置。与你的交流提纲和准备的一些素材在去年冬季早已完成，但人一旦恐惧困难，挫败于一些障碍，便经常会在心里预设险阻去否定和埋藏自己的潜力。如果按照我们的行进计划，在时光中坚持点滴精进，挖掘细节，珍惜时间，每一个独立的个体在理论上都可以完成让自己骄傲和自豪的成绩。可就是这主动的止步不前，这虚渺的自我否定，这慵懒的停留想象，限制了我们的明日人生之美，也在增加着自我慨叹。在这样的逻辑上滑行，我们是否可以寻到这样一个结论——"这种人永远不能窥见一个让自己赖以成功的伟大真理：每个人都是他自己命运的设计师和建筑师"。这句话，是洛克菲勒写给晚辈书信里的句子。如果你曾留意，在我们锦绣楼的东侧草坪边缘，竖立着一个文化标语牌，每次课间跑操，我们都能看到上面的内容："每个人都是自身的设计师。"哲学家培根也曾这样表述。

这些都是文雅的修饰，生活的朴拙处远比句子生动和形象。老师相信你，有解读生活的能力，也有鉴别人生的智慧。我们的身边，有好多"自命不凡"的人，他们擅长阔论和高谈，喜欢指点和评论，习惯讲授和解读，热衷导引和夸诞，但回归到他们自己的人生，又疏于实践和行动，厌恶付出和劳苦，不惯躬行和埋首，淡漠验证和真实。可以说，这是脱离了知行合一的"空想家"，龟缩在自己营造的乌托邦里，所做的黄粱一梦。用通俗易懂的语句概括，这就是我们需要远离的一种生活态度和现实人生。

我们甚至可以把视角缩短，狭隘地理解一下，我们自己有时也有这样的弊病，也浸染了如此的风气。"如果我写书，我就写我一生中的错误。"周恩来总理曾经以巨大的勇气和反思精神说过这样平实有力的话语。老师的生日贺信计划，便是一个需要警醒和值得反思的例子。视角再一次缩小，老师现在进行的书写，你读到的眼前的句子，其实就是老师反思的映射。今天距离高考还有 145 天，当初在距离 245/345/445 天的时候，我们着手准备，当是一件稍显轻松的事情。时间促逼和威压着来临时，我们感觉到了"进攻"的紧张和时间的紧迫；这是我现在面对书写的真实。"亡羊补牢，犹未为晚"，这是我们熟悉的经典；"只要开始，永远都不会太晚"，这是玉凡瑶的畅销书《你想抵达的远方，现在就起航》的直白表述。好在，还有时间。剩余的每一次挑战，每一次爬格子的掘进，都是一次与时间的争夺战和拉锯战，我们努力完成着，将它变成一个双手紧握的现实，变成纸页里获取的力量。坐在教室里默默思考和书写的过程，老师甚至觉得，这是一种自我的呓语，不关其他，只是让我们自己变得更加丰富和美好，变得愈发强大和自信。现在，老师抬起头，中断思绪，看到国峰同学坐在教室的"C 位"，也抬起头，看着写满英语自习任务的黑板发呆，做了一个早自习投入之后的休息，不知是否也能获得努力坚持之后的思维之乐，体会踏实精进之中的收获之美。唯有最深情的投入，才能体会最深情的感悟。

在老师今年秋季的购书单里，有一本特别容易读的书——《今天也要重新出发》，一个被叫作"阿籽奶奶"的七十六岁老人，用平实的语句和写实的笔触，写下和画下了人生感悟与岁月之美。纸上的生命纯净之美，给我们这些尘世里忙碌的旅人，以安慰，以治愈。在这本书的扉页里有一段话，老师特别喜欢："不管什么时候，多大年纪，都可以重新开始。"老师是在微信公众号上看到这本书里的节选文章，被吸引，然后痛快地下单，以期浏览全貌。

老师多费些周章去说这个让我们看到无限生命可能的故事，还是想用远方的人和事，去印证我们生活和学习的当下。只要有开始和重来一次的决心和气力，就会有大把的可能性进入我们的视野，向往和期待的美丽也会进入我们的生命。

前几天，还有一件值得一提的事情，也构成我们美好生活的一部分。菏泽高铁通达泉城，壮观的牡丹之美连接了不妖不蔓不枝的荷花之美交相辉映，美美与共，各展其韵。国峰同学，你既能浸润老家菏泽的壮观之美，又吸收着泉城济南带给自己的人生"净直"之韵，当在文化的底蕴和厚重中吸收借鉴，领悟升华。

十一年前，在来到南山以前，老师也曾奔波于你现在所住万象新天的附近。记忆里，K57路车的颠簸和漫长，像极了那个时间里遥遥看不到尽头和出口的人生。现在回忆起来，那时都是岁月的"尘埃"，但坚持着，也找寻到了一点儿光，一些亮。

老师和你的父亲借由家长会的机会有过几次短暂的交流。老师在你的叙述和与你父亲为数不多的交流中，构建了老师对你父亲伟岸的想象，勾勒了一个家中长子、一个有担当的老大哥的形象。现在，因交通条件的便利，我们身边的人群，再也不是仅仅由地域局限里的乡土父老构成，新的生活交往人群，或自五湖，或源四海。在济南的优秀菏泽青年人，老师身边也是有很多的，但在与生活抗争的坚硬现实里，他们却绝没有老师的叙述这样单调和简单，没有这样轻松和随意。对于束缚在原乡里的优秀青年人，每一次"出走"都是未知，每一次"逃离"都是对决。所以，我尊敬你的父亲，因为在老师看来，每一个从故乡"出走"的年轻人，都是值得钦敬的。他们富有挑战精神，在敢闯敢干和拼命硬干里，为我们搭建更好的平台，为我们提供轻松的环境，为我们"掮住黑暗的闸门"。每一个能够改写命运的家族，不就是由这样的闯荡精神浇灌和培育的吗？不都是由一个甘愿牺牲并乐于付出和奉献的个体开拓出一条从此越走越宽广的道路的吗？

仅从教育对我们自己人生可能性的实现和帮助上来说，万象新天就是一个特别有实力的存在。十一年之前，那时我到过的王舍人片区还没有万象新天。平坦的土地之上，是一个写满济南东部特点的所在。苏家市场、滩头、坝子、白菜路，构成了老师读书时代转车王舍人时的灰暗色调，这灰暗多少可能与老师当时对未来感到迷惘有关。十一年未见，在那片土地之上，追寻着自己理想的更为年轻的一代正在东部踏实和包容的土地上向上生长，逐光前行。国峰同学，带着菏泽大地的厚谊深情，老师相信聪明的你一定会从父亲的身上读懂责任与担当，在自己匍匐向前的人生之路上，收获更为深刻的东西，拥抱更为坚实的勇气。

高二一年，你带着父亲、叔父、姑母的支持，写下了值得记忆的高二旅程。令老师印象深刻的是，从眼眸、表情、话语、意志、精神，从我们关注的每一个细节，都能看到你的改变：在变得优秀，在变得出色，在变得坚定。如果事实如此单一，高二堪称完美，高三的起始可说扎实。新一代的陈家少年，定会留下一些向后来者讲述的故事，会留下一些向追随者展示的本领，如果，你能坚守住老师对你这样的固定想象的话。

时间是最好的编剧，你每天的表现可能就是你的每一集。你的父亲，很少在微信上与我联系，除了学校平日的工作信息，老师可以记起的，就是你的父亲发来微信询问你的表现，了解你的所为。因为，那个在老师眼里有责任感的父亲，肯定发现了蛛丝马迹。那个拥有优秀和卓越潜质的学生，如何能将优秀保持下去？

"有善始者实繁，能克终者盖寡。"这是你熟悉的课文《谏太宗十思疏》里的句子。它在概括一种事实，也在讲述一个常识，更在指称一种生活。是的，美好的开始，如果仅止于开始，那只能是导入；美好的开始，假若能咬牙持续，便注定结硕果。拥有潜质，实现了，名副其实；怀揣可能，荒废了，此恨何已。"发现天赋是一项艰苦的工作，发挥自己的天赋则更辛苦。"老师在高二的某一个时刻，发现了你的优秀潜质，与我的发现相匹配，去吧，在奋斗中若合符契，才是真正让青春的人生美好和幸福的要义。

从菏泽来到济南，在济南实现优秀，在老师的身边做到这样的上一个人是你的玖鼎师哥。这一级，能把"希望"变为"现实"，能把"想必"转换为"一定"的人，将是优秀的国峰同学。"你去实现你自己。"感觉这句话好玩，老师就把它写下来，看国峰同学能否实现老师"捏造"的这个句子。

当时与你交流，知悉你的叔父和姑母都是从故乡走出，走进大学，走入更有可能性的生活和人生的。依稀记得，你的姑母，在优秀学业表现的加持下，看到了更为美好的世界，和更为迷人的风景。说得粗俗一些，千万不要相信那些"学业无用"的鬼话。你身边的至亲，都是在经历苦读的寂寞时光之后，看到了光明和敞亮的可能人生，还能有比这更为动人和真实的证明吗？

老师的籍贯虽属于济南，但故乡是个小地方，是我人生的小"驿站"。懵懂里，可能就是那点微弱的光，给了老师不放弃的理由，给了一个在寂寞和缺少支持下的少年一些行走下去的希望。这点光，我也说不清是什么，可是，就是这游丝一般的，拒绝妥协、绝不认尿的薄薄底气，支撑老师不断地走到今天。我喜欢老师这份职业，并热爱这个过程。我喜欢极了这跋涉中至死不渝的热爱，这行走着的并不断宽展着的坦途和广阔。这可能是我一些微小的感悟，想必也与你的父亲一路走来的奋斗精神相同，也与你的至亲在不断否定和徘徊中前进的足迹吻合。

"天下绝无不热烈勇敢地追求成功，而能取得成功的人。"老师把卢梭的这句话抄录给你，希望给你一些启示，送去一点儿慰藉，在孤独和寂寞伴随、美好与希望交织的进取之路上，你能看到光，看到力量，看到信心与勇气。加油，小伙子，同向未来，同追美好！

搁笔至此，老师再一次祝福你，十八岁生日快乐！

班主任　刘兆军

2022 年 1 月 12 日

# 梦想是有神性的

## ——写给春豪同学

**吾生春豪：**

见字如面，展信快乐。优秀的姑娘，十八岁生日快乐！

时间恍惚，打马而过。不知不觉间，已是学期的尾巴了，高考倒计时牌上的数字也在用醒目的红色，提醒着我们时间的紧促。老师坐在教室的角落，可以方便地望向窗外。寒冬岑寂，校园安静，当把视线拉回教室，又是热烈和沸腾的交织，又是埋头和伏案的汇聚。认真、踏实、坚忍、执着的春豪同学，也像极了这日子的轮回，在不放弃地努力和拼搏着。无论从何种角度说，这样的你，未来都不会让人失望的，如果你能继续这种咬牙坚持的状态和乐观不服输的信念，一切想象中的美好和所有期待着的结果，都会乘着七彩祥云破空而来。春豪同学，只要你愿意怀揣如此简单和纯粹的向往，只要你能够保持这样干练和利落的想法，老师愿意与你一起相信：结局注定繁花似锦，终点必定美好锦簇。

老师为你们写的这些鼓励之语，记录下的每一个平常细节，和我们不会忘记的任何一次开怀大笑以及向上过程中的微小悲伤，都是一次次生活的掘进，也是一次次挑战和"搏斗"的过程。我们的生活单调而重复，我们的日程枯燥又乏味，如果我们不能从每天的日子里寻找一点别样和特殊的东西，老师的每一次记录和落笔，在我看来都是不可能完成的。因为，这大同小异的校园生活，这千篇一律的三点一线，这一成不变的黑夜与白日，让我自己有时候都怀疑，老师的这个生日贺信系列是否有完成的可能性？是否有继续掘进的可行性？我们的校园生活没有太多的故事，也没有校园外生活的丰富多彩，从哪里去为每一个学生找到叙述的思路？在何处开启每一次书写的第一笔？生日贺信系列仅仅完成了不多的份数，每一次开始都是这般困难重重。这样的窘境，你是否熟悉并有深深的同感？老师相信，困难之于你，之于我，都是"剪不断，理还乱"，如爬山虎的藤蔓，滋生疯长。每一个可到处，我们都能看到困难和阻碍；每一次挣扎中，我们都能碰到挑战和逆境。可是，我们何曾放弃，我们又何曾缴械，我们能够认定去做的，不就是藏起苦痛，微笑着迎接每一次成长中的艰难吗？走着走着，我们会发现，最美的风景永远在我们的未曾放弃处。

在老师坐着的班级角落，只要稍微转头，就能轻松看到高一的教学楼，也一下就能确认高一9班的教室。我们可以把时光拉回到两年多甚至三年前，那时的小姑娘春豪同学，是否在仲南中学某一间教室的角落，为了一中一个属于你的位置，做着一个少年最扎实和最踏实的付出与拼搏？当许多少年都在无理智和无节制地放纵自己的少年时光之时，你在安静处默默地发力，沉沉地与懒惰和消遣斗争，一中9班教室里，才有了那个固定座位上你的存在。回顾自己的努力过程，你是不是有一种幸运和通达？是不是有一种理解和读懂？如果我们把这样的过程截取一下，在今年秋季或更为遥远的秋季，一个位置或一个意义上的"位置"，它正在默默等待着你，用复制历史的奋斗和付出，用重复以往的时光和日子，去完成你的到达。你不断地从历史来到现在，你不知疲倦地从现在去往未来，是老师希望看到并愿意看到的。老师相信你可以完成，并一定能完成新的人生书写，让自己为坚持不懈的自己记录历史，让自己为不言放弃的自己做个见证。我们可以约定，美好未来实现之时，你可以向老师发来抵达的信号。老师期待着学生将美好的人生设想变为现实，这是最幸福的一件事，"得天下英才而教育之"，是我们最深刻和最纯粹的快乐。老师希望你，也能把发展自己的未来、兑现自己的人生当作快乐。

我们有时会在相信里产生一些有意思的联想。你抬起头，会轻松地看到你高一时的教室,会远望到你高二时的教学楼。坐在高三的教室,你可以在回忆和浏览自己的历史中,清晰地看到自己的来路,可以看到自己是如何在防御与抵抗自我的懒惰和懈怠中,一天天、一步步走到高三冲刺的阶段的。

这几年,我一直在带理科班。在所带的理科班的学生中,总有几名学生是从刘主任的班里转到我这里来的。老师提起这件事,是因为这些转过来的学生都曾给我留下深刻的印象。无论是他们的学习态度,还是与学校纪律作对的能力,都是让人难以忘记的。

从地理位置上来说,高一楼到高二楼可能会有二百步,从高二楼到高三楼估计也差不多,这些基本等距的间隔里,老师见证了你"行走"过程中的一部分。老师看到的这一部分,为我们呈现了一个具有优秀品质的春豪同学,一个始终乐观和开朗着的春豪同学,一个面对大小之事都不改态度、不变其作风的春豪同学。我们没有理由不相信,你终会到达更好的"二百步"之后的地方与位置。

每次放假,你都是晚走的几名同学之一。家在附近的方便不是你们必须要为班级服务的理由,通校的身份也不能天然地让你们牺牲本就不多的休息时间为班级做其他服务。可是,这些自愿留下的同学,包括你,从没有怨言,从没有反驳,而且是带着友好态度和充分的满足。一年多来,老师好像还没有在你的表情里看到过忧伤与失落,哪怕一丝的忧郁与不快。这样的乐观,这样的天然奉献意识,已经让我有十足的把握,定会有美丽的结果在等待你。

考后的晚自习与你交流,才发现你的身后有让人惊讶的家族偶像。那些遥远的甚至只能在别人的文章或句子中读到的名词,切切实实地在你身边。天赋固然重要,顽强、坚定、果敢并倔强着去兑现自己的天赋,更是一件让人崇拜并向往的事情。

在阅读中,我们经常会发现一个规律:家族里优秀的人,总是代际传递并相互影响的。听闻,你的表姐就读于北师大。老师可以给你普及一个常识，北师大是中国历史上第一所师范大学，是巨擘，是翘楚。我的妹妹当年在高中就读时，便把北师大作为自己的梦想。我的叔母为妹妹在家里卧室的一面墙上，制作了巨大的北师大梦想板。那张类似宣传画的板子，占了她卧室的整个墙面。那时，我已经来到一中工作，当看到妹妹书桌前的激励板时，我是非常惊讶的：怎么会想到以这样的方式来表达梦想？三年后，虽然妹妹没有如愿，但北师大耀眼，妹妹还是去了另一所部属师范大学——北师大是有"神性"的。

我们回到你的成长史，北师大一样的激励板，就在你的身边，那就是你的表姐，她比那些遥远的故事和宣传片里的高楼、浮夸的词汇更能让你感受到北师大的风采。从这个角度看，春豪同学，你何尝不是拥有一种幸运？

通过你的叙述，老师甚至可以联想，你优秀的表姐一路走来的辛劳与艰苦。毕竟，走到北师大绝不仅仅是靠着那稍显玄幻的天赋的。前几天，我们做过一套综合题，作文材料的内容是关于奥运冠军全红婵。经历每天几百次的训练，甚至改变了身体发肤，天降"紫微星"的比喻背后，那是可以想见的勤勉与付出，是可以看见的汗水与伤痛。华为公司在受到美国的打压时，曾经发布过一则激励人心的图文宣传语："没有伤痕累累，哪来皮糙肉厚，英雄自古多磨难。回头看，崎岖坎坷；向前看，永不言弃。"这些"紫微星"们，从没有天降之说，他们拥有的，只是日常里的跌倒与站起，平凡里的坚定与不屈。你的表姐，之所以从南山的小学，从祖国版图上一个小村落走到了北师大，继而走向四海五湖，除了天赋，其他的秘诀相信春豪同学你能够解答、找到并靠近。

刚才上楼来，看到倒计时牌上显示，我们距离盛夏的成功之日还有139天。校园的每一个角落，散放着高一、高二同学们的行李。今晨早起走在校园里，看着他们步履匆匆，等待着一个长长的假期。忽而又想起，高三的你们还要有继续奋战的二十四小时。空旷的校园里只剩下你们，喧腾热闹的校园将由逐梦的你们守卫。返家的时间区别，就在昭示着身份和责任，显现着程度与不同。

在一中工作的十一年半时间里，老师接触了不少学校周边和附近的学生。"青春放歌舒壮志，红装巾帼也称豪。"在未曾相识之前，如果看到你的名字，人们也许会联想到一个硬朗男生的形象。熟识了之后，老师渐觉，这个"豪"字可以代表你的精神和底色。

老师见过附近初中的学生，由此也不难想象你初中时学校的学风是怎样的。顺利进入一中，已实属不易。老师有时会想，能够从那里来到此处，已经是巨大的成功了。你又默默地坚守到现在，更为难得。珍贵的经历，甚至是稀缺的品质，帮助了你的过往和来路。我们不回避现实，我们要清醒地看清实际，一中里家在周边的部分学生，单从学业表现上看往往是不够理想的。他们习惯于耍酷，荒废学业，毕业时往往不能得偿所愿。老师感觉到了春豪同学与他们的不同。期待你将这不同，实践为人生走向的不同，即使不能到北京，也要去往其他好的大学。老师回忆起附近学生时，便会有骄傲的你成为老师讲述的故事，变为生动的素材。

听你讲起过，你的至亲家族里，排行老大的人都是有这样的精神的，而且老大们做得都不错。你也是这样的老大。这就是老大的旗帜和引领作用，这就是老大的示范和榜样力量。记得十年之前，我带的6班有一名女生，在一次周记的批阅会上，我大致写了让她成为弟弟的榜样，成为"骄傲姐"之类的鼓励语。她把老师写的话认真剪裁下来，贴在了装帧精美的笔记本上。多年不见，不知那则藏在记忆里的老师批语是否成了现实。我希望答案是肯定的。

成为老大，有时也有不易处。这里说的"老大"，必得真正地勇挑重担，起而行之；必得真正地扛起大旗，前而引领。年龄不仅是一种外在表现，更是精神信念。如果找一个评价标准看你的完成度如何，那就看你的妹妹是否也能向他人骄傲地讲述你，像你讲述你的表姐那样。

在一步步向前走的过程里，那些迎难而上的勇气，那些在遍地荆棘中寻找大道的过往，都把逃避和恐惧扔在身后，只剩下照耀心胸的阳光，只剩下与困难抗衡的风景！一中这个小驿站，让你的师哥师姐们爆发出力量，得到了勇气。山，没有阻隔他们；水，没有堵塞他们。看着他们越来越好，老师也期待春豪同学接续奋斗，成为自己的光，成为老师未来教育故事的主角。相信你！寒冬的假期里整理行囊吧，莫忘责任，莫忘奋发。如果再一次验证完成度，那就像老师向你骄傲地讲述你的其他前辈一样，多年之后，老师也可以骄傲地讲述你的故事。

"对于那些内心充溢快乐的人们而言，所有的过程都是美妙的。"把这句带着温柔的奋进话语送给你，今年盛夏，我们约定共赴美好前程。

搁笔至此，老师再一次祝福你，十八岁生日快乐！

班主任　刘兆军

2022 年 1 月 18 日

# 奔跑着，潇洒地撞线

## ——写给振厚同学

**吾生振厚：**

  见字如面，展信快乐。优秀的小伙子，十八岁生日快乐！

  严寒过后，久违的春天终于慢慢来临。学校南门外的镜儿湖水，在天朗云淡下碧波荡漾，微风吹皱了一池微澜。好像这池湖水，也在寂寞地等待冬日的离去，在静候又一个充满希望的春天的来临。振厚同学，你也即将在沉静勇敢的追逐中，迎来人生的一次大考，走向青春最值得期待的一次洗礼，走进生命里最绚烂多姿的春天。这个奔跑着跨进春天的动作，应是坚决和干脆的，因为，在等待的过程中，我们曾经是如此期待和向往过。现在，我们梦想中和渴望里曾经急迫的憧憬和守候的 6 月正在渐渐逼近，在如此接近终点的时刻，也是"行百里者半九十"的关键时刻，一个曾经在体育中获得过人生感悟的小伙子，是不会懈怠、不会松弛、不会犹疑地冲向那与自己实力匹配的终点的。老师期待并充满希望地等候你潇洒"撞线"的时刻。小伙子，你的内心期待是否与老师对你的想象匹配吻合？如果是，那我们就用足球场上的挥汗如雨来恣肆着你十八岁夏天那个最为经典的时刻吧。

  在老师电脑硬盘的 E 盘存储区里，存放着很多学生的照片。那些照片，是老师用不同的手机记录下的班主任工作的过往。老师觉得，它们记录的，是生动和鲜活，更是奔腾不息张扬不止风采无限的每一个少年曾经的青春。这些照片，有你们接受家长和老师奖励时，那不好意思的微笑；有运动场上奔跑、张扬的生命；有宁谧晚自修时一排排整齐伏案的勤奋背影；有让老师感动和欣慰的许多值得铭记的瞬间；当然，还有搞怪和调皮，也有矛盾和误解，甚至还有老师发誓要记住的你们让我歇斯底里的不可理喻的荒废瞬间。无论这些每一次翻阅起来都让人心生感慨的照片，是充盈着幸福的感动，还是溢满了师生之间的温情；无论是交织着此起彼伏的班级暗涌，还是蘸满了喜悦和激动的短暂时光，即便是那再普通不过的以班级的钟表为背景的每日早读和静修，他们都是23班或老师带的更早班级的记忆里磨灭不了的时光、挥之不去的印象。更让人愿意经常翻阅的，还有那些视频，画质虽是一般，可这些带有时光味道的动态影像，以不可更改的时间之维，在永续向前的单向轨道上，承载着我们对于过往的回忆和对于未来的欣喜，在二进制的数据结构里，留下了永存的生动记忆。

老师不厌其烦、不惧其详地构思和编织这些媒介混合的照片和视频对于我们成长历史的还原和书写之义，并不是它们对于我们的过往来说真的如此不可替代，只是它们就像伴随着我们长大的一些特殊歌曲，在音律变奏的转换、在声符高低舒缓抑扬顿挫的旋律响起时，倏尔让我们记起不可磨灭的往日时光。这些照片的美好处，除了图像本身的色彩和人物，更是这背后让我们心灵激荡的美好过往了。

在这些记录着每一个三年每一段风雨的影像文件夹里，有一个被命名为"2020秋季运动会"的图片合集。在这个合集里，除了开幕式上我们空前绝后地在担架上书写的"学习誓言"，其他的都是那个秋天运动会上的一些比赛特写。其中的几张特写，便是振厚同学你胸前贴着运动员号牌，在红色跑道上挣扎和坚持的励志照片了。记忆里，我是在百米终点位置附近，用镜头坏了的手机为你抓拍了这几张照片。不说场景的转瞬即逝，也不去谈它的运动会背景，我们甚至要忘掉这张照片所在的季节，也忽略掉背景里同学们的加油和呐喊，我们只关注照片上的人本身，就像我们简单而干脆地忽略掉奔跑路途上的美丽风景，我们只记住那让人咬牙坚持的疼痛，我们只体会那胸腔被跑炸了的极限感觉，我们单单去享受这脚步腾空又落下的动作，是不是就爱死了这奋力奔跑的快乐，就爱死了这不可救药的简单和决绝？我们如同一个固执的理想主义者，我们没有拥有风景，只是在浅薄地完成我们的责任和降临到自己头上的使命。

老师如果没有猜错的话，在那次完赛的过程中，你拥有更多的是煎熬和疼痛，经历更多的是终点一直未到的漫长和怀疑。你手按两肋，叉着腰，在顽强毅力和咬牙硬拼的支撑下，跑完赛程。风景在哪？轻松在哪？内涵的丰富和价值阐释的多维在哪？在那个八圈半的十几分钟里，它们一直缺席，你脚下如铅坠，双肺似炸裂。没有人能替代你，你能做和已经证明给我们看的，是孤独地顺利完赛。

体育比赛是酸痛和不甘心的二者角力，我们用文字对忍耐比赛的赞美和对胜利完赛的高歌，只是在结束以后的想象，只是在用语言或夸饰或掩盖经历者和当事人的心路历程。世界上哪有如此轻飘的完成，又哪有可以用简单的有限逻辑就可抵达的巅峰？再简单的事物，也必定铭刻着征服者的血泪或辛酸，它们是别人永远无法替代的解释和说明。振厚同学，你穿着白色校服上衣，挣扎着努力向前，抬起又落下的脚步解释了一切，也佐证了一切：在自己满意的结果没有到来以前，其他过于美好的赞美和超越性的价值挖掘都没有分量，只有在进行着的，才是唯一的真实。老师希望你能理解其中的深意。其实，或许对于你来说，这根本不是难懂的道理，因为你现在在做的一切都将帮助你明白，在一百多天的终点未到达之前，还是需要继续叉腰向前的。

外面的他人在陪伴你，但旅程的行者只有你自己，埋头苦干之外，绝无其他坦途可行。

我们师生交流过多次，老师知道你曾经在体育专项上付出过汗水，也真实地经历过伤痛。老师喜欢体育，也曾经通过志愿填报系统做过一个专业倾向性测试，结果显示，体育是老师匹配的专业之一。还有一个就是现在我从事教学的语文。因为热爱，老师有些感悟可以与你交流，毕竟热爱才是抵抗岁月漫长的最有效解药。"勉为其难的坚持，比不上发自心底的热爱。"老师写到这里的时候，看了一下时间，零点三十六分，除了熬夜的人，人们已经进入了梦乡。我躺靠在床头，旁边是女儿均匀的鼻息声，但我的逻辑和思想，仍在沸腾地行进。

很多人都有一个认知误区，觉得做一件事，一定要逼自己刻意坚持和自律。其实，如果你真正热爱一件事，就会自然而然地想要去将它做好。热爱，才是一个人做好一件事最核心、最本质的原动力。

老师在以前，也是有这个认知误区的。只是最近一年来，越来越感受到热爱的价值和能量。高考前冲刺的阶段，怀疑、犹豫、彷徨会时常有，奋起、坚决、镇定也会时常有，自信、从容、进步的本能，老师更希望你有。概括一下，老师希望你将这至死不渝的热爱变成你的内在基因和不能剔除的认知习惯。成为优秀的人，完善自我，建立打不垮的韧性，热爱其实就是它们，它们其实就是热爱的代称。

"但是在这世界上的一切人之中，我最希望予以提升的一个，就是我自己。这话很卑鄙，很自私，也很诚实。"被无数读者喜爱的王小波的这句话语，从最质朴和最踏实的层面，告诉了我们一点儿东西，启示了我们。让现在的自己，通过学识和智慧的滋养变得更美好，变得更优秀。热爱提升自我的振厚同学，是一定可以实现目标的。在完善自我和出色青春的基础上，我们再去兼济天下，不忘忧国，才是一个青年的正确打开方式，也是最值得鼓励的方式。

老师的老家在长清，虽是济南的下辖区，但老师成长的故乡却无法代表外地人对省城的宏阔想象。幼时家庭条件贫瘠，我只能在荒山野岭和乡野农田里率性地奔跑，在风险和隐患围绕的河流险滩里无拘无束地撒野。在故乡略带审美乡愁的峰峦和丘陵间，你的小个子老师找不到更有"伸缩性"的娱乐了。这些略显忧愁的叙述背后，是一个童年和少年经历的真正凋敝的旷野和吹自四面八方的风。

无处可去，又要安放按捺不住的少年时代，我只能奔跑，倒也享受了它的益处：在跑步这一体育项目上，我应是超越同龄人的。在纵横的沟壑间奔跑，在离家几公里外的中学返家奔跑，在麦田和草垛间奔跑……记忆里，奔跑是一件成长的常态事件，当然，还有高中时为了赶时间用餐的奔跑。

振厚同学，以你少年时代的体育经历，理解老师所述应是不难。时至今日，我们的生命状态不是一直在"奔跑"吗？在奔跑中迎接你未来的曙光，在奔跑中拥抱你盛夏的渴望。当你回忆往事时，也定会有老师这样的美丽记忆的。因为，如同我在叙述你三千米比赛的细节时，提到更多的是煎熬；但于你而言，那根本就不是老师叙述的样子。现在的我们忆起过往，更多的是忽略掉困难后的轻松，就像你们的师哥师姐站在高二教室的讲台上，向你们讲述他们的高中一样。成功者的讲述尽是轻描淡写的举重若轻，不如意者的回忆全都荆棘密布。老师以我们对体育的共同热爱为出发点，希望你继续"奔跑"，迎着风，无论是吟啸徐行，或是高歌猛进，都要以昂扬者的姿态，在热爱的旅程上前行。既然出发，那就如歌词中所唱："出发吧，不要问那路在哪，迎风向前，是唯一的方法……"

开学前几天，老师开车带着孩子们外出逛街。已经久不去西边的槐荫了。那天晚上，我们去了许久不去的西市场华联，想起你父亲的工作地便在附近。我与你的父亲，也时而交流。他与我分享你在家的状态，我转达你的成长故事给他。我尊重你的父亲，他朴实真诚，有老大哥的样子，因为疫情，家长会的次数有限，我与你父亲的交流虽是不多，但在我们有限的交流里，老师能深切体会一个父亲对儿子的深情，能够细致揣摩出一个父亲对儿子无言的寄托和期望。仅有的几次见面后，你父亲的醇厚和朴实，通透和率直，谦虚和真诚，深深印在我的脑海里。老师能在一些极小处看到你父亲的担当，看到他对生活的认真和感恩。这几天我网购了一本书《教养的迷思》，主题是探究父母的影响对孩子人格发展的意义。书还没看，但在你父亲这里，我感觉没有迷思。"朱君振民德，风俗日益厚"，你的名字里寄予了父亲对你的期望，同时也是他作为一个好父亲的写照。

在与你父亲的微信交流记录里，有这样一张照片。照片上，你戴着耳机，在仓库的电脑前认真投入地沉浸在游戏的天地。我不懂网游，在游戏上没有发言权，消遣没有问题，但不可过度。这个寒假，你选择了最聪明和直接的解决办法，你没有在游戏上开始。用你的话来表述，就是"正因为没有开始，也便无所谓结束；正因为明白了事理，也就没理由纠结"。高三的你，在最重要的寒假，做了最为干净利落的决定和最快刀斩乱麻的动作，说什么老师都要为你自己的这个决定投上郑重支持的一票。我们总说人要成长，成长绝不仅仅是身形的增长，更是智育的提升，这个看似微小的决定，一定会在生根发芽后结出你想要的果实。

在我们师生的交流中，经常聊到你的大哥。老师是独生子，经常会有自私处，自己却不能察觉，常常造成生活中的矛盾与不快。老师便对兄弟姐妹在一起温馨成长的经历很好奇，为此，我还真的在网站上搜索了"兄弟姐妹影响"的相关论文，身边的榜样力量和同辈群体效应丰富着我们的生活和家庭实践。无论是他们的交流互动还是同辈支持，我看到了太多美好并存的生活故事。在你的讲述里，老师看到了你对大哥形象的美好描绘。无论是生活中微小目标的实现，还是作为你成长的参照，老师都希望你从生活中懂得一些启示，寻觅前进的底气和坚持的价值。

写完这封信的时候，我看了下手机，凌晨两点，窗外西天的月亮仍旧皎洁。老师在疲惫中幸福地睡去，"完成"就是我热爱的代名词。

"自我热爱远非缺点，这种定义是恰当的。一个懂得恰如其分地热爱自己的人，一定能恰如其分地做好其他一切事情。"老师把这句话抄录给你，希望你带着热爱，奔跑在通往梦想的路上。期待终点，举杯相见。加油，小伙子！

搁笔至此，老师再一次祝福你，十八岁生日快乐！

班主任　刘兆军<br>2022 年 2 月 6 日

# 为自己锻造一副"铠甲"

## ——写给姝含同学

**吾生姝含：**

见字如面，展信快乐。优秀的姑娘，十八岁生日快乐！

室外寒风刺骨，室内温暖如春。生活的节律，在忙碌的日常时序之后，随着节日的来临，进入了另一种区间。"小林漫画"的作者林帝浣在春节假期期间推出了一期专辑，其中有一幅画，内容是日上三竿之后，一个快乐的人高举着双臂，在时针指向中午十二点背景的映衬下，舒服幸福地醒来，图画配文"年假为何总过得飞快，因为每天都没有上午"。老师的一个同事转发了这张图片，我感觉这张图画应该精准地戳中了他的假期生活，或者他的假期生活是芸芸众生里的一个真实缩影。老师的假期虽然没有这么夸张，但陪孩子午睡，也经常是"每天都没有下午"。看来我们大部分人，只能做一个幸福又平凡的普通人。这样朴素的生活梦想，老师觉得好像也是需要努力才能得来的吧。

年后的一天晚上，因为习惯了晚睡，又经常在孩子睡后无节制地浏览手机，老师在你母亲的朋友圈看到了另一幅令人印象深刻的生活场景图片。已是深夜，姐弟俩排坐在书桌前，挑灯夜战。母亲心疼孩子们的努力，随手拍下这张照片，记录下这样的时刻。老师无意中捕捉到这个信息，心生无限感慨。假期的后半段，随着春天的来临，我们距离梦想愈来愈近。春天蕴藏着亘古而坚韧的希望，这幅拍摄于假期深夜的照片，便是启程的号角，便是上阵的鼙鼓，更是一种昭示：只要愿意贴地步行，未来的一切，都在自己的掌控之中。

这也是老师寒假生活里印象深刻的几个画面之一。

从 2021 年冬日严寒的晚自习课间，到 2022 年初春春寒料峭的白日，我们师生间的交流，可谓是跨年的思考，可说是时间的延续。今天距离寒假前我们在锦云楼南 4 楼教室里的漫谈，已经过去一个月有余。过去的一个多月，我们的学习规律被打乱了。在这被打乱的节奏背后，我们可以看到自己放纵得无拘束无意义无价值的时间被浅白地消耗，我们可以看到身边的人停下工作日紧张的节奏进入闲散的消遣，我们可以看到远方的人为了自己的梦想在蛰伏许久之后终于圆梦，我们也可以想象自己处于人生的梦圆时刻应该以怎样的状态和怎样的样貌去释怀过往的努力和付出。在我们看不到的地方，的确是有自己的同龄人，在别人消遣的无聊时刻，能够拘束自己玩乐的天性，把自己框定在狭小的天地，克制即时满足的天性，抵御一个正常人渴望闲散的生命真实，用我们崇拜和佩服的孤勇，以自己满腔的热爱，去搏一片更大更高远的天空。若我们也能拥有这样独行的幸福时刻，便能去感受和想象值得我们尊重和佩服的同龄人的人生实践。老师希望这样的时刻能在你生命中常有，能在你高三冲刺的阶段常有。

因为，优异的学业成绩，不是高中以至未来人生的唯一，更不是一个人人生的全部。那个唯一和全部的东西，应该是我们为自己锻造的一副"铠甲"——这副"铠甲"，是用一种负责任的态度，以一种不懈怠的姿势，凭一种对得起自己的坚决，去完善自我，去提升生命质量。老师觉得，拥有了这样一副"铠甲"的人，未来不会黯淡，生命不会低沉，人生总会出彩。姝含同学，你当要理解和思考，我们的"铠甲"是否坚硬，我们的"铠甲"是否合身，然后带着这件装备，再去前行和出发，未来便不会亏待我们了。

过去的这个寒假，因为 2022 年北京冬奥会，我们的生活便注入了一种振奋人心的药引，化解了生活和生命的诸多迷思，在激荡着坚韧和希望的寒假，我们"一起向未来"，走向每一个生命个体的春天。

飞鸿起，踏破云烟，万水千山之间，餐霜饮雪，铸十年，磨一剑。且看我一骑当关，敢教万夫莫开颜。

飞鸿起，踏过冰川，锋芒划破九天，凌霜傲雪，君不见，高处寒，且随我，一力当先，风起东方旗正艳……

这些文字来自歌曲《踏雪》。在寒假之前，老师没有听说过这首歌曲。可当我在大年初七第一次听，就彻底喜爱上它。老师被歌词的意境和它营造的生命图景吸引。这份喜爱和吸引的最直接原因，是此歌做了中国女足亚洲杯夺冠集锦视频的背景音乐。在视频中，我看到足球场上的酣畅淋漓绝地反击力挽狂澜与歌词的意境如此吻合。如果说，水庆霞教练在指挥席上振臂高呼的直接庆祝感染着我们，歌曲《踏雪》则是将体育展示的动作之美和旋律的跌宕之美融合呈现给了我们。

大年初六，我去园博园遛弯。返程途中，因为春节假期的结束，路上成了一片红色尾灯的海。在绵延的车流中，在车载广播的足球解说里，与中国女足和亿万球迷共同经历着上半场被压制的紧张，我甚至忘却了车内的孩子们。车行至大学城主路口，因纠结上半场的比分，又因为信号灯的故障，老师差点闯了红灯。上半场以让人窒息的0∶2落后告终。我在拥挤的车流中，颓然地回到家。生活继续进行，我和妻子给孩子们喂着晚饭，但赛场的消息让我放心不下，便打开手机，边喂饭边观看着直播。老师惊讶了——2∶2。返程的后半段，我与中国队的两个进球失之交臂，平局的比分让我这个伪球迷又认真起来。第93分钟，肖裕仪接王珊珊直塞球后，我感觉有戏，两秒钟后，果然，我们绝杀。我激动地吼了出来。坐在宝宝椅上的孩子们被我的激动惊讶到了。是的，体育的魅力之处，在于绝处逢生背水一战后的克敌制胜。后话与后续，在假期中的你可能也是知道的，整个朋友圈都是沸腾的中国红，一些历史的调侃和怒男足不争的图片和文字都在自媒体的狂欢里被无数次转发。我们高兴和感动的，除了女足在亚洲杯夺冠，更是面对困境险境难境逆境绝境时，女足姑娘们的斗志和心态。知名足球评论员、央视前著名主持人黄健翔激动地流下了眼泪，在那一刻，我们感同身受。

　　老师出身乡野，少年时期物质条件贫乏拮据。在世纪之交的时候，足球进入了我这个乡野少年的世界。家庭条件甚至都不能满足我买一身廉价球服的心愿，只有收音机里足球联赛的电波陪伴我走过初中毕业班的冲刺；入读高中时，家里没有彩电，没有有线信号，为了看一场球赛的直播，我只能去富裕的亲戚家蹭电视看。这是老师不愿回首也不堪回首的生活重负的少年往事。可是，观看球赛的过程却无心插柳似的培植了一个少年面对困境的决心和勇气。从此，我出走故乡，负笈求学。偶尔的看球和踢球，可能是在我的家长提供了一定的条件（能买几双双星牌球鞋）后我唯一还能保持的除了有一定水准的学业之外的爱好了。站在这里回眸酸甜苦辣的生活，感慨它正像人生的"足球赛"，哨声没有响起的时候，没有人敢说谁是真正的胜利者。"风雨彩虹，铿锵玫瑰，纵横四海，笑傲天涯，永不后退。"田震的歌曲中，有自己年少时百转千回梦想鼎沸的经历，老师相信你也能感悟其中的几番滋味。

　　老师是纯粹的文科生，文字之外的其他学科基本与我绝缘，唯有体育一直陪伴着我，给我激情，给我力量。

　　昨晚已经落幕的北京冬奥会，值得我们品味处，除了大国风采和给世界庄严的交代，更是那些独立生命个体为梦想忍受生命之重继续坚守的故事。从东京奥运会巩立姣铅球夺冠后流下的热泪，到北京冬奥会范可新、徐梦桃、"葱桶组合"站上最高领奖台后的盈眶泪水，"老"运动员带着体内植入的钢铁与自己死磕、向命运叫板的故事，每一次观看和重读，都让我们感慨不已。

　　在这些冬奥"老"运动员的经历中，老师最感慨的是"葱桶组合"。2018年平昌冬奥会的比赛，我是看了现场直播的。如日中天的他们，决赛时以0.43的秒微弱劣势，屈居亚军，两人泪水夺眶，作为观众的我记忆犹新。原本最有可能赢得却终不如所料的失败，最打击一个人的心气。传奇的故事，正是在这寻常处，显出它最独特的价值。"我相信，天道有轮回，咱们秋后算账。"这是隋文静2018年2月20日的微博。四年后,梦圆之夜,四年前的微博下刷屏的是热切的人们送给冠军也送给每一个独立个体的祝福。

他们的这次圆梦,除了自身实力的无比强大和对手高水平发挥的激发,更是有祖国母亲作为坚强后盾,给了每一个追梦人实现梦想的机会。

老师不由得联想到,姝含同学不正是有父母的支持,才有了一定水平之上的助力自己梦想达成的条件吗?

为了这次写作的完成,前几天晚上,我专门与你的父母通了次电话。许是面对老师来电的生疏与紧张,你的父亲在电话里传达着每一个父亲对孩子最为朴素的愿望;你的母亲,乐观开朗地表达着对生活的感恩。不知你的弟弟当时是否在旁边,就像信的开头老师记着的那张姐弟共读的图片,小伙子也在相同的时间里与姐姐"一起向未来"吧。

"如果让你们总结一下您的宝贝女儿,您怎么总结?"在我提出这个问题后,你的父母向老师传达出一个共同的主题:希望姝含同学走向更高的学府,走入更好的大学,开启未来的美好人生。当然老师也印证了一个如你所述的事实,母亲与你是"爱的对攻者",父亲面对女儿,则是一个温柔阔达的父亲。幸福家庭的样子,就是这样了吧。

"忽惊彩岫里,出入尽云烟。"鲍山,齐烟九点之一。对于济南东部,老师不熟悉。但只要提起地理位置上的东方,总给人希望萌芽、美好渐开的意蕴想象。你来自济南东部,辗转40多公里到南山读书,从"东强"到"南美",从鲍山到南山,在山的变换和连绵中当找到拼搏和进击的价值与意义,不断挑战,不断翻越,去登顶"泰山之巅",去跨越生命里每一座高山,去获得更顽强的生命力,去找寻更丰富的体验。在与逆境掰手腕时,你才能积蓄自己的力量,才能强健自己的筋骨,直面不同的对手,享受来之不易的喜悦。这些美好体验的获得,从来不以名次为前提,而是以不放弃不服输的过程为基础。

一个健全和美好人格的形成,并不以学业成绩的表现为唯一评价导向。它没有固定的定义,也没有限定的范围,爱心、忍耐、宽容、乐观、平和、节制、谦逊、守信、责任、自省……即使用定义来概括，也没有人为它添加学业成绩的要素。仅仅这些美好词汇的汇集，就让我们感觉无限美好了。来到23班后，你孤往前行，与其他班级的女生和平相处，融洽和睦，一个人用个体的表现诠释和展示着23班的美好：一年多混合宿舍的生活，没有矛盾，没有隔阂，这不正是美好和健全人格最有时间限度和最有生活现实的证明吗？你作为"打入敌人内部的卧底"，还能帮老师掌握其他优秀班级第一手经验资料。再去对比我管理班级过程中见过的学生为鸡毛蒜皮的小事大打出手、互相攻击、谩骂叫嚣的场景，你的这一段经历，将会收获处理人际关系最为难能可贵的经验。老师大部分时间是一个安静的人，最弱处在于不懂得如何处理有时乱如麻和棘手的人际关系，你能从容温暖地与他人和谐共处，这便是为未来处理人际关系打下的最好的基础。

当别人受到误解，你在学业紧张的时间里伸出援手，做一个安静的倾听者，做一个最合适的陪伴人，在冬日里为他人送去温暖，细心和耐心地化解矛盾，间接地帮助其他班级解决如此棘手的问题，娴雅美好就是这样子的了。肯定自己，相信自己，为自己打气，为自己喝彩，如果对自己的相信程度不够，老师愿意加入为你做证的行列，目送你远行，看着你展现勇敢，分享你的喜悦。

弟弟在拼搏，还叫上了姐姐。姐弟俩前行的背影，在选择了远方后，更加坚定。身后会不会袭来寒风冷雨，那根本不是前行者考虑的，因为地平线才是他们眼中最美的风景。

"要有自信，然后全力以赴。假如具有这种观念，任何事情十之八九都能成功。"我们共同看着你，在行动的加持下，"海到无边天作岸，山登绝顶我为峰"。

搁笔至此，老师再一次祝福你，十八岁生日快乐！

班主任　刘兆军

2022年2月21日

# 行者的未来在高处，行者的寄托在远方

——写给王彦同学

**吾生王彦：**

见字如面，展信快乐。多才多艺的姑娘，十八岁生日快乐！

在老师的手机相册里，存有六千九百多张图片。其中的绝大多数，都是我的儿子和女儿的照片。得益于妻子的影响，我开始逐渐地拿起手机，记录起生活和工作的日常。

工作十多年，能够留下最直观、最一目了然的记忆印象的，可能就数照片了。老师曾经羡慕一位计算机专业出身的班主任，凭借其专业的优势，用拍摄影像的方式，在文件夹中清晰地展示、梳理富有层次感的工作资料和丰富的班级记忆。看着他在一次经验分享中，展示班主任工作的经验，点击鼠标翻翻页，就把班主任工作的点滴如数家珍一般地呈现给台下的我们。我们这些教文化课的班主任们除了感叹和佩服，反思和自省，剩下的只有面对"家徒四壁"的自己，生出"怒己不争"的"羡鱼情"了。

因为分工的不同，老师曾经执拗地固守自己最传统的方式和手段，在不同颜色的笔记本上，手写下对三届学生的祝福与肯定，也用手写这种"古老"方式记录工作，留下班级工作的点滴。敝帚自珍的我，每当翻阅起那些现在搁置在办公桌角落的一摞笔记本，总是激荡起对过往岁月的充实和日子饱满的感触。也不知哪来的自信，我相信那些一笔一画用圆珠笔或中性笔写下的每一个方块字，都是思考和思路的传达，都是带班经历和师生共行的记录。

没有比较便没有清醒，没有反思便没有开拓，没有困顿便没有奋起，没有一望而知便没有否定突破。在追求自我进步驱动和妻子专业优势的智慧帮助下，老师开始在山峰的一角寻求改变和突破的可能，寻找继续希望的正确之路。"We will hew out of the mountain of despair a stone of hope（我们从绝望的大山中砍下一块希望之石）"，行笔至此，这句出自马丁·路德·金经典演讲《我有一个梦想》的句子，被岁月记住，被曾经处于困顿中的老师记住。一次班会课上，我还把它写在了黑板上，即便只在当时学生的心中产生了一丝涟漪，老师的传授也是值得的。

回归正题，老师在寻找的"希望之途"，也许有故弄玄虚的夸饰，也许有凭空想象的浮华和虚无，可是对自我的成长来说，那是"哀己不幸怒己不争"的反叛和抵抗，那是对自己不满的棒喝和警告。

"不满是个人或民族迈向进步的第一步"，英国作家王尔德如是说；"好动与不满足是进步的第一必需品"，美国发明家爱迪生如是说。在对比和较量中，老师对自己的不满与日俱增，面对指向未来的发展语境，如何突围？流年的轨迹不变，时光的节律相同。重复老路是轻松的，它的代价是不满；寻找新途是未知的，可能有所成，有所获，最悲观的结果无非是重回笨拙的老路子。

行者的未来在高处，行者的寄托在远方。路径的变化，也带来了新的思考和收获。面对世间的一切革新和变革，包括对自己价值的完成和实现，我们会在主动求解中激发和激活更为敏捷的才思，也能形成更为智慧和更有实效的方法。每一个对自我不满的生命个体，都是在行走的人生里找到最适合自己的位置和最能肯定自我的方法。

多角度权衡之后，聪明的你也会猜测出来，老师选择了怎样的改变和实践。我不再固守2010年工作之后形成的手写记录的思维惯性，不再将自己束缚在中文专业的"舒适区"，我开始接受妻子的意见，也开始挣扎着学着别人的样子，亦步亦趋地在新技术和新媒介的帮助下，把文字积累的带班经验范围扩大。当老师从自我封闭和自我设限中跳将出来，站在新的视角去观察和打量过往的班级管理实践，除了学习到新知识新方法新媒介的优势之外，更为有价值的，是老师把它看成一种反思和自省，一个机会和完善。

学习新方法并不能让我们与过去完全脱离，也不是对过往的坚持与努力进行否定，更不是让自己产生自我怀疑和自我推倒，它的最大价值和意义，是让行进在路上的我们变得更为美好，让我们自己成长为理想中的样子。

但这个更新和掘进的过程，并不必然能承诺给我们一个明朗的春天，也并非轻松就能实现目标。"绝不是轻轻松松、敲锣打鼓就能实现的。必须准备付出更为艰巨、更为艰苦的努力。"中华民族的伟大复兴事业如此，个人之事同样如此。在独立自我挺进和单枪匹马迎战的路上，一切的生疏和笨拙绝不是阻碍，所有的事情在颤颤巍巍和小心翼翼下都能完成，唯一的敌人，亘古不变的敌人，是自我的惰性——我们总是习惯并享受在舒适的温床。

每每在这时，我们会听到一个声音，它从历史千古中破荒而来，告诉那个不断重复着怀疑的自己："我是孤独的，我是自由的，我是自己的王。"这不是老师杜撰的，是哲学家康德的精准概括。

孤独地行进着的求索者，埋首地收获着的赶路人，徘徊地骄傲着的伟少年，即使饱尝艰辛还在渴望着的新生代……只有这样的样貌和精神底色，才能托举起未来的繁花似锦，也才有让生命延伸出无限可能的意志之源。

老师那六千多张照片中的另一部分，是23班同学们的照片。其中有几张，即便当手机运行缓慢需进行内存清理时，老师也做了永久的保留，它们是老师手机相册里的珍藏，也是老师最为看重的一些照片。在2021年9月10日这天，老师只拍了三张照片，是四张简笔画的单排版和拼图版；

2021年3月10日这一天，老师拍了十多张，其中有一张，温情满满，生活画面感十足，我异常喜欢。是的，这些简笔画的作者，就是王彦同学。感谢你在线性的时光里，给老师留下难以忘怀的记忆。

这些简单的画作，在作为一个阅读者和鉴赏者的老师看来，比世间所有的绝世珍藏都更拥有价值，比所有的流派风格都更具风格，比专业人士解读的丰富意蕴更具深蕴。因为，它是王彦同学用自己的眼睛和心灵，用简单的笔触和勾勒，用真诚的书写和腾挪，用单纯的色彩和温度，用纯粹的厚谊和深情，用美好的年华和时光，送给老师最珍贵的礼物。我特别特别喜欢它们，喜欢那明朗和简单的态度，喜欢那平静的描绘。你用几支画笔，画出老师对人生美好想象的轮廓，你用敏锐的眼睛和心灵洞察了普通人的平凡幸福画面。老师不懂画，也画不了，但老师觉得一切画作都是一种语言，我看懂了这种语言的诉说，我看懂了这种诉说之外的深情。

"岁月漫长，值得等待。"我喜欢的句子，也送给王彦同学。语言和文字，老师是略知一二的，就用我熟悉的"语言"——一如你用自己熟悉的图画"语言"告诉我的，我把美好的句子也告诉你。这美好，如同现在教室外的早春，在冬日暗夜和酷冷中积蓄了一个冬季的百卉即将萌发，在地底和潮湿中潜藏了一个深冬的生物就要在惊蛰中醒来。

在高二楼和高三门口的院子里，各有一棵花树，是学名大约是叫玉兰的落叶乔木。冬季寒风刺骨中，你会看到枝头有一种力量在沉淀和蓄积。在早春三月的某一天，或一个不被人注意的晚间，它会以喷薄的绽放告诉过往的行人，什么是厚积薄发，什么是璀璨绽放。那遒劲单调的枝干上，怎么会有这么张扬的绚烂？怎么会有这样放肆的盛开？它的美不在循序渐进，不在"步步为营"，它美在放肆，美在毫不顾忌。它不拘谨，不敛迹——拘谨和敛迹是在冬日里的准备，它开得任性，开得放纵。

每到春天看着它开放，老师就会得到一次生物学意义上的启示。我从冬日里关注它，凝视它，等待它，想象它。凝视它强忍风刀霜剑的寒冬，等待它依旧向往春天。我们的青春之我，是否也循着这样的轨迹，延伸到看不见但可以想象的绚烂春天？相信王彦同学，你的内心会有一个顺应内心的答案。老师希望，这样的答案如同这引人驻足的花树，是同样对应你聪明的向往和美好的想象的。一年多以前，我们共同走进23班。"一定是特别的缘分，才可以一路走来变成了一家人。"在23班的大家庭里，我与同学们欢笑着张开双臂，热情洋溢地去拥抱每一个人独特的生命春天。

高二教学楼五楼连廊上，记录下我们师生的阔论高谈，即便有些无关学业成绩；五楼的办公室里，也曾记录下我们的隔阂争论；23班教室中，更记录下你为争创更卓越班级付出的汗水和努力。印象里，2020年的秋天，班级运动会采购服装的那件事，以你为主力的"智囊团"力打感情牌，让家长花大钱还办不了的急难愁事变成你们情商和智商的表演场，其他班级班主任出面发言才能解决的事，我只要在帷帐后看你们的优秀表现就可以了。

如果你握紧双手，抓住的仅仅是空气；而你张开双掌，触摸的是整个世界。一个笨拙的班主任遇到卓越和优秀的学生，是一种奇妙的事情。是你们，帮助老师成长。

我们把叙述的视角拉回老师的手机相册。在去年11月的相册记录里，有一张是三个人坐在一起，面带笑意温暖交谈的场景。相片上的三个人：你的奶奶，你，还有老师我。工作十二年，做了近十二年班主任，能够走进学生家门的机会，屈指可数。照片上，我们相谈甚欢，老师可以看到你当时的轻松心情和生活状态。我们不去做横向的生活条件对比，因为每一个学生的出身和物质条件都不能成为他们身份的标签，这些外在的东西不能完整地代表他们。我们只回到我们自己，回到我们自身。我们不去寻找专业的学理术语，同理心或其他。我们只回到我们呼吸的空气，洒在脸上的阳光，和你们正在享有的而老师家长已经逝去的青春。老师现在坐在办公室里，天气预报的实时温度是8摄氏度，虽然比昨天低一些，但感觉春风已经包围住了每一个人，从头到脚都是新的温暖，都是属于2022年的新样子。阳光透进来，清澈明亮，我敲击着键盘。高三教学楼上，是数千名你的同龄人也在春之暖阳照耀的蔚蓝天空下奋勇自信地前行。如果不能战胜困难，与自己和解在老师看来也是不错的选择。

在老师的微信里，你的父母都是我的好友。2021年6月13日，你帅气的父亲发了九宫格朋友圈，主题是庆祝建党一百周年的一次书法比赛。比赛的主持人是一个拿着蓝色夹子认真对待流程的姑娘。她脸上洋溢着的青春气息，她举手投足间的得体和端庄，让我们看到了她未来美好的样子。

是的，高考硬碰硬比拼的是数字，可世间的一切美好和希望却并不全部由数字来概括和作答。虽然我们的生活也经常遇到种种烦恼，会有悲伤甚至郁闷的状态，但未来仍然值得我们期待，值得我们乘着春风，在济南之南的蓝天下，高扬着热情的面容去向前奔跑追寻。

谁说只有高分才能保证未来人生的圆满？谁说低谷就意味着永恒的冰冷？你有让人获得幸福的笔触，你有带给大家便利的能力，你有站在台上别人无法替代的表达，你有很多别人努力一生都不能获得的东西，甚至，你还有一个别人没有的"老班"。

构思这封信的时候，老师转头看到你空空的座位，心中五味杂陈。老师没有准确的语言去界定此时的心情。老师最直接的期待，是看到你在教室里与同学们一起并肩作战，即便困难重重，若你坐在这里，我们就成功大半了。

今天是2022年2月的末尾了，在不经意间，2022年将要过去两个月了。前天晚上，我看到同事们在2月22日22时22分发的朋友圈，去记录这个特别的有如此多"2"的特殊时刻，老师才觉得我们的日子有这么多需要记忆处和值得铭刻处。每一个特别的日子都值得永留，用自己喜欢和热爱的方式。

后来在大家的解读中，"2"被赋予了"幸福"的含义。有这么多的数字"2"，便是拥有了这么多的幸福。我们在幸福的包围中做着幸福的事情，希望王彦同学也能在前行的幸福中体会生命深刻的价值与意义。

*行者的未来在高处，行者的寄托在远方*

作家周国平写过一篇文章《记住回家的路》，老师抄录其中的几个句子：

> 生活在今日的世界上，心灵的宁静不易得。这个世界既充满着机会，也充满着压力。机会诱惑人去尝试，压力逼迫人去奋斗，都使人静不下心来。我不主张年轻人拒绝任何机会，逃避一切压力，以闭关自守的姿态面对世界。年轻的心灵本不该静如止水，波澜不起。世界是属于年轻人的，趁着年轻到广阔的世界上去闯荡一番，原是人生必要的经历。所须防止的只是，把自己完全交给了机会和压力去支配，在世界上风风火火或浑浑噩噩，迷失了回家的路途。……一个人不论伟大还是平凡，只要他顺应自己的天性，找到了自己真正喜欢做的事，并且一心把自己喜欢做的事做得尽善尽美，他在这世界上就有了牢不可破的家园。于是，他不但会有足够的勇气去承受外界的压力，而且会有足够的清醒来面对形形色色的机会的诱惑。我们当然没有理由怀疑，这样的一个人必能获得生活的充实和心灵的宁静。

老师期待你的回归。在回家的路上，一切将是安定和美好的。欢迎回家！

搁笔至此，老师再一次祝福你，优秀的姑娘，十八岁生日快乐！

班主任　刘兆军

2022 年 2 月 24 日

亲启，致青春的你

# 前往，才是最青春的模样

## ——写给玉恒同学

**吾生玉恒：**

见字如面，展信快乐。小伙子，十九岁生日快乐！

> 我唯一担心的是我们明天的生活，是否配得上今天所承受的苦难。

这过去的一周，老师酝酿这封信的开头，却找不到思路的头绪，无从下笔，正"环堵萧然"时，上面的这句话，便在老师做的读书笔记里蹦出来，仿佛一个游走着的灵魂，仿佛晴天霹雳的当头棒喝，在沉闷的夜空，划出如白昼的光明，给了我清晰明确的路径指示。

我们的生活，是否会在一些偶然的时刻，带给我们一些必然的暗示或确定的指向？以老师浅薄的人生经验和有限的人生阅历来看，这样的事情，好像是有生活的证明和实践的检验的。当我们彷徨懈怠，当我们轻飘疏忽，当我们"睡意"沉沉，当我们无路远行，生活总是以它最明确无疑的忠告，让我们在旁路和歧途上停止自己游荡散漫的脚步，在缥缈的小径上收起继续走向人生遗憾的动作，在矛盾着、犹疑着、挣扎着的状态里醒来，去往另一条正确的人生旅途。或许，那样的时刻，就是改变我们一生的时刻，也是为我们带来无尽福祉的时刻。对一个有潜力写下自己青春物语的人，这样时刻的出现或许不是必须，但总归是一种美好的期待，它让年轻人重新找到方向，重回人生的正途，重获抵达终点美好的可能。

老师写完这些话，似乎感觉如此抒情的审美想象少了些人间烟火，完全没有老师描写的那样轻松，没有文字罗列的这么简单。它在粗粝和冷酷处，在每一个转折和人生奋进处，在每一个生命的拐角和青春旅途的岔路口。那是一种"实战"的紧迫，是硬碰硬的实力，人生的真实里是不允许有第二种即使是有丁点儿错误的选择之路的。这样的选择，可能出于无节制的懒惰，可能出于缺乏斗志的软弱，可能出于未觉醒的幼稚，可能出于没有经过生活现实的检验和粗糙真实的筛选，会让笔直行进的青年走入困顿和懈怠，会让步入赛道的青年陷入犹疑和垮塌。因此，老师和家人希望玉恒同学拥有的状态，是咬紧牙关，不顾忌他者的表现，投入和沉浸到自我的节奏中，享受为实现自己美好未来而纯粹踏实的战斗状态，然后理智着清醒着跑好人生非常关键的一段赛道，在自我设想的终点，戴上自己打造的精神桂冠。人生最具风景处，何尝不是这样可以预料到的时刻，一直支撑我们前进下去。

老师希望和期待的，就如同每一个青年向往和设想的画面：你高唱着胜利的凯歌，微笑着张扬着甚或是淌流着激动幸福喜悦的泪水，奔跑着呐喊着冲过终点。玉恒同学，是不是只是这简单的一想，便心生了再来一次的力量和勇气，是不是在萎靡困顿时又一次觉醒了韧劲和斗志？我们不奢望每天的每刻都是热血和昂扬，我们只追求每天的每时都是清醒和理智。青年人具备了不用别人提醒便有的成长理智，逻辑上就不会表现得太难堪。只是，生活教给我们的这些常识，常常被青年忘之九霄云外，抛之遥远他乡。

我们熟悉和司空见惯的情形是：慷慨激昂者时时可见，踏踏实实者不多得；热血沸腾者每每现身，孜孜以求者不多闻；痛改前非者比比皆是，善始敬终者难寻觅。再看我们身边的学子，不论是求诸历史还是引证于现在，不论是寻找个案还是搜罗群体，每到6月潮水退去的终点之战，走到最后走得最美的人，不一定是惯常界定的天赋异禀聪明之人，反而是那些埋头苦干拼命硬干不张扬不虚浮的同龄人。聪明是天赋的恩赐，坚持不放弃或许才是抵抗岁月漫长的真正试金石。这不仅仅适用于高考语境下的分数逻辑，推而广之，也适用于我们人生中的每一次比拼和每一分努力。天道酬勤从没有例外，功不唐捐也从没有过时。时间，将会给每一个诚实对待自身责任和自己主业的年轻人以最公正的答案和最激动人心的回馈。

老师从一个尘土飞扬的小村落出走，十八岁负笈远行，进校园，出校园，又进校园，始终没有离开校园。受限于眼界所及，我看到听到感知到的故事，更多的是校园内外发生的故事，人生阅历可说狭窄。但从自己读书攻读学位到帮助年轻人通过读书站上更高舞台，我看到了每一个在纸页和笔端辛勤劳动的青年，耐着性子克制着即时满足欲，在更高的平台看到了他们眼中更好的世界。如若说这其中有谁是仅凭自己的天赋而没有依靠自己的努力就实现看世界愿望的，老师好像还没有遇到。每一个他们，都是你们；每一个你们，又是他们。这不需交接的接力棒，其实都在传承和接续中述说着一个最简单不过的事实：做，坚持做，耐着性子做。

玉恒同学来自柳埠，初中教育佼佼者辈出的柳埠。我们就用柳埠的故事，梳理一些东西，发掘一些味道。

2010年秋天，我带着过五关斩六将的喜悦和对未来职业的单纯向往，经过单位挑选，乘坐校长的车，一路向南，来到这里。车在校园的东环形路上行进，老师本来就不怎么出众的方向感彻底丢失了。然后，就是班主任工作的开始了。第一次带班，老师负责的便是优秀生居多的6班，教室在锦云楼北四楼最西头。

如此大费周章地叙述往事，是因为老师回想起了当年6班那名来自柳埠的中考成绩非常优秀的孩子——老师至今依然不愿意去相信，他在高二结束后就离开校园，走向了社会。后来听同学们提起，他去舜井街给人修手机了，再后来，便没有了他的消息。只是简单地希望，即便修手机，他也是技术最好的那个吧。这名来自柳埠的男生，当时中考的成绩是527分（2010年一中录取线是494分），他是年级里绝对的佼佼者。可以横向做对比，与他中考分数基本等同的学生，在2013年高考中的录取大学保底是山师。如此优秀的男生，一入一中，便似失了灵魂，眼中无神。老师对他的眼神记忆犹新。英语作业不做，语文作业很少做，其他学科看心情。为此，我大为光火。后来，游手好闲的他在冬日里便有了放弃学业的想法。

他的父母为了让他重返学校，搬出我当救兵。当时我对南山的地理位置没有概念，只记得是一个冬夜，老师坐在他父亲的面包车里，感觉走了很远的路，去柳埠开解他的心结。第二天，他回来了，一直到高二结束的一年多时间，没有再离开，但成绩平平，没有波澜。唯一值得庆幸的是，只要不谈成绩，他总是温和的。2012年春季学期结束，临近暑假时，他在四楼的走廊与我告别，语调和缓，像在叙述别人的故事，言辞里是淡淡的悔意。看着一个有潜力和蕴藏机会的学生不能兑现他的能力与才华，是最让我们感到悲伤的事情了。希望在未来，他能拥有不再有悔意的人生旅途。

当年柳埠来的学生，一如提前通过推荐生考试顺利进入一中的玉恒同学，都是被我们寄予期待和来日无量的学生。老师简单地讲述往事，只是希望玉恒同学能读懂岁月的密码，清楚自己来日方长的走向，并为这走向真正投身、诚实对待自己的未来可能，让期待成真，让可能成为触手可及的成功。真实地对待自我未来的人，岁月不会亏待，时光不会辜负。人生值得探索，未来必定已来。

2019年秋天，柳埠来的你，与老师在11班集合。"为了联盟，为了部落"的游戏战吼成为我们秋天到寒冬的独特记忆，也是从2019年的秋天开始，老师对于"日拱一卒，功不唐捐"的文化理解找到了11班的现实投射。无论从何种角度来看，2019年的秋天，都是一个被我们、被每一个独特的个体珍惜和珍重的季节。

诗词里的秋天天然地适合离别，我们的秋天却天然地适合启程。收获的金秋适合埋藏下另一颗种子，在另一个秋天收获更为成熟和丰硕的果实。在秋天，我们从一次值班老师眼睛的"捕捉"里相识并相熟，要感谢的是生命里的机缘巧合、歪打正着的纪律、无心插柳的条框，我们师生二人在锦阳南楼的一层开始了对话和交流。时间实在是久远，谈话聊天的内容已经忘却，但老师记住了一个微笑着的玉恒同学，一个诚实良善踏实稳重的玉恒同学。整个高一一年，老师对你有期待，也有期望，总归一切都有潜力，一切都有希望。

我们不做无地基的建设，不做不现实的幻想。在距离高考90多天的关键时刻，当如你在高一时对自我成长的真实，去在苦功里打下坚实的地基，有一种作别慵懒和散漫的决绝，去闯出最后的坦途。

你来自柳埠，这里每个家庭生活的真实，南山百姓的辛苦和勤劳，我大致能感受到。即便没有深入生活的细节和肌理，老师说一句到家的话语：我们父辈的生活是需要汗水的，是疲惫和辛劳组成的，是在负重和托举青年一代的不轻松里行进的。去年暑假前，你与老师交流，表达想去工地体验的想法，老师是鼓励你有这样的体验的，体验风雨里的沧桑，体验尘土飞扬里的躯体疲惫，体验生活在低处的父辈怎么用硬干为我们撑起宽松的物质条件，体验脑力劳动和体力劳动的千差万别，体验烈日的暴晒，体验风餐露宿的真实，体验无劳动便无收入的担心，体验被人吆五喝六的"粉碎自尊"。当我们不能展示价值和能力时，尊严永远是字典里需要解释的名词。老师不是否定劳动分工差别里各具特色的价值，只是想让你看清生活的真实永远比语词的描述更为生硬，更为干脆，更为直接。

> 在创业时期中必须靠自己打出一条生路来，艰苦困难即此一条生路上必经之途径，一旦相遇，除迎头搏击外无他法，若畏缩退避，即等于自绝其前进。

现代出版家邹韬奋把人生比作创业的筚路蓝缕，其中况味，多么切合我们当下的人生。老师希望的是，当我们成为未来生活的主持人，我们需要依凭什么给未来的青年以生活的支持，以精神的导引？我们做好了自己，一切答案都在不言自明中。

这番做好，需要的不是老师和你的家族长辈、亲人对你的语言告诫，需要的不是静坐在书桌前天马行空地设想自己可以，而是用预想现实的未来时去呵斥自己的现在：你本可以，为何要自沉沦？"懒惰中有永恒的绝望。"把未来不努力的自己得到的结果或曰"后果"展示给自己看，剖析给自己看。这样的觉醒才有现在时的奋争，才有当下的回转，才能让高一时老师看到的微笑着的你成长为将来一直微笑着的你。

> 当我们专注地研究人类生活的空虚，并考虑荣华富贵空幻无常时，也许我们正在阿谀逢迎自己懒惰的天性。

哲学家大卫·休谟用拗口的腔调说出了人类生活的真相。我们在得知了真相后如果不能有所警示和领悟，生活的丰富多彩又怎能够实现？是的，无奋斗不青春，不问西东，前往，才是最青春的模样。

玉恒同学，你是家里的长子，也是弟弟们的大哥。法学博士冯仑说过大致这样的一句话："当大哥得有指路、扛事、牺牲这三个特质。"用自己的表现和实践无言地指路，老师觉得更为深刻，也更有迷人魅力。我们不用为弟弟们进行语言的指导，我们的"做"本身，就是最完美的指路了。当大哥，就要有大哥的范儿。希望玉恒同学，在高考决战冲刺前，用自己的全力打一场破釜沉舟的决胜战役。那样的大哥，备受信赖并名副其实，老师希望你成为弟弟们真正的大哥。祝福你，以勤勉的作为，写一个大哥的历史，成为柳埠生源里奋斗故事的主人翁。

再一次回到书信写作的开始，陀思妥耶夫斯基似乎表达了他的担忧。明日生活的现实，是否匹配我们现在承受的困难甚至打击？老师相信，每一个锻造手都会赢得他想要的东西。"困难与折磨对于人来说，是一把打向坏料的锤，打掉的应是脆弱的铁屑，锻成的将是锋利的钢刀。"老套的书信结尾，抄录一句契诃夫的话给你，希望你凭借着对得起自己的付出，去享有明日的美好生活。小伙子，加油！

搁笔至此，老师再一次祝福你，小伙子，十九岁生日快乐！

班主任 刘兆军<br>2022 年 2 月 28 日

# 有时治愈，常常帮助，总是安慰

## ——写给毅东同学

**吾生毅东：**

见字如面，展信快乐。高大帅气的小伙子，十八岁生日快乐！

去年冬天，一次晚自习时，我在锦绣楼五楼连廊远望家里阳台上的灯光，心里惦记着孩子们的病情。当时，一波流感在学校里肆虐，不小心的我把流感传染给了孩子们，自己当时很疲惫，也很自责。我清楚地记得，你到我的身边来，问你的祝福信我什么时候完成。那段时间，因为老师身体的原因，刚开始的书信写作"宏图伟业"便有了夭折的可能。我只好抱歉地回复：老师病了，还没有准备。老师其实是在用冷静的语调，使你有自悟的可能。当时的你，迷恋、沉溺于一种自以为美好的情绪，那段时间你的表现与跟你有相同经历的学长们（特指高一在刘主任班，后来分班进入我班级的学生）相比，差距是较大的。老师有意让你开悟，同时叠加了流感侵扰的因素，便将本该在那时的书写放到现在这更为关键和重要的时刻，既算作一次"时间上的惩罚"，又当作一次战前的美好鼓励。这样的拖延，不只是在无言的静观中让你开悟，更是明确地告诉你：最关键的时刻，当有最关键的表现和最用力的奋争。

"千古风流今在此，少年任重魏毅东。"前年的8月30日凌晨，我同样在远处省道103的路灯灯光陪伴下，坐在阳台上，对着23班即将与我见面的56名同学，从他们的名字展开想象。未见你之前，老师从你的名字里感觉到，家长对你的期待有弘毅的扎实，有日出东方的蓬勃。今天下午，我坐在安静的办公室里，从焦头烂额的工作里抽出身来，借鉴了诗家语，查阅了许多资料，把对高二魏毅东的凭空想象，结合你一年多在我面前呈现的真实将其修改为："壮颜毅色生豪气，心驰象魏梦起东。"

如果说，前年秋天对未见之你仅凭名字的设想更多的是对文字的审美想象的话，那么今天下午老师在冷而窄的办公室对你的概括，则是结合了老师对你的认识、你所来的远方以及老师对你未来的发展路径得出的综合表述。每个人的名字何尝不是一个隐隐的昭示？何尝不是过去对未来的指引和向导？名字如其人，人亦合名字，证明自己的最简单方式不过如此。

在老师为你们拍的照片里，有不少你的影像。但最快乐、最单纯、最明媚的一张照片，是在家委会的支持下，我们23班初建时期斩获"精神文明班集体"时一张合影中的你。老师当时安排你坐在我的身边，坐在同学们的前排，我们手托荣誉牌匾，留下23班的第一张合影。照片里的你，特点鲜明，洋溢着喜悦和自信。最为外显的特点，是你的"高"。老师做了一些功课，翻阅查找了"高"字的解释与相关说明。其中有一条解释，是"超越流俗和标准"。不知是什么鬼使神差的逻辑关联，老师竟然在构思为你书写的成人礼祝福信时，思路天马行空地游荡到对字义的狭窄理解方向上去了。可能"高"这个不需时光沉淀便能让人认识你的特点，是大部分人在见到你时的第一印象。但老师在关注这个字的义项时，却又没有将关注点聚焦在常见的解释上，情感的走向将我带入了更为深刻和更为潜在的意义。老师购买过余秋雨先生的一本文化散文集《君子之道》，或许其中的框架脉络可以赋能你的人生。高，代表的是你的外在高度，更匹配你的内在深度和学识高度。老师之前提到了与你经历相同的一中学长——三年之前，是有两个来自济南东部的学长，在高二分科的选择时，进入老师班级的。他们两个，有耽于校园恋情但主业不丢的军校师哥，有走向哈工大的特立独行青年。在与他们共度的两年难忘时光中，他们都用对得起岁月的清醒和丰富智识的头脑完成了对曾经娇纵和游离的救赎，用临门一脚的抽射和孤胆直前的勇气为自己高中生涯的完结画上最匹配自己恋恋青春的符号。我们不否定青年们曾经走过的弯路，我们也不避讳青年们的年少轻狂，我们更不愿将冰冷的分数作为唯一标准去衡量和评价每一个个性十足的青年。但是，每一个青年都不能忘掉自己的来由，更不能忘掉自己的去向。曾经也是9班的你的师哥们，我与他们"过招"多次，锦绣楼二楼的西大厅，记录下我们曾经的争执，见证了我们过往的不快，这一切，都已飘散在风里。那没有消失和一直存在的，是他们的未来会更辽阔，他们的征途会更宽广，他们的追求和寄托也更为高远。

好的，让我们回到"高"的路子上来。毅东同学，我们寄托的"高"当在何处？我们追求的"高"又到底在何处？求索之问也是青年远行之问，探究之问也是青年抵达之引。

前几天，我梦到了求学时的同学。他们实在过于耀眼，过于优秀，读研毕业以后的我很少与他们联系。班会课上，我便向你们展示了我复旦毕业的导师，北师大毕业的院长，还有与我同龄的硕导。他们风神潇洒，魅力十足。已过古稀之年的老院长依然矍铄。好像岁月对他们是如此格外的慷慨，那些蚀刻的痕迹竟然"偏心"地留在了我们身上。老师如此调侃地叙述，并不能改变天地"厚德载物"的公平，他们依然年轻的原因，很大的一部分来自学识的积淀和智识的支撑。你会发现，人的生命状态，尤其学生青年的生命状态，因受象牙塔熏陶的不同，成就了不同的生命样式和人生面貌。这些外展式的呈现背后，是曾经他们的认真、坚持、奋斗、寂寞。记得我刚入辽大，秋天开学不久，崇山老校区的银杏林落叶缤纷，在金黄的飘落里，诉说着一所大学的厚重和历史。可当我进入教室，聆听教授学者的讲解，又发现，一所大学最迷人的地方永远是知识和讲授知识的人。风景固然美丽，但人的价值的彰显更让我们看到世界的可能，看到我们的未来和远方。我们囿于自己的所见，一叶障目，有时觉得眼中的便是最广阔的世界；其实，青年的美好处和精彩处是从大学之迷人和精彩开始的。老师最后悔的，是大学时本可以再丰富一些；老师最庆幸的，是高中时就认定了"少年要远行"。老师出身乡野，没见过什么大世面，对未来和明天的规划，都是从我的老师那里得到开化和启悟的。你值得庆幸的，是你的父亲带给你看世界的可能；你需要努力的，是你要用自己的"高"表现赢得属于你自己的尊严。

我们总说缘分是奇妙的东西。9班的你与现在23班的你对接是缘分，还有一份缘分，便是老师与你父亲的缘分。高一时的一次晚自习，我在管理办公室值班，记得那天你的父亲亲自到教学楼管理办公室，表达了为你请假的大致歉意，以及作为医生的家长忽视儿子身体情况的略显自责之语。后来，我在心理学研究者武志红老师的书里读到了类似的家庭困扰。"教师的孩子不读书，医生的孩子常生病"，可以作为每个家庭都有不同难题的幽默表达了。你的父亲给我留下的印象，是斯文有涵养的。老师回到更早的历史中，叙述三年前的往事，不是为草蛇灰线、伏脉千里的日子寻找时间的证据，老师想表述和想让你看清的是，我们应当如何在父辈准备和提供的现实基础上写好自己的篇章。作为创作者，我们当用什么更"高"的标记界定我们自身？

上个月，老师给你们播放了《极限挑战之"高考倒计时100天"特别节目》的视频片段。节目中的同学们站在家长提供的物质条件和教育条件基础之上的"起跑线"时，观众可以直观感受到差距。当"内卷"开始，所有年轻人都在努力奔跑，落后者不一定永远落后，只要他足够认真和渴望；最前者也不必然永远保证在最前，如果他懈怠和"躺平"。

听你的父亲说起，你的老家在江北水城。从水城到泉城，关于你父亲个人的奋斗史，他没有聊过，但老师根据自己读书求学时的经历，也能想象一二。"当年的我们都是没有伞的孩子。"作为父辈的我们"矫情"地站在这里，忆苦思甜，我们感谢的是岁月对我们的馈赠和厚爱。这份馈赠，是岁月磨砺时的锻造；这份厚爱，是风雨兼程时的欣然。其实，没有一代人的青春是容易的，你们是竞争更为激烈的"卷"的一代，不过，杜甫老先生不是也早就预言过，"读书破万卷"嘛！未来的青年是不是也会如你们这般辛苦？老师认为大致不差。年轻人为自己的存在和自我的独特进行代言和证明的方式，不也是在困难着挑战着焦灼着的状态里高唱着奋进的歌谣吗？有梦想的青年，在深耕个人、时代、家国梦的征途中，一直向前，应为正途和坦途，这话，老师不加论证地认为，不会错。

回到信的开头，"壮颜毅色生豪气，心驰象魏梦起东"，老师可以试着解开这个新的姓名集句的谜底了。

前年秋天照片里的你，明媚而阳光，温和且从容。秋天过后，经常有生活的荫翳光临我们的日常。我们应知道，这不快、困难和不如意，是生活的一部分，没有人可以行云流水地走过青春，困难常临才是有追求的青年的常态，无困难的求学生活，是轻飘的，也是不真实的。以"高"为其中标志的毅东同学，当有毅然的智勇，书生的意气，为时刻的挑战和学业的臻于完善打造自己最坚强的底色。"泰山崩于前而色不变，麋鹿兴于左而目不瞬"，以沉静和自若，对决最后的冲刺，收获也必能满仓。

象牙塔之美，不在大学高楼，在学识之厚，在可观无限世界。高考之义，便是山腰拥挤，在峰顶看世界，与青年同龄诸君言欢，简单的想法有时会生出无穷力量。这些在你还是少年时，便已经心驰神往，感召无穷了吧。有梦想的少年自东方来，在济南之南的高中校园，生长了这个梦想，然后去实践了这个起自东方的渴望，如此，才不辜负一段青春，方不悔一场遇见。豪气层生，梦起东方，加油，小伙子！

时间已来到了凌晨一点，冬天里的书写想法在春天终于完成了。从十七岁到十八岁，跨越的是时日，坚定的是信仰，信仰明日美好，祝福来日方长，期待前程无量。

早自习时看到你书桌上的小台灯亮着，映照着毅东同学的脸。老师看到了更多的沉稳与宁静，正因那每一个日夜流转的沉闷累积，方有了最后的白日焰火。"名不显时心不朽，再挑灯火看文章。"

祝福的结尾，再一次用老套的方式引得一句："有匪君子，如切如磋，如琢如磨。"在磨砺中长才干，于苦练中广见识。

搁笔至此，老师再一次祝福你，优秀的小伙子，十八岁生日快乐！

班主任　刘兆军

2022 年 3 月 15 日

# 道路漫长，但紧要处只有几步

## ——写给鹏飞同学

**吾生鹏飞：**

见字如面，展信快乐。多才多艺的小伙子，十八岁生日快乐！

窗外万籁俱寂，在这谷雨与立夏间隙的时光中，我们的城市经历着大的"战斗"。这场"战斗"的对手，隐藏在暗处，躲避于角落，伺机准备给予这个城市当头的棒击。

这个对手，从三月份开始，就占用了老师太多时间，去应付为了抵御它的各种琐碎检查。日头和时光，便在其中匆匆溜走，未留下一点儿声息。老师是厌恶时间这样溜走的，当规整的预设和宏大的构思被机械的流程和不定时的指令扰乱，我们只有在白日里眩晕，然后不能由着自己的计划走上平顺的道路。每日看似充实，实则丧失了最具有质地的突破，丢失了时间渐蘼中接续前往的轻松可能。

我们每个人都在这样的大语境里被裹挟着前行，被选择着消极地改变。无论是时代尘埃的比喻，还是累积着的雪崩，无论无辜还是运交华盖，我们只有暂且先接受这样的现实，然后真实地改变。

老师的生活，最现实的反应便是这夜的生活。当白日过去，深夜涌来，我才能坐在无人打扰的卧室，敲击下与你们的睡梦同时生发的、思维清醒的文字。

我看到了窗外漆黑的夜，我听到了远处省道上轮胎摩擦大地的声音，还有身边冰箱工作的嗡鸣声。这些在黑夜里愈发明显的视界和声音，在普通的白日，是没有被关注到的存在。它们在此刻的清晰，在暗夜中的穿透力，其实是一种昭示：当内在清醒时，外面的世界才能愈发清晰；当追问降临时，才能有对应的回答；当思考进行时，抵达才能发生。

这种清晰，甚至让人能辨别远处省道上，发出声音的是沉沉的载重卡车还是轻盈小巧的微型车。这种清晰，其实就是甄别当你专注时，你是准确定位了靶心，还是仅仅只在门径外做着事倍功半的游移。这是暗夜，事物简单，分散精力的琐屑和外在诱惑不多，才能在芜杂中找到中心，在涣散中找到目的，在游离中聚起焦点，在分离中重回主线。

这样的重回，是代价基础上的莫忘起点，是日间疲惫应付后静坐中的期待。我们只有回到自己熟悉的大地，回到自己热望的旧土，才能在平整土地的劳作中寻觅到最熟悉路途上的进步可能，才能在重回故乡的凝望中，看清我们的寻找和欢欣，坚定我们的初心和热望。

这样的比附，便如同当下高三冲刺的时光。同学们因为疫情防控的需要，带着沉重的行李踏上返家的归途，我们看到了这一级青年人第一次对校园的不舍，对 6 月高考的隐忧，对迷惘未来的担心。作为老师，我们反而感到欣慰：大家即便散落在每一个角落，但聚是一团火，散是满天星，同学们定会把不舍、担心甚至焦虑变为现实行动，会把在家的时光当作校内学习的延伸。毕竟，同学们离开校园时的样子，是让我安心和放心的。

可是，几天过后，热情便似火焰被熄灭，坚定便被惰性和积习攻陷，明朗便被混沌和无序代替，屏幕前的人像便被固定的背景占位，刚返家时的认真和工整也消失了。青年，拥有无限可能的青年，当可能性在脱轨状态下驰骋的时候，亦是距离最初的起点渐行渐远了。

鹏飞同学，每当老师想起你的样子，恍惚中便有时光轮回光阴流转的错觉。因为，多才多艺、兴趣广泛、寻求突破的你，是如此真实，像极了你的一位师哥。甚至，你们的外貌和衣着打扮，都让我有如出一辙的感受。

现在时间是 4 月 27 日凌晨，我的思考和文字的行进开始变得滞重和艰难。

不是因为书写不能进行，而是想到每一级学生的更替和交接还会有这样的巧合，让老师感叹，世界之大，总有一些注定的机缘和相逢。为了再一次确证这神奇的偶然和注定，我便从 2013 级 21 班的群相册里，查找到你这位师哥的影像，来确证老师的这种恍惚中的怀疑。群相册里记录了你的这位师哥高中求学时的很多细节，记录了很多光阴里的过往。感谢这些泛黄的记忆，在技术还没有特别高端的八年之前，留下了一个一中青年的高中生活影像。

老师叙述这个故事，是为了得到岁月给我们的一些信息和启示，是探寻三年轮回时间行进中的一些可能，然后，在这些信息和可能中，去追问是否能够发现一些我们自己去突破的秘密和答案。为什么要这样费力地寻找一种接续的希望？因为在老师看来，这其中不能定性的东西，肯定可以为鹏飞同学带去一些思考。因为，善于思考者的思考才有价值。当然，谁应该成为这个学子相似故事里的思考者？无他，其实就是你。当你在思考中能够清醒地轻装上阵，当你在思考后能够重整行囊，你离真正的优秀便会越来越近，你将才华兑现才更具可能。

在老师翻阅的 2013 级 21 班的群相册里，有一张 2015 年 9 月的证书，落款盖章处是山东省电化教育馆，同时是由山东省教育学会信息化专业委员会认定的。那是与你长相颇像的师哥参加"山东省中小学创新设计大赛活动"荣获省一等奖的证书。时间过去很久了，老师已经不记得当时是怎样的阴差阳错，让我把一张私人的证书照片发到了群相册。可是，也确是相册里的这张照片，让老师抓到了回忆中的一线藤蔓。

如果说以上的叙述是老师在两个深夜与困倦角斗的战果，那么从这行文字开始，则是日间在窗外校园春景的陪伴下，看着你俯身的背影写下与你交流分享的文字。

在你的身上，有很多同龄人没有的天赋和兴趣，热爱和投入，聪慧和颖悟，多识和从容。这些特质，甚至有别人通过努力也得不到的先天优势。如何将之化为真正只属于你的能力，助你走向坦途与宽广，才是优秀的你需要思考的问题。这个追问，不止于现在，不停于明天，不息在满足。一个优秀的青年如果不能理智与清醒地看到自己的所长，不能直面自己的弱点与短板，不能将所长发扬，不能将短板补足，这样的青年，在长久时光的考量上，便不值得被托付更为热切的属望，不能担负最值得信赖的责任。

那么，真正将自己的优秀禀赋进行"效果图"的还原和实现，真正把自己和家人对自我的预期变成活生生的美好今天和灿烂未来，真正在拥挤的竞争独木桥上不抱怨规则而是杀出一条明天之我的血路，然后在自己铺就的漫漫长途上蹚出繁花锦簇的人生之美的青春旅途，在踏实和对得起自我的态度中埋头苦干、拼命硬干，真正地在你的眼睛里读出渴望，读出追求，读出坚决，读出舍我其谁的豪迈和山登绝顶我为峰的意气，才是那个在音乐厅舞台上吹萨克斯的乔鹏飞同学，才是从高一10班走出来的非常优秀、非常忘我、非常努力、非常坚持、非常潇洒的乔鹏飞同学。

目光穿过学校的高林向北望，便是你在来23班之前所在的10班。在10班，你曾用相同的才华和智慧，用初入高中的欣喜和扎实，留下了在高一的高光时刻。当时，我在隔壁的11班。在地理位置上，我们距离是很近的，我们所在的班级也是最优秀的两个班集体。无论是我的高一11班，还是你在的王老师的10班，那些孩子"道而弗牵，强而弗抑，开而弗达"，也成为2019级孩子中"和易以思"的典型代表。其实，直接看一看分数段排名表，便知10班和11班的强劲实力了。你带着高一的荣耀来到23班，然而再重回高一时的巅峰便成了一件艰难的事情。老师在熟悉你之后，便一直期待你能实现老师对你"梦回唐朝"的想象。如果找出托词和借口，或许是高一的全科更能匹配你的通识与全才，进入高二后的选项科目多少黯淡了你高一时留下的让老师记忆的些许耀眼星光。

在一切恒久的长时光里，唯有目标坚定、志业坚决、咬牙坚持、信念坚守、耐力坚强、精神坚毅、学识坚固，才能在十八岁这次重要的人生攻坚中，用坚不可摧的积累，占领青春人生的最高峰，占据下一个十八岁的好身位，为未来的生命和生活提供一些轻松的选择。将目光聚焦远方，才能为未来的人生打下最合适时间段的最正确基础，也就是作家柳青曾在《创业史》中告诉人们的："人生的道路虽然漫长，紧要处常常只有几步。"现在来看，紧要处或许就是十八岁的这一步。它的一步之遥，或许就是未来人生的万水千山；它的差之毫厘，注定就是明日征途的千沟万壑；它的功亏一篑，的确就是来日方长里的步步惊心。再普通的个体，再平凡的生命，也能掂量出其中的轻重，也能斟酌选择出正途。

聪明的鹏飞同学是让老师骄傲的学生。机械参数，如数家珍；产品对比，摸得门儿清；新型媒介，似是老友；老师总能在你那里寻得一点儿参考，找到一点儿决断的理由。鹏飞同学能为老师的选择提出准确的意见，能为大家的难题排解出可靠的答案，老师相信，你必定会在最重要的时间迈出坚定的一步，会在最关键的节点转向坚定的旅途。

我们的班训"日拱一卒，功不唐捐"来自胡适先生的一篇文章《赠与今年的大学毕业生》，九十年后重读这篇文章依然觉得不过时，甚至常读常新，也是让人在偷懒和没有目标时清醒和理性的。胡适先生自我调侃"虽未必是救命毫毛，也许作个防身的锦囊罢"。老师是在毕业后走上工作岗位的第二年读到的这篇文章，它如同棒喝当头，如同冷水一瓢，让迷惘懈怠的人有了方向的指引。

这篇文章的倒数第三段是这样的：

佛典里有一句话："福不唐捐。"唐捐就是白白地丢了。我们也应该说："功不唐捐！"没有一些努力是会白白地丢了的。在我们看不见想不到的时候，在我们看不见想不到的方向，你瞧！你下的种子早已生根发叶开花结果了！

最后，老师祝你："功成有我，功成在我！"

搁笔至此，老师再一次祝福你，优秀的小伙子，十八岁生日快乐！

班主任　刘兆军

2022 年 4 月 28 日

亲启,致青春的你

# 书写自己的故事

## ——写给浩然同学

**吾生浩然:**

见字如面,展信快乐。一直走在希望之路上的小伙子,十八岁生日快乐!

故君子之教,喻也。道而弗牵,强而弗抑,开而弗达。道而弗牵则和,强而弗抑则易,开而弗达则思,和易以思,可谓善喻也。

《礼记·学记》里的这段话,在 4 月 28 日的深夜,在思路阻滞、思考行进受限的时刻,又在老师此刻的文章中破冰而出,好像这句话专为这份祝福存在,专为这封贺信等待,等待一个教学关系、教育关系的两端关系人,相见并共同奔赴,跨越人生山海,在彼此投入热爱的路上越走越远。然后,在各自努力着的方向上,实现内心里为自己设定的最好模样,到达年少时向往自己触碰的可能。这样的美好想象,这样的美丽人生,在开始的时候就是会预想并能实现为真实的注定。

这些故事,会发生在任何一方地域,会出现在任何一所学校,会存在于任何一个年级,会降临到任何一个班级,会实践到任何一个个体,包括老师和学生。

每一个故事,之所以有故事的样貌,或者被人称为故事的原因,是故事里的主角本身就是故事最为重要的一部分。若没有他们的存在,没有他们曲折波澜的成长历程，没有时光中的多重巧合，一切故事便没有存在的意义与内核，一切讲述便没有载体，一切观照便没有价值。

不知聪明、好玩，在坚守、在克服、在深刻、在纯粹投入，并且愈来愈成熟的浩然同学，是否认可老师为了完成对你的十八岁祝福，在深夜里的遐思和如同梦境的呓语？

每个不添加修饰的二十四小时，是日常逻辑的真实；转换一下视角和讲述人，这二十四小时的一切，无论是崇高的还是日常的，便都摇身一变，加了色彩，涂了颜色，转换成吸引目光、聚焦关注的"故事"了。

在这个意义上，我便觉优秀的浩然同学也是"故事"里的重要一人了。老师不仅希望你看到故事的可能，更希望你讲好自己的故事。看到，需要的是用心和仔细；讲好，需要的是投入与执着。

那么，我们便顺着深夜零点时老师终于找到的这个叙述角度行进下去，从故事里发掘宝藏，感悟力量，体会深情，觅得勇气吧。

人说"十八而志"，我们暂且不去探究这句话的来由与出处，我们仅从"十八"中去窥见故事里蕴藏的细节和细节背后饱含的意旨和价值。既然是故事，从时间的角度上便可着眼于故事的过去、现在与未来。从人物关系的标准上看，又有你、我、他的故事。从主体参与性上，也可以分成参与的故事和讲述的故事。不过在老师看来，这些故事的分类，不论是讲述过去的铭心刻骨，还是现在的沉浸投入或者未来的花团锦簇，不论是自己的耳闻目睹还是借鉴他者故事，都没有让自己成为故事里的主角这种方式更为生动，也更为动人。你写你的故事，你构建你的故事，你的存在本身、你的过去现在和未来，你的此时此地，都是故事的真正组成部分，都是故事最好的构成。老师期待和希望的，便是你，便是故事，故事里的人就是你自己。

今天距离2022年的高考还有34天。如果再精确些，当老师书写到这里的时候还要加上十三个小时多一点儿。你坐在老师的右前方，在翻动生物课本的书页。在停止翻动时，你会低头沉思，或正直了身子，手托眼镜，间或手撑着额头，缓解复习时的辛苦与劳累。你不知道老师在教室的角落正仔细地观察你的一举一动，想象着在二模复习最紧要的晚自习进行时，你是否完全沉浸其中。

2015年暑假前，老师曾经让就读于山大信息学院的你的一位学姐为当时高二21班的在校生进行高中学习、生活感悟分享。这位学姐是一个传奇，传奇之处不只在于她高考分数的压倒性优势，更在于她在重复枯燥乏味中探寻到的自我提升的乐趣。高中三年，没有一天不勤劳，没有一刻有懈怠。这样的投入和沉浸，老师做不到，老师也想象不到。"贫穷限制了我们的想象力"，知识和学识的贫乏也限制了我们对高阶学霸的想象。这位学姐分享了两句话，让老师印象深刻："人是自己的马达""我坐在后边，其实是能观察出大家有没有在用功的"。她之所以能从学弟学妹伏案的背影里读解出大家用功与否，不是她的眼力有多刁钻，而是她曾经用胜过我们大多数人的投入与沉浸、反抗与抵御，在一中的教室里挣扎过三年。她的投入更胜一筹，她的沉浸更进一步，她的付出更多一分，她的理解更加一度。这些比较级的词语用在她身上，是不完全恰切的，并不能完全代表她的坚韧历史，并不能概括她三年的辛劳。只有过去每一分每一秒硬碰硬的对决、每一次艰难的反抗，才是她三年青春里最惯常的挑战，才是"足为外人道也"的"故事"。她，便成了这样的故事，便成了故事里的人。

后来，她进入互联网大厂，工作生活中俨然也是理工女学霸该有的样子。如果我们可以从她的成长史窥测到一点儿东西，寻找到一点儿脉络，老师愿意简单直接地概括为：她拼搏出了故事，并把自己奋斗成了故事里的主人公。摸爬滚打，阳光明媚，如此美好，如此诚实。

故事接连着故事，故事里的人指引着故事里的人，故事就有了流传不断的连绵样子。2015年坐在台下的人中，有一个小伙子，他的故事或许更有一中的味道。2015年暑假来临的时候，这个小伙子还在用自己对岁月的浅薄认知，戏耍着稍纵即逝的光阴，挥霍着行将结束的高中时光。故事的中途是平静的，是涟漪渐起的，是如同无数个沉闷的备考日子，没有特别之处，亦没有可以挖掘参照价值的。当高三来临，老师看到的依然是他我行我素的身份标榜和自我膨胀。信手完成的试卷，潦草应付的作业，非专注投入的每一个无比珍贵的备考时刻：这一些，都构成着他的"至暗"时刻。

冬天来临，寒冷和寂寥、渴望与看见、对照与回观，一系列的动作和事件构成他冲刺阶段开挂青春的序曲。在2016年的春节寒假，一名中国石油大学的大学生不期而遇走到他的身边，向他讲述了岛城大学校园里的光荣和梦想、多彩与可能。也是在那个寒假，你的这名学长变成了悬崖勒马的浪子，变成了一腔孤勇的青年，变成了家长和老师眼中未曾见过的他。天利38套历年真题，在那个短暂的寒假，构成了他生活的全部。我们可以想象，当新年的烟花爆竹响起的时候，他在书卷和真题中起身，看到满天灿烂的花火，内心一定无比幸福与充实。老师相信，每一个负荷在身的年轻人，都能体会如此的美丽，都能享有拼搏奋进的荣光。

春天回归，同学们回到校园，第一次训练便证明了你这位学长在寒假孤身一人坚持时的"壮怀激烈"有多么值得！春天的来临，伴随着他的是凌晨四点多宿舍卫生间昏黄的灯光，是在寒假蓄积起来的热切和渴望。当一个年轻人真正知道他想要什么的时候，已经没有什么能够阻挡他前进的脚步了。冬生，春长，这反节气的没有人看见的至暗时刻，这没有人看见但自我内心无比幸福的时刻，这内心无比幸福又给了自己勇气和斗志的时刻都让我们预见，夏收，应是多么的靓丽和耀眼。是的，聪明的浩然同学，结果你是可以想象到的。天道酬勤，你的学长也成了当年中国石油大学录取的六千多名新生中的一个。如果回溯的时间再前一些，你的这名学长高一时的宿舍号是527。老师之所以记得如此清楚，是因为当年的527与我斗智斗勇，历经彼此多回合拉锯。就是这挥霍高中时光最多的一群人，截至目前，五人走进211院校，四人在山大、海大等重点高校读研，一人进入军校深造，两人走上工作岗位。他们也可说是组团的故事主角了。时间不欺骗，它在说真话。其实，这未尝不是在告诉我们：一直在坚持行走的青年人，都会拥有无限可能的丰富人生。

老师看到了当年6月24日下午高考成绩的数字；没有看见的，是男生公寓1号楼凌晨四点多洗手间昏黄的灯光，是万家灯火时他寂寞坚持的幸福，是那个改变他幼稚想法的关键一刻。但是，老师看见了他重回学校作为分享者时的侃侃而谈，踌躇满志，看到了他在一个冬日的下午，用两个半小时的宣讲，感染和激发了锦绣楼二楼7班教室里的另一拨远行者。当时，坐在教室的，就有你比较熟悉的赵坦、江涵和玖鼎学长了。这，又是另一些故事的开始了。

最近几年，我们在生活语境中经常用到"赓续"这个词，它的意思是"继续"。一个故事的结束并没有真正地截停一切，有人在传承，在不断接续这个故事，并将故事里的人，描绘得更加精彩和动人。新的故事讲述人告诉我们：不设限的人生，是多么灿烂和惊艳。他们中，有老师带出的区状元，有散落祖国版图各地高等学府的学长学姐。无论东南西北，都有故事里的人在，他们在新的地理位置上，在新的人生起点，书写自己的故事，书写个人与时代、与家国相连的故事。

浩然同学，你有玖鼎的联系方式，你们之间这种校园生活之外的联系其实已经在向我诉说，新故事的书写者，新故事里的人，是你——你是自己奋进之笔的执笔人和书写者。

仅从一中的成长史来看，你与几位学长的经历大致相同。2016届的守玺，2019届的玖鼎，2022届的浩然，彼此不同又大体相同。高一的你们都不在我的班级，身边都有聚集在一起的一群人，我看不见你们高一的过去，但我看见了你们的现在，或许也能"看到"你们的未来。

2020年秋季运动会上，那个振臂高呼的浩然同学，不仅是在表演，老师更相信那是真实。2021年元旦后的期末考前动员班会上，那个举手问天的浩然同学，那个颇具"陈教授"气质的青年人，老师更相信那也是他的未来气质。年少的人，有"居高声自远，流响出疏桐"的表现；年轻的人，有"船到中流浪更急，人到半山路更陡"的前行；年长的人，有"莫道桑榆晚，为霞尚满天"的信仰：在每一个元气满满的阶段，都有创造价值和奋斗人生的华彩与美丽。

浩然同学，老师给你的这份祝福，从老师被"封"在学校前一天的深夜开始，到今天二模英语科目结束铃马上要响起而收尾，老师完成了自己的心愿。每天工作事项琐碎，辛劳疲惫，但"遇见可爱的人，就觉得生活一下子不艰难了，晚风也好，凉夜也罢，都想笑"。

凛冬散尽，星河长明。凡是过往，皆为序章。

信的最后，老套地摘抄一个句子以赠："我的生活中没有大起大落的事情发生过，可我一直觉得我们都是主角。"你的故事在继续，请执笔继续书写。加油，"陈教授"！

搁笔至此，今天是五四青年节，老师再一次祝福你，优秀的小伙子，十八岁生日快乐！

班主任　刘兆军<br>2022 年 5 月 4 日

亲启，致青春的你

# 没有天生的信心，只有不断培养的信心

## ——写给成娣同学

**吾生成娣：**

见字如面，展信快乐！老师祝你十八岁生日快乐！

惊不惊喜，快不快乐？让老师猜一猜，你可能会说"没想到"，是的，没想到的不只是你，还有我。

没有想到一向意气风发的成娣同学陷入考前自我怀疑的困境，更没有想到在这忙碌无比的复习备考过程中，你能用长长的纸页梳理自己的情绪，并能在我出现的地方精准地找到我。或者说，这些没有想到的巧合，在应然中正指向了一种可能：我们高考的终点，必定会以最为美好的方式在等待我们去抵达，去拥抱。老师先告诉你，"相信"是最好的方式——在这个所有人都疲惫无比、咬牙坚持、内心焦灼并不断幻想又不断否定的关键时刻。

简单说来，稳定压倒一切，沉静战胜苟且，自信对决自卑，勇敢抵御怯懦，成功取代失败，美好点亮暗夜。请相信，在黎明前，即使遇到黑暗，也是暂时，也是片刻。对于一直向往和渴望的耕耘者，田地的尽头必是青青之原野，必是灿灿之麦浪。在6月那最为辽阔的人生花海上，你注定是最动人的一朵。

盛夏的果实，正走在成熟的路上，我们为什么不能再坚持一下，再忍

没有天生的信心，只有不断培养的信心

耐一下，再抵抗一下，再斗争一下，再挺进一下？当你含笑收获时，这含泪的一切一定会是最值得怀念、最值得炫耀的历史。从此，今天绝望里的希冀和马上就要放弃时的回归，便成为最值得你去向未来、向明日的时光讲述的。与极致的困难斗争，与缠绕的伤悲对决，这才是勇敢者的选择，无论正确与否，时间这位公平的裁判一定会帮你做出岁月长河里最明智的判断。相信自己，相信可能，相信磨难，现在的情绪既然与我们缠斗，那我们就奉陪好了！

前几天我们一起举行了成人仪式，来为我们庆祝十八岁。其实老师知道，你的十八岁的准确时刻在凛冽的寒冬，在漫天的白雪降临的时刻。老师之所以把今天给你回信中的你定义为"十八岁"，既是数字年龄的完成，更是我们师生间一场关于成人的探讨与互相的呐喊。十八岁，到底意味着什么？是法律意义上成年人责任和义务的全部到来，还是我们的内在和精神抵达完满和成熟的标志？是高考的决战在等待我们的冲锋，还是九月份我们可能去往的城市？是我们在故我习惯性地寻求帮助中上岸，还是新我长成的羽翼在丰满有力的起飞中不断试探人生的可能？是我们面对悲伤和烦恼先去寻找帮助，还是我们可以在内心的历练后能够完成自我定位并驶向更为宽广阔大的无限之海？我们没有固定的答案。

一时之我有一时之我的烦恼，一时之我有一时之我的战胜。老师也经常在漫漫等待中犹疑和否定，在许久看不到尽头的路途上徘徊和畏葸，在经过努力依然得不到结果时低落和悲叹。可是，老师唯一的体会便是：怨天尤人绝不可取，"缴械投降"必不能干，龟缩不前更不能选，否定自己那太蛮憨，中途放弃不进"字典"。成娣同学，你习练跆拳道，更能理解老师在罗列的词汇中想表达的核心，更能理解老师在铺排词语中想申说的要义。跆拳道的竞技场，腿法为主，拳脚并用；以刚制刚，方法简练。老师不习武，不会武，但老师喜欢看你们的闪转腾挪，观你们的克敌制胜。赛场、训练场的核心是战胜和积累，考场、周测场的核心是攻克和弥补。场与场不同，规与规有别，可是，无论是人声鼎沸的赛场还是鸦雀无声的考场，追求成功的渴望和喜悦，经历磨炼的伤痛和苦难，在殊途同归的旨意上，却是相同和一致的。

我们甚至可以做大胆的想象：当你穿着训练服在场馆中站定，你的面前是竞技的对手，当你的目光与对面之人的目光交汇，老师可以相信，你绝没有游走和怀疑。幼时的你，在小小的身体里一定迸发出了必胜的渴望，小小的你有一颗强壮的大心脏。跆拳道之美，不只在强身健体，更在于精神的修为和意志的磨砺；不只在令对手屈服的技术，更在于使自己不断强大的可能。课外兴趣训练尚且如此，课内主攻学识更要意志不倒；假期投入训练长成身体，周内渐进学习养好精力。课内课外在底蕴的营造上没有区别，只有统一——训练的汗水、泪水是养料，学业的丰富、丰盈是沃土，沃土之上无他，养料之外无法。除却迎战和应战，除却硬战和赢战，其他方法与途径在马上抵达的时刻，都是无效，都是无识。

这一切何来？来自你与跆拳道的结识，来自你在竞技训练场所得，现在需要你把结识和所得迁移到冲刺备考的轨道，走下去，必能抵达。道理简单而常规，实践起来要加点"佐料"：意志和斗志，信念和信仰。从此处的意义上来说，少年的你在守护青年的你，少年的你在涵养青年的你。此刻的艰难和险滩，除了自渡，别无他途。

回望一下，是否看到幼时的你在步履摇晃中走得愈来愈坚定，走得愈来愈从容，坚定和从容就是你现在应该有的样子，现在应该有的姿态。成娣同学，当你读信至此，先沉默和静观一下，是否从过去的自我中看到了一点儿光亮和花火？其实，我们酸甜苦辣的人生之所以值得，不就是从点滴微明和花火中看到了蓬蓬勃勃的希望之光吗？

老师的电脑里存有咱们班的一些照片。其中有一张，大家围坐在绿色人工草坪上，唱起怀念的歌谣，甩出专业的鞭腿。离地一尺，双腿同出的是你。我在你的正前方，记录下这难忘的瞬间。现在，我在你的书信面前，看见你落地后的备考忧伤。这虽是人生的日常和俗套，但是，老师还想告诉你的是，既然是常态和俗套，我们还畏惧它什么呢？备考时的冲刺阶段，有起伏也罢，有惊悚也罢，过程的规律里已经写上了这样的定则：没有完美的过程，只有完美的结果。我们只有在享受过程所带给我们的酸甜苦辣、冰冷温暖后，才能拥有属于自己完美的结果。因为，前行的过程中，每个人最真实而独特的体验伴随着我们成长的每一步。

你在信里说到周日晚上老师在内线广播的讲话歪打正着地激励了焦虑与自我否定中的你，老师也很高兴能帮到你。如果说周日晚上老师的发言是年级安排给我的任务，我倒更愿意看到的是自己在与你们交流的过程中，以意想不到的作用也激励了我自己。晚自习第四节，当我站在话筒前面时，我还没有找到最合适的思路和语言，如同你的江涵师哥对我的概括——"军寡言"。在日常的大部分时间里，我展示给他人以沉默。发言的时刻，更多的是为了完成赶鸭子上架的任务。但那天晚上，在语言组织和输出的过程中，我逐渐被自己感染，被自己振奋。老师也需要激励，当外在环境没有可利用的资源与条件时，只能"求诸己"。"没有天生的信心，只有不断培养的信心。"我们也可以按这个逻辑思考，便是：没有天生的困难，只有自己设想的无限困难。你在信里详细地说出了你现在面临的各科学习困境，其实对于高中学习的具体知识，老师已经忘掉了几乎所有，唯一记住的便是那在复习备考过程中的信心和感悟了。老师不属于天性聪慧一类，也谈不上机敏，更不敢耍小聪明，拥有和怀揣的只有不那么被人珍惜的求变和使自己变得更加美好的虚幻想象了。靠着一点儿拿不出门的幽微想法和信心，支撑着自己一步步"跋山涉水""趟江渡河"，并带着为自己设置的"结果不理想以后会怎样"的忧患意识，不断激励自己一点一点挖掘，一步一步行进。有几次重要的节点，又都因自己过早的主观动摇丧失了更好的机会。现在的你，便处在这重要的人生时刻，坚持有着大大之可能，怀疑带来小小之希望。

路遥的小说《人生》扉页上有这么一句话："人生的道路虽然漫长，但紧要处常常只有几步。"

这句话出自作家柳青。它的原文是：

> 人生的道路虽然漫长，但要紧处常常只有几步，特别是当人年轻的时候。没有一个人的生活道路是笔直的，没有岔道的。有些岔道口，譬如政治上的岔道口，事业上的岔道口，个人生活上的岔道口，你走错一步，可以影响人生的一个时期，也可以影响人生。

高考前的27天，就是至关重要的人生一步，它甚至不是岔路口，更不是笔直道，它只是一段必须坚持和必须完成的路。那些对分数的怀疑和焦虑，那些反复记住又反复忘记的知识点，是如此正常如此符合实际——他人面对的与你相同，你见到的与他人无异。现在可能会影响结果的，就是我们常说的非智力性因素了。它们包括但不限于信念、态度、精神、勇气、果断、斗志、自信和笨功夫。老师再简略言之：回归常识，回归我们曾经的经验。一切的结果都不会辜负和亏待你。

我们可以把视线拉回到2020年的春天或者更早一些的2019年的秋天和冬天。那时的你像现在一样，在苦苦寻求一种高中学习进步的可能。老师见证了你的苦痛和焦灼，看见了你的低落和怀疑，为此，经常与你开玩笑，希望用幽默的腔调帮你走出困顿和压抑，挣脱沉重和压力。但我清楚地知道，我的帮助有限，你的顽强无穷。随着咱们11班"分手"和别离一起到来的，是你在2020年暑假前成绩的跃升。至此，老师送你们离开，记得的是你快乐和阳光灿烂的样子。如今，2022年5月11日，它需要你自己的阳光，驱散备考冲刺的阴霾。2022年长长的暑假，在等待你去张开青春的臂膀，踢出你的鞭腿，扫除障碍，在嘴角上扬的美丽样貌和自信容颜里，在志愿填报系统中填入你最想去的大学，去拥有更为美好的可能。会跆拳道的女生，不会轻言失败，也从不会与光明未来失约。如果你愿意，请赴你独有的山海！

成娣同学，2020年春天，我们居家线上学习，你为老11班做了很多工作，付出了自己的聪明才智。精细构思，精选素材，精心准备，精益求

> 没有天生的信心，只有不断培养的信心

精，手机软件上记录着你的担当和有为，QQ 信息里保存着你的思考和回应。媒体有记忆，岁月留痕迹。老师在这里，一并表达对你的感谢。

"人生万事须自为，跬步江山即寥廓。"这是中国共青团成立 100 周年大会上习近平主席对年轻人的寄语和嘱托。

> 要造就一大批人，这些人是革命的先锋队。这些人具有政治远见，这些人充满着斗争精神和牺牲精神。这些人是胸怀坦白的，忠诚的，积极的，与正直的。这些人不谋私利，唯一的为着民族与社会的解放。这些人不怕困难，在困难面前总是坚定的，勇敢向前的。这些人不是狂妄分子，也不是风头主义者，而是脚踏实地富于实际精神的人们。中国要有一大群这样的先锋分子，中国革命的任务就能够顺利的解决。

这是 1937 年 10 月 23 日毛泽东为陕北公学成立题的词。这是他给陕北公学的第一次题词，也是最重要、最长的题词。这段题词，出现在了习近平总书记重要讲话的最后。时间跨过了整整 85 年，今天再读这段文字，我们仍然心潮澎湃，精神振奋，充满力量！

"常制不可以待变化，一途不可以应无方，刻船不可以索遗剑。"习近平总书记在今天的重要讲话中也引用了东晋葛洪《抱朴子·外篇》中的名句，来说明我们要用灵活变化的心情，去应对挑战，去直面惨淡，去丰富经历，去投入训练，然后，自信地去赢得青春的一场大战役。祝福信的最后，老师把它们老套地摘抄在这里，你能读到，一定会有点感悟。

搁笔至此，老师再一次祝福你，优秀的姑娘，十八岁生日快乐！加油！

班主任　刘兆军

2022 年 5 月 11 日

亲启，致青春的你

# 我来过，我征服

## ——写给潘晨同学

**吾生潘晨：**

见字如面，展信快乐。永远嘴角上扬的姑娘，十八岁生日快乐！

老师记得多年前听过的一首歌里，有这样的歌词："一定是特别的缘分，才让我们一路走来变成了一家人。"这还是老师在高中繁忙紧张的学习之余听到的。

当思绪和文字，随着电脑键盘的"啪啪"声，变成串串诗行的时候，老师看了一下时间，是5月14日的凌晨了。这封将要发出的书信，其实已经在老师的计划中存在很久了。在老师生日的时候，曾经收到了你洋洋洒洒的"彩虹文"，文风多变，思路跳跃，像闪转游移的轻功侠客，行走于重重叠叠的云障，跳跃于沟坎纵横的山丘；又如灵巧可爱的宠物，在跳跃和回闪、隐藏与躲避、开怀和喜悦中发现了乐趣。读你的信像是收下了你寄送的快乐，阅读过程也充满了探险的感觉。习惯了工作的疲惫和劳累，见惯了循规与蹈矩，在常规生活之外，读到你的"七彩锦章"，怎能不让老师难忘？又怎能不让老师也嘴角上扬，感觉快乐已至？

快乐，是现在这个时间节点上，同学们正在流失的一种学也学不来的本领。你葆有单纯的快乐，纯粹的开心，是因为"世界"一直在你的心中。

电影《后会无期》中有句台词，令我印象深刻："你连世界都没有见过，哪来的世界观？"它的逻辑与我们熟悉的思路好似有不同之处。潘晨同学，这句话或许你能理解得更为深刻，正如作家华莱士·斯特格纳说的："一个孩子儿时看到的风景，是他未来成年之后所看到的一切世界的底色。"

北国的冰雪和南国的暖阳，山川与河岳，高原和沟壑，盛夏与严冬，那些只能出现在大多数人的阅读中的文字与画面，想象与渴望，却在你的眼前留下掠影，构成了你的生命。"世界这么大，我想去看看"，这是大多数人的向往；"世界这么大，我已领略过"，这是你过去和现在生活的日常与真实。你在年少的时光里，已经领略并理解了人生与世界的美好处，那么未来应该如何去过一种更精彩、更完整、更丰富的人生？老师把问题抛给你，带着它去思考，去向前。

可以肯定的是，若潘晨同学用自己的青春激昂与磅礴，用自己的学识和能力去开疆拓土，去用自己的双手和胆识去敲开更美丽的世界大门，去踏遍更美更壮阔的山河，那么你面前的河流湖泊，你眼前的大漠长烟，你脚下的草地高原，你耳边的微风涛声，才带有了青春的味道，更饱满了奋斗的姿态。你可以在高山、丘陵、草地、平原，大声呼喊："我来过，我征服。"试想一下这纵展生命力的美好画面，描绘一下这无比欣喜和无比幸福的时刻，老师希望未来在更多美丽的地方能看到你的身影。

老师记得是在你的拍立得照片上知晓了你认识的世界之大的。我们常说"世界观、人生观、价值观"是"三观"，其中"世界观"我们可以调整一下它的语词顺序进行理解，即观看世界、观察世界的方法和思路。没有到达和体验，没有经历和行走，的确无法仅凭语言就可以表达世界。那么，那些未曾抵达和经历的人，难道就要被剥夺对于世界的参与权和知晓权了吗？答案是否定的。每一个人都有权利和可能去构建属于自己的美好世界观。他们可以在方寸之地纵览天下，可以在枯燥的知识中寻找自己感兴趣的风景。他们正在做的，也是你现在正在做的。老师在教室角落里远远观察你在考前自习，希望你在教室里独属于你的方寸位置上，寻找到另一个世界的可能。领略过大千世界的你，一定能够懂得，当自己真的匹配上这些美好的即将抵达的远方和前路，一定是胜于过往的深沉味道，一定是加倍美好的赏赐回馈。这个世界不是你儿时和少年时代去往的远方，而是你现在的青年时代即将走向的深海。学识的深海，未来宽广的深海，扩充青春价值的深海，所有璀璨蓬勃之人生可能的深海。

师生一场，缘分使然。记起过去，无论我们是"彩虹色的回忆"还是"疲惫劳累的千日"，高中，尤其是我们实行寄宿制的历城一中，一定会在我们的记忆中铭刻下印记，清晰保存。你给23班带来的更多的是快乐，留下的更多的是笑脸。微笑着生活的人，会把平凡日子的幸福与喜悦传递，会把开朗和乐观寄出。

三年来，你的父亲经常在微信上向我询问你的学习情况，了解你的成长。高中马上就要结束，我们更加怀念它了。你曾在祝福里写下了高考冲刺倒计时100天时的感受，老师很感动，你能读懂老师对你们的期望和希冀。花团锦簇的年龄，不奋斗，又怎么有底气去说自己有青春呢？备考时间紧张，人生未来漫长，老师希望你带着一中教给你的继续奔跑，迈开你的大长腿，"飞扬跋扈"地走在宽广的路上，因为，你可以是这条街最靓的姑娘。

信的最后，老套地摘抄一个句子以赠："十八岁的天空，自由，辽阔，畅想。愿你自由地飞翔，不求你拥有世界，只愿你拥有自己的一片蓝天。"加油！孩子。

搁笔至此，马上决战了，老师再一次祝福你，聪明重情感的姑娘，十八岁生日快乐！

班主任　刘兆军
2022年5月24日

# 如此坚定，如此从容

## ——写给淏冉同学

**吾生淏冉：**

  见字如面，展信快乐。相信一切皆有可能，相信不屈不挠的努力，相信战胜怯懦的年轻。老师祝福你，十八岁生日快乐！

  "意志引人入坦途，悲伤陷人于迷津。"这个句子或许能够切合我们当下的体验和感悟。顺着记忆的逻辑，老师又回忆起工作前两年，大量阅读时记住的一个句子："心之何如，有似万丈迷津，遥亘千里，其中并无舟子可渡人，除了自渡，他人爱莫能助。"这是作家三毛的句子，你可以揣摩其中的味道和含义，它多少会告诉你一些生活和生命的道理。

  坦诚地讲，老师从没有想到我的学生淏冉同学会不定期地消沉和低落，更没有想到的是淏冉同学在陷入低沉和失落时会怀疑自己的能力和信心。

  十九年前，老师经历了号称史上最难的一次高考：2003年高考。为了验证信息的准确，老师搜索了相关信息，"19岁少年盗走高考试卷，630万人被改写命运"，互联网上类似题目的文章比比皆是，当年那个四川南充的高考生，用一己之力把我们的数学高考卷从A卷换成了B卷！十九年过去了，老师依然清楚地记得题目中那些超纲的知识点。数学考完后，好多女同学哭了。老师没有哭，虽然感觉题目难度很大，但晚饭照吃，然后在学校的小花园溜达了一会儿，便去休息，准备第二天的理综和英语了。如果说老师懂得在内心告诉自己，数学是"人难我难"，要有所有科目整体统筹的战略，这不符合当年的年龄真实；但数学题目超难并没有影响老师太多，我只是完成了一个考生最正常的考试流程，然后继续平静地应对接下来未完成的科目，这是与当年自己的大量训练相匹配的。2002年的冬天开始前，一轮复习正紧张进行。作为文科生，老师的数学底子本就薄弱，"屋漏偏逢连夜雨，船迟又遇打头风"，接连三次的数学常规检测，我的成绩都在六十多分，确实是让人大跌眼镜的。我仍不气馁，并不带一丝怀疑和犹豫地继续干，这才是一个备考生最正确的王道！

　　回忆起当时高三的备考，班里的同学在聊起当年的高中生活细节时，说起了一件我认为他们记忆准确的事情。他们说："兆军，我记得你总是自信地走进教室。"这一点我是认同的。老师我成绩一般，智商平平，就读的高中也是县城的二流高中，还学了文科，从哪个方面来看，都是一个没有伞需要在雨中奋力奔跑的孩子。可是，老师就是凭着这种自信，一路走来，负笈他乡，领受了许多教诲，在教师的职业上做着自己喜欢做的微小事情。老师总结半生，就是那丁点儿残存的自信，不合逻辑的自信，相信自己，相信坚持，相信岁月，"日拱一卒，功不唐捐"。如果要列举能够否定自己的因素，老师早就被打击得体无完肤、偃旗息鼓了。天道酬勤的宇宙铁律，或许在暗中为我们标明了每一次努力的价码，不放弃，不怀疑，不否定，就能够在跌跌撞撞中抵达内心渴望的人生之海的旅途。这也应了那句生活的常识：没有完美的过程，只有完美的结果。老师甚至可以改写为：结果也没有完美的，只有一直付出艰辛这个过程是完美的。

　　面对遍布磨难的生活，老师也有情绪低落时和悲伤压抑时，老师的做法如同"有时我斗志昂扬敢与天比高，有时我也会陷入情绪失落的泥沼，但我不会显露分毫，就像当周围的陌生人等着看我好戏时那般面无表情"这几句歌词。在这个意义上，或许有一条坦途可以继续磨炼自己的心性，培植自己内在的坚定，那便是不被人重视的阅读活动了。

　　现在是5月25日第三节晚自习，距离我们的6月7日九点还有12天多一些。淏冉，你擅长体育，喜欢在篮球场上运转腾挪；老师喜欢体育但不擅长篮球,而是常在绿茵场上飞奔驰骋。篮球和足球之于我们的价值与意义,是不参与这些运动的人所不能体会的。我看过你在篮球场的几次活动,技术娴熟,轻盈灵巧,反应机敏,战术果断。篮球场上神采奕奕的你,和前几天沉浸在低落状态里的你,有天壤之别。同为在体育场上获得快乐的我们,应该读得懂球场上每一次命中和劲射、每一次抢断和助攻、每一次胜利与失利、每一次绝杀与翻盘的宽广含义。我们的奋斗旅程,我们的备考过程,就是一场比赛,就是一次决战。无论是四节四十分钟的篮球比赛,还是上下半场九十分钟的足球比赛,临近结束时都是每支球队必争和必保的关键时间。意志坚决者,创造绝杀,比如今年大年初六中国女足最后三分钟绝杀韩国,时隔十六年后再夺亚洲杯冠军,让国人为之沸腾;意志颓唐者,拱手相送胜利果实,如上述比赛里的失利者。

回到我们的高考赛场,最后的 12 天,其实就是上演绝杀和低头认输的分叉路。一路走来,溟冉,你态度端正,积极踏实,持续奋斗,近来的两次考试稍有不如意也是再正常不过的事情。就如今天我告诉你的,周测成绩又重回班级榜首。比赛到了最后,需要的往往是精神和意志加体能的三种力;备考到了最后,需要的也不外乎是精神和意志加自信。即使结果没有预想的完美,但无悔我心就是最好的状态。老师求学,一路走来,跌跌撞撞,从没有一次到达自己心中最完美的境地,但也从没有跌出自己的底线。只要我们每次做好了充分的准备,就尽管沉浸于现实的忙碌之中吧,根本没有时间和精力去打扰正常备考的自己,那么成功也就不会太远了。

今年五四前夕,久不在公开场合露面的莫言先生出现在了视频平台上,致信年轻人:《不被大风吹倒》。先生说到,文学在暗夜给人以光明,在困顿中给人以信心,在悲伤时给人以孤勇,在低落时给人以坚决。九月,你将在自己智慧和学识的加持下,走进象牙塔继续深造,如果可以,老师愿你坐下来,走进阅读,走进文学,在专业之外找到陪伴自己前行的内在精神之基。当你在文学中摸索、探寻到不竭力量的时候,再回首生活中暂时的起伏，你便知道它们在海海人生长途上根本不值得我们夸大，它们只是点缀我们生活的五味。

　　信的最后，老套地摘抄一个句子以赠："意志是自由自在的，人实现了他的意志，也等于实现了他自己，而这种自我实现对个人来说是一种最大的满足。"人本主义哲学家艾瑞克·弗洛姆的这句话或许可以在最艰苦、最难熬、最焦灼、最黯淡、最疲惫、最失落、最动荡、最关键，又最接近胜利的自我斗争中，再一次给我们走向前的巨大勇气，坦途终会在我们面前自然铺展开。剩下的，便是上路启程与出发。

　　纸短情长，言不尽意，搁笔至此，老师再一次祝福你，优秀的小伙子，十八岁生日快乐！决战来兮，逆战，加油！

班主任　刘兆军<br>2022 年 5 月 25 日

# 享受真实生活的力与美

## ——写给汇丰同学

**吾生汇丰：**

　　见字如面，展信快乐。渴望表演的青年，我们期待你的表演很久了。"我们最好的舞台，大幕拉开……人山人海一起喝彩……"小伙子，十八岁生日快乐！

　　如果把时间拉回到2020年的9月1日，五十六名23班新同学在黑板上写下了自己的名字。当时进行了自我介绍和姓名展示，其他人的表现老师已经忘却了，但你的"王江三"老师记忆犹新。不经意间浓墨重彩，细节之处又显神通，你的搞笑式介绍效果久长，在老师这里是发挥了意想不到的"记忆"效果，表演成功。

　　老师久不玩网络游戏，仅有的网游经验或许是几年前的斗地主，但玩了一段时间便感觉索然无味，兴趣也就烟消云散了。老师读研期间，沉迷过游戏《实况足球》，耽误了最宝贵的求知时间，现在想来，后悔不已。前段时间老师读完美国著名心理学家菲利普·津巴多的《雄性衰落》，了解了游戏的关卡密码和背后清晰的学理分析，切中肯綮，直击人性软肋，但当年游戏"当局者迷，旁观者清"的学费，是要在虚度了光阴之后，用现实的代价来支付。

　　"虚拟世界中提供的控制感和可预测性是怎么说也不为过的。在一个前所未有的复杂世界中，清爽简单的虚拟人生是个让人沉醉的世外桃源。"那些不以"未来为导向"的青年，过度地关注着"现实时间的导向"，乐在当下，玩在当下，在自我与游戏共同构筑的虚拟世界里上演逃脱丰富现实的可能美好，镜花水月，泡影虚空。

人终归要回到现实。"粗粝能甘，必是有为之士；纷华不染，方称杰出之人。"只有在糙粝的现实中经历真正的跌宕和起伏，体验快乐与悲伤，才是青春最富有生机处和最富有乐趣处。

你的天赋很高，悟性也很好，需要提高处在于不仅要有壮语豪言，更要苦干硬干。声光电的强烈视听享受必然取代不了艰难掘进时咬牙坚持的不屈意志。可以走进虚拟，只是要把这虚拟当作前行疲惫时限时的休憩而不是长久的沉浸不自拔。当然，如果成为专业玩家，前面的逻辑可以推倒重来。如果有可能，老师也乐于看见你在专业玩家之路上能走出阳光普照的大路。我的学生里还没有出现过以游戏为立身之业的人，如果可能，每一条路都满是风景，虽然那是一条少有人走的路。但一切的前提是心智成熟，无论是思考还是行动，你都离不开勇敢、进取和独立的精神。人生选择可以作为你成年礼时思索的命题，答案自在每个人内心。

当老师看到你在23班第一次见面会上的成功"表演"之后，我看到的第二次成功"表演"是你承担了班长的职责。这次"表演"不是表演，这次是真实。老师经常与你的母亲交流，她更多地让我看见你"表演"的一面，但我看到了你在班长的职责上认真、投入和负责的态度。我们的总结是：判若两人，霄壤之别，居家人对比"社会人"。独处之你和教室之你，居家之你和公众之你，到底哪个是真实？哪个是虚拟？其实，在老师看来，环境的不同让我们看到了每一个你，综合成了在不断变化成长中的你。只要大方向不错，老师愿意在期待中等待你的美好人生表演。

老师观察过，课间你站在走廊，当哨声响起，你会迅速回到教室维持纪律。对于你的认真与负责，你的委屈与担当，同学们都有自己最公正的天平，去认可你的工作，点赞你的付出。"真理的发现或道德责任的完成都会引起我们的欢欣。"这话说出了担当和责任完成后的乐趣所在。

"人生须知负责任的苦处，才能知道有尽责任的乐趣。"梁启超先生的概括也有文化差异下的共同意旨。我们可以把责任的范围理解得狭窄一点儿，在老师看来，你在承担了班级责任的同时，还要把个人成长之责任承担好。集体会因有最美的个体更为美好，集体也会因有最富进取和成长责任的个体凝聚力量。老师最希望看到的，便是你成长为优秀卓越的青年。

在老师保存的23班班级相册里，有一张属于你的过往岁月的照片。照片里，你站在讲台上，手拿班级小微奖学金，动作酷飒，形体舒展，表情里是得到肯定后的满足与丰盈的喜悦。那是只有少年才有的快乐，那是在单纯地为了一个简单的目标拼搏的日子里才能留下的剪影。老师办公桌的抽屉里，还放着你霸气宣言果断放弃的小微奖学金，老师希望看到你在放弃奖赏后的时间见证，这是你将要结束的高中生活一个直截了当的见证物。老师希望你在更为宽广的平台上，无论是展示你的责任还是玩中途休整的游戏，都能在一个有烈火青春的地方体验更有水平与层次的人生，毕竟在荒凉的西部和在北上广打游戏也是不一样的体验啊。况且，你在高三一年所给予大家的细致谨严的服务，老师是期待你能在更大的舞台上发挥它的价值和影响的。新时代的志愿者精神，动人的青春之曲响彻大地，吸引着青年走向充满希望的原野。

信的最后，老套地摘抄一个句子以赠："没有人生活在过去，也没有人生活在未来，现在是生命确实占有的唯一形态。"你的故事在继续，你的表演刚开始，期待看到，将要站在舞台中央"C位"的你。

纸短意长，搁笔至此，决战来兮，卓立峰巅。老师再一次祝福你，优秀的小伙子，十八岁生日快乐！九月，大学见！加油！

班主任　刘兆军
2022年5月25日

# 善不是一种学问，而是一种行动

## ——写给辛杰同学

**吾生辛杰：**

见字如面，展信快乐。赠人玫瑰，手有余香，大度"施舍"，福往福来。在关键时刻能够站出来的大气姑娘，老师祝福你，十八岁生日快乐！

今天早晨，咱们在办公室分发全年级的语文三模优秀作文。为了保证每个班的数量正确，我们进行了反复的检查，查找出问题后，又进行了补充和核准。完成后，你走在所有人的最后，老师没有说话，就像你一直在认真地完成我交给你的任务后，我也没有说话。但今天，老师借助文字的叙述，谈一下感受，说一些期望，帮助你在最后的冲刺阶段，鼓起信心和勇气，战胜挑战，享有你一直坚持着、一直奋斗着的过程之后，理应属于你的美好果实。

老师带的新2019级学生，因为高考改革和选科的要求，能够三年始终相伴的估计为数不多。以我们在的23班为例，五十多人中，能够从高一走来，到如今一直没有分开的学生只有七人，占比不可谓多。在这不多的人之中，能将奉献和服务意识很好地贯穿终始的，在老师看来，只有你了。不论是语文学科任务的安排，还是班内遇到困难，你能够主动挺身而出，老师在你身上看到了一种大气的特质，一种不拘小节的气度。拥有它，比拥有暂时的学业成绩、拥有进步的快乐更为深刻，更为有价值。

老师与同事们聊天，经常提及彼此的个别学生，有的疏于承担自己的班级责任，有的逃避自己应该完成的班级任务。老师铺排了这些，不是刻意让你看到生活的阴暗面，而是在比较的意义上凸显你的美好处和值得赞美处。

三年漫漫高中岁月将逝，遥遥高考梦想成真在即。过去的日子里，老师记得最多的，不是你成绩的起伏，而是在这起伏的背后，你一直坚持着的踏实工作和认真负责的课代表精神，一直葆有的善良和单纯。或许这善良与单纯不能为我们换来成绩数字的飞升，但时光久长，一切最值得被看见的，一切温润的美好品质，终究会被时间看见，也终究会带给我们意想不到的收获。

高二时，我们碰到棘手的宿舍休息环境问题。学校的资源有限，不能满足所有人的需求。折中的办法，只能是有人要做出可接受的让步。没有人愿意迈往人烟稀少的方向。没有人要求，没有人引导，孩子，是你，主动站出来做了第一个勇敢解决问题的人。棘手的问题迎刃而解，焦虑的情况得到舒缓。虽然它不是最好的解决办法，但在资源有限的条件下毕竟是最有效的。高中生活的主线是学习，但在它的身后和遮蔽住的地方，是我们每个人都可能会遇到的生活本身。让步与妥协从不是吃大亏，经年以后，那些被时间证明了的东西，会成为你最好的标签，岁月也一定会赏赐每一个好人。好人有好报，在我看来这绝对是真理。

进入高三后，老师经常忘记去组里了解最新的管理进度，又是富有责任感的你，每每在晚自习回宿舍休息之前，提醒老师明日的安排，布置具体的复习任务。老师想，是不是可以给你冠名为"助教"而不是课代表了？名称的改变，是老师对你的认可、劝勉与喝彩。

平时与同学们聊起来，我们经常回忆起11班同学们的单纯与干脆。回忆的这些要素，其实在每一个老11班人身上都得到传承和涌流。若深究这些美好的特质和要素之来源，大概率是因为大家基本来自南山，那甘洌的山泉和清新的空气滋养过的孩子，身上一定留有南山纯净而简单的人格魅力。魅力与魅力激荡，纯真与纯真触碰，美好与美好相遇，这样的集体值得我们付出自己的才华与价值。

辛杰，你来自南山，如同老师的成长环境，冬日是白雪皑皑，夏夜是星斗满天，初春是百卉萌动，深秋是云淡天高。自然的馈赠尚且能让我们寻觅到事物的美好处和单纯处，人世的厚重与纯朴更能让我们找到比肩的可能。

但行好事，莫问前程；时间无言，如此这般。老师虚长你十八岁，美好处和纯粹处没有你的持久、饱满。你拥有的，老师希望你继续保持，不要担心岁月，时间永远是最好的证人，它会给每一个心存善良的人以岁月的答案。

既然我们已经走上岁月的赛道，我们也不能对单纯的数字视而不见以至于自欺欺人——马上就要面对人生中比较重要的高考决战了，老师期待你能够发挥正常水平，让你的善良与担当能在更大的平台施展和播撒。

两年来，你的学业成绩经历过波动，也陷入过低谷，重回过顶峰。无论它是单调递减还是单调递增，都已成为过去，你面对和直击的，需要你将所学与积累，自信地展示出来，坚定地呈现出来。带着轻松与愉悦，去收获一个心地善良和单纯的高中女生应该得到的果实。满捆满扎，整齐操作，垛起你的城墙，垒起你的剑阁。然后，如同一个女少侠，拿着分数之锤，敲开未来的大门。

信的最后，老套地摘抄一个句子："如果他是个单纯的孩子，那就让他单纯一辈子；如果他是个善良的孩子，那就让他善良一辈子。"这是歌曲《单纯的孩子》里的几句歌词。"善不是一种学问，而是一种行动。"在各种媒介形式上，我们会看到凡人的善举甚至义举，他们没有热血沸腾的口号，没有刻意证明自己的所行，只是在岁月漫长的线性行进中，不言语地做着在他们看来最为普通日常的事情。你也是，从不张扬，从不炫耀，从不欢呼，但是，岁月是最公正的审判者。老师看到了那些和善、温暖的举动，我们甚至可以合理地大胆想象，你的家长，也一定秉持着温良恭俭让的品性，才能在代际传递的日常行动中为孩子埋下平和与节制的种子。凡事包容，凡事忍耐，凡事希望。岁月厚赠善良，时光美好久长。

时间已是凌晨一点，搁笔至此，决战将至。老师再一次祝福你，善良单纯的辛杰同学，十八岁生日快乐！加油！

班主任　刘兆军

2022 年 5 月 25 日

# 逐光远行，便觉生活可爱

## ——写给李浩同学

**吾生李浩：**

见字如面，展信快乐。走遍祖国南北，读于黔津齐鲁的小伙子，十八岁生日快乐！

高考日益临近，时间愈发急促，每个人都在努力奔跑完成自己的征途。每个独立的个体在每个生命阶段，都有需要走的不同的路。作为准大学生、高考冲刺生，你的责任和路径，应该是重耀家族之光，跃入大学之门；老师的追求，是走好教育生涯里的一段不可复制的历程。每个人，每个独特而美好的生命，都在逐光远行，想一想，便觉生活可爱，值得一拼。当劳累困顿的时刻，看一看周边，想一想前程，思一思责任，望一望远方，自己的肩头背着的，不只有个体的一己之利，还关系着社会与家国。作为青春沸腾、梦想不息的我们，无不又升腾起奋斗的力量，无不又呐喊出心底的祈望。

昨天老师走在书卷雕塑旁的高树下，忽然对三座教学楼之间的地理位置关系产生了整体感的联想。入北门，右拐，迈进高一；折而东南，走向高二；继之西南，升入高三。在曲折变化的路径转向和脚步踏实的前移行进之中，我们跌跌撞撞，摸爬滚打，一路茁壮成长。脚下的路是贴近大地的，自我个体的成长与成熟，集体生命的丰富与激荡，过去、现在、未来的连接与走向，是否也如同三个位置上的教学楼，在指引着我们不断克服自我、突破自我，然后在奋进的歌谣中一路大胆阔步地前行呢？

高树无言，只有天空的流云与它呼应；大地无声，只有枝头的鸟鸣同它回响；建筑有形，又有青春学子和它共写历史。从十五岁的金秋，到十八岁的盛夏，一千多个日夜倏忽而过，就要走到检阅场的尽头，你是否也感叹，当年满以为大把的日子，即将在岁月静流中结束？我们当用何种仪式为自己最值得铭记的三年作结？我们当在祖国版图的何处安放自己更为自由和丰富的青春？答案从不固定，所望皆是美好。

一千多个日夜里的三分之二我们始终相伴。且不去想结果如何，但有件事需要画下重点。作为23班的体育委员，你是辛苦的班级服务者，有理由成为23班的历史上被大家记住的重要人物。前几天，老师们制定了历城一中团员发展实施细则，把体育委员设为重要班干部进行了分数上的肯定。原因无他，辛苦的人值得被认可，被鼓励，被肯定。两年来，田径场、文华广场，都激荡着你的口号声。一千多米的总距离，能跑下来已经是达到运动标准了；喊着班训，激昂呼号，调整队列，你做到的已经是超越标准很多。奉献和服务，志愿与付出，是这个时代应当被赞美的精神，是这个时代应当被看见的价值。你，默默做了两年。

十二年前，研究生毕业前的实习期间，老师曾在某知名保险公司全国组训班上担任过一天的体育委员。步伐调整和理顺，士气引领和提升，核心和出发点都在于指挥者，在于带队人。一个人吸引一群人，一个人激发一伙人，一个人推动一帮人——这个人，便是这个团队此时最重要的一人。精神风貌、战斗姿态、队列排面、底蕴内涵，都需要这个手臂一挥、云集响应的关键一人。你，就是我们23班在基本展示面上的核心一人。认可自己的作用，挖潜自己的价值，才能把事做好，才能把活做细。老师说的修饰性词语，不是夸大其词的伪饰，不是超越事实的虚假，而是当你用心去做事、用心去学习、用心去成长的时候，你便会切实体悟到生活中那些隐藏在表面之下的价值，领会生活、学习中前行和进步的意义。

三年高中生活枯燥、乏味，这是一种理解；三年成长历程充实、美丽，这是一种蜕变。记得高二时，老师和你在五楼的走廊处有一次交谈，大致内容是希望一米八多的帅小伙有帅气的表现和帅气的前途、帅气的未来。帅气何来？来自帅气的付出和帅气的实践，更来自帅气的坚持和帅气的持续。进一步理解，真正的帅气便是在最关键的时期做最正确的事情，在最紧要的关头付出最扎实的努力。11天之后，你将迎来塑造更为帅气的人生的机会。在高考考场，你将用在勤苦中积累的学识去接受祖国的检阅，赢得未来的幸福，造福国家与社会。老师相信你，结果注定美好，梦想一定抵达。老师相信你的原因，是在平日的学习和生活中，你已经展现出了负责任的态度，无论是关于个体之成长，还是集体之凝聚。

去年秋季运动会，作为每年学校重大体育赛事中23班的主要组织者和服务者，李浩同学前前后后事无巨细，在赛场和助威场都展现出了一个优秀团队中优秀体育委员的素质和修养，团结精神和集体观念。记得那次运动会期间，当时我在一楼值班室休息，你走进来找到我，向我讲述运动场上不那么和谐的一个细节。老师当时安慰了你，并提出了将问题软化处理的对策。当时我在准备一个比赛，没有提出对你的口头表扬，总觉不如记录下这重要的一幕更加郑重和富有重量。今天，借十八岁大任始承之际，老师旧事重提，既是对当时我之所见你的美好品质的认可，又意在鼓励你坚持集体观念，加码表扬付出与奉献的美好价值。老师希望你于今年的秋天，走进荡漾着青春气息的大学校园，继续感悟奉献的美好，享受青春年华。大学之美，不仅只在校园，更在晨曦，在傍晚，每一段青春时光都值得度过，每一次机会都值得把握。请大胆走向自己的锦绣前程吧！"逐梦、芳华、奋斗、担当、绽放"，这是过去五年每一级的毕业生在书卷雕塑石刻上镌刻下的属于一个集体的特质和永恒印记。如今2019级即将到达站点，作为被老师寄予期望的你，该为自己的高中留下什么，还要在继续奋斗中思索。

信的最后，老套地摘抄一个句子："每一个人都应该有这样的信心，人所能负的责任，我必能负；人所不能负的责任，我亦能负。如此，你才能磨炼自己，求得更高的知识而进入更高的境界。"未来已来，青春正炽，在奔跑中追逐，在挺进中昂首，于收获里作结。

纸短情长，言不尽意，搁笔至此。决战将启，猛士往兮，志在梦圆，得所愿兮！老师再一次祝福你，优秀的小伙子，十八岁生日快乐！

班主任　刘兆军<br>2022年5月26日

# 无情未必真豪杰

## ——写给陈喆同学

**吾生陈喆：**

见字如面，展信快乐。懂感恩，知尊卑，心有数，行有格的小伙子，十八岁生日快乐！

老师关注你很久了！高二时，2021年的元旦前后，有一件小事，让老师印象深刻。当时的你，每次见到我，都问候"老师好"。我们平时的教育环境里，大多数同学面对班主任总是惴惴不安，紧张局促，这或许是班级管理者与学生之间难以调和的矛盾：班主任太过松弛，同学们则过于放松；班主任过于严厉，又好似不近人情。在界限与度的平衡之间，想要寻找一种两者兼得的方法，又大多受限于班级同学的个性和班级整体的风格。唯有平和的姿态和友好的交往，才能在一定程度上化解一部分师生关系的难题。适时地装出威严，骨子里情怀为先，老师也一直在摸索，一直在成长。

在众多"害怕"班主任的学生中，你安静沉稳、谦虚有礼，这件小事让老师对你颇为认同。彼时的你，在新的环境默默成长，在新的集体慢慢发力，进步的跃升和成绩的提高，谦逊的品行和踏实的作风，又让老师看到了你愈发光明的未来。大部分时间里，你不急不躁，纪律和规则底线清晰明确，老师甚至可以大胆地预测，性格良好的你一定来自温和的家庭。为了验证高二之你与高一之你的对比，为了确证老师对你的判断有现实的根基，我去找来了高一的历史记录，看到了你进入高二后巨大的进步，从而坚定了老师对你寄托希望之心。

十多天后，老师两年来对你的希望和期待变成完全真实的时刻就要来了。高考决战的价值及其之于一生的重要性，我们不必过多提前担忧，我们喜欢它或厌恶它，都不改其存在的状态，它就在那里。但我们必须在沉沉的心底为自己廓清最为理智的对待它的态度与思路，那就是"自信人生二百年，会当水击三千里"。我们过往的付出和努力，我们往昔的进取和积累，我们回忆的挣扎与焦灼，我们过去的汗水和拼搏，无不在我们这接近成功的时刻，再一次激荡起我们满满的斗志，再一次张扬起前行的风帆。此去必折桂，前往定摘星。陈喆同学，相信自己，便是相信结果。这美好的向往图景，是老师两年来对你最真实的期待，也是最接地气的期望。

当然，在过程中你也有过懈怠，有过偷懒的时刻，老师全感知得到。因为，前人有太多惨痛的教训为我们不断地诠释着一个求学人的常见状态：我本可以。我本可以忍耐枯燥，我本可以端坐书旁，我本可以去往远方，我本可以改写历史……可是，当时光急促不等人，当青春一去不复回，多少有可能的美好人生委顿，多少有潜质的大好青春黯淡，多少有希望的潇洒青年沉沦，究其原因，无他，"出来混终归要还的"。这句略显江湖气的解释，老师喜欢，因为最直白的原因胜过掩饰，最简单的总结振聋发聩。老师写下这些语句和文字，主要是为了展示我们生活的朴素常识和真理，来警醒我们的当下和未来。在辛苦和劳累想放弃的时刻，预想一下不努力会得到的伤感结尾，这样的警示或许会给我们一些鞭策与提醒。

前几天的成人礼上，在"爱·家书"环节，你眼含热泪，低头沉思，触动心弦的家庭关爱在人生重要的时刻充分显现。我们总说"男儿有泪不轻弹"，但我们又说"无情未必真豪杰"，你被家信感动，老师被你的真实感动。希望当时我按下的快门没有打扰你的情绪，只愿它能帮你记下在场的情感与生命真实，为未来的你保存一份珍贵的档案。老师记得读高中时，平时我们羞于对父母谈爱、谈感动、谈责任、谈反哺，但有时会有"我的父亲/母亲"之类的周记作文，这样的作文便为我们的情绪宣泄提供了一个合理疏导的机会。记忆里，当时写父亲母亲，文字行走在纸页上，总把自己的灵魂震荡一次，总让自己的眼圈暗含热泪，那些单纯的、简单的、本真的、生命的自我感动和自我挖掘，既让自己一次次体会父母的辛酸，又给了自己一次次重整旗鼓的力量。"哀哀父母，生我劬劳。……父兮生我，母兮鞠我。抚我畜我，长我育我。顾我复我，出入腹我。"平日乱腾腾的时候，我们很难倾听自己的内心；特殊时刻借助文字的表达，我们会进入场景，体会父母之艰辛。没有什么力量比自己寻得的力量更有力，没有什么鼓动比内心的鼓动更热烈，没有什么认识比灵魂的认识更持久。借助周记作文，当时的我，获得了长辈说教和指导之外的镇定和清醒，在不经意的时刻，得以继续前行，改写了一个山村少年的一段时光。

因为疫情影响，老师与家长见面的机会不多，对你的家庭不是很了解。现在已过零点，一个多小时之前，我在你母亲的朋友圈看到你的弟弟举着可爱的小手，展示着彩色的指甲，活泼可爱。生活忙碌，可以想见你的父母也是每日辛劳。老师是一个育儿经验不多的"老父亲"，但俩娃的生活，说充实是修饰，说鸡飞狗跳才是真实。作家刘震云在小说《一地鸡毛》里曾经描述过生活的琐碎和烦恼。你是南山的孩子，天然拥有着山的稳重和水的灵性，老师希望你懂得儿子的责任和大哥的责任。大哥之大，不仅在年龄，更在引领，成为弟弟的"骄傲大哥"，应该是你的青春课题。老师出身乡野，也是山里的孩子，所以老师亦希望你努力拼搏，实现人生的跨越，享有轻松人生和成长可能。老师觉得，你的父母应该会赞同老师的这些浅陋观点。

信的最后，老套地摘抄一个句子："幸运的不是始终去做你所希望做的事，而是始终希望达到你所做的事情的目的。"唯愿你用盛夏的功成书写未来人生奇迹的开始，唯愿你以满意的结果致敬过去青葱的岁月！加油！

纸短情长，言不尽意，决战已至，搁笔至此，佳音属你，希望永继。老师再一次祝福你，前途无量的小伙子，十八岁生日快乐！

班主任　刘兆军

2022 年 5 月 27 日

# 男儿若遂栋梁志，拂晓宁与读书灯

## ——写给书宁同学

**吾生书宁：**

见字如面，展信快乐。一直在希望、一直在努力、一直不放弃、一直有超越的小伙子，老师祝福你，十八岁生日快乐！

"人的本质在其现实性上是一切社会关系的总和。"这是马克思在《关于费尔巴哈的提纲》一文中从科学的实践观出发阐明的唯物史观关于人的本质的基本观点。

老师甚至没有想明白，自己这封祝福信的逻辑起点，为什么在为你书写这份鼓励和寄语时会冒出这个无厘头的联想。简单的联系是不用逻辑的，直接的关联是不需语言的。是的，这份简单和直接，便是因为那莫大的缘分——你与我的侄子之间的初中同学关系。老师看到你，总联想起侄子天乐的成长，于是老师便单纯地希望，你能为自己在一中求学的时光史画上一个圆满的句号。这既是对家长、老师期待与希望的回馈，更是为自己的未来埋下最基础的根系，预设美丽人生的伏笔。

"父母之爱子，则为之计深远。"老师看着你，便如看着我的侄子，如看着我自己的孩子，希望他活泼健康成长，希望他拥有灿烂光亮的明天。佛语中讲，前世五百次的回眸，才换来今世的擦身而过。且不论这句是否是真正的原典，只论济南城近千万人中，偏偏我们成为师生，还带有你和我的侄子同所初中的渊源，便更值得我们珍视了。故而老师喜悦着你的进步，焦虑着你的起伏，把对侄子的情感间接地投射到了你的身上。目光所聚，洞照千里。两年来，你朴拙勤实，用功用力，进步明显，未来可期。我去教务老师那里要来你的高一历史档案，可以看出你在上扬曲线上的逐步成长。

平时，我们师生交流不少。老师读出了你对遥远前路的渴望，但偶尔又感知到你的犹疑。须知，每一分进步、每一次攀登、每一次突破，都是无数次蓄积之后的喷薄而出。没有那些不被人看见的忧伤，怎能获得被人看见的喜悦？没有那些前进之途上的困惑，怎会有意气风发时不可阻挡的璀璨？余华在《活着》中写道："活着，在我们语言中充满力量。它的力量不是来自喊叫，也不是进攻，而是忍受。"扶持和帮助过贝多芬的书商辛姆洛克说："忍耐之草是苦的，但最终会结出甘甜而柔软的果实。"这里的"忍受"与"忍耐"，不是要求我们面对非正义与不公平忍气吞声，也不是"人为刀俎，我为鱼肉"而被任意宰割，而是面对任务与挑战，面对生活的困顿与黯淡，面对成长的必要过程，面对马上获得的成功与锦簇，我们能否一如既往地保持行进的步伐，维持体面坚定的气派。记忆里，你向我诉说进步提升之路漫长、发奋之效难见、苦学之功难持，在这些怀疑与犹豫的小困难面前，你是以月为衡量尺度的。但人世间的一切进步与提高，哪怕只是微小的进步，甚至也需要长年累月的付出，需要旷日持久的功力，需要经久不息的磨炼。当我们在这个意义之上，去度量自己下的功夫，去计算投入产出的比率，才能在忍耐寂寞之光阴中守得云开月明，等到风雨彩虹。

《燕山夜话·涵养》中说："君子忍人所不能忍，容人所不能容，处人所不能处。"便是说我们在求取自己的学问之路上，寂寞的光阴有多深厚，绚丽的终点便有多出色；无人喝彩的独行路途有多遥远，花团锦簇的征途便有多辽阔；沉潜发力的过程有多漫长，喷薄而出的蜕变便有多夺目。享受"C位"的喝彩，必先忍耐配角的不起眼；享有胜利的荣光，定要通过挫折的荆棘丛。理解、懂得并深刻地经受过学习的磨难，在培植坚毅心态的过程中养成临困境面不改色、心不动摇、智不犹疑的静气和定力，以"泰山崩于前而色不变，麋鹿兴于左而目不瞬"的坚守，为学未有不成，为人未有不立，这才是书宁面对考前的历练和复习备考的艰难，需要去做然后定能功成在己的。

"大部分人的努力程度之低，根本就轮不到拼天赋。"现在的网友脑洞很大，但所说之语仔细想想又正确无比。高中像筛子，我们不能完全认定高考之于一个人的未来人生有决定性意义与价值，但从中构建和培植的能力和品质、素质与素养却能帮你渡险滩、过江河。在构建核心素养的过程中，能努力到什么程度，能努力多久，是关键的考核指标。天赋固然重要，但离了勤学、苦练，再优质的胚苗也不能参天，再有潜质的庄稼也不能成熟。这样想来，便不觉勤奋痛苦，也不再怀疑坚持。"天才就是勤奋，曾经有人这样说过。如果这话不完全正确，那至少在很大程度上是正确的。"卡尔·李卜克内西的概括估计也是这个意思。

两年来，你也在朝着这个方向，对着这片高地不断发出青春的总攻。这几天温度飙升，有点儿夏天的味道了，高考期间熟悉的夏日天气的味道与样子。自2003年，老师参加高考的那一年起，我对每个6月都充满了期待。每年的6月，拔节孕穗期的麦穗成熟了，"以优雅姿势去摸爬滚打，以先锋之姿去奋斗拼搏"。初夏的6月，充满了期待，充满了可能。今天距离你的梦圆还有11天，这是接近梦想的时刻，更是需要忍耐和坚持到底的时刻。为山九仞，功成一篑；事贵善始，尤当善终。越是最后的最后，越需常态处之；越是接近的接近，越要镇定从容。11天后，你将和天乐，和全省的50多万名青春人走进共同的考场，写下青春的答卷，争取每一个独特之我的光华未来。启程时刻，期待满满；梦圆之时，青春涌流。这几天，一中的毕业生正在全国各地、五湖四海、异域他国寄来对你们深情的祝福，发来对母校的怀恋感恩。他们的过往是你们的今天，你们的明天定能胜于他们的今天。书宁，跨马前行，一路顺风！

信的最后，老套地摘抄一个句子："文化的价值在于它对人类品性的影响。除非文化能使品性变为高尚、有力。文化的作用在于裨益人生，它的目标不是美，而是善。"你在成人礼上致父母的回信，老师看后很感动。一个被文化和情感浸润了的青年，理应得到最美的报偿，理应收获最心仪的结果。最后的最后，想拜托你：你的名字那么好听（男儿若有栋梁志，拂晓宁与读书灯），一定要出现在心仪学校的录取通知书上啊！

纸短情长，言不尽意。决战来兮，搁笔至此，孤勇加持，如所望兮！今天是假期，回家休整蓄力，回校一举夺魁。老师再一次祝福你，优秀的小伙子，十八岁生日快乐！

班主任　刘兆军

2022 年 5 月 27 日

# 聚焦远处山峰，踏上希望旅途

## ——写给定坤同学

**吾生定坤：**

  见字如面，展信快乐。一直很安静、一直很善良、一直很有担当、一直很内秀的定坤同学，十八岁生日快乐！

  济南的东部，是这个城市的新发展引擎。鳞次栉比的高楼和霓虹闪烁的街道，构成了这个城市地上的星河。流光溢彩，繁华尽显。自这个城市最有活力的东部来的你，天然地带有了东部地域上的某些特点，也天然地具有来自东方的人的幽默与良善。东方，一直是朝气蓬勃的方向，无论是自然之理的宇宙事实，还是我们语词的所指内涵，只要说起"东边"，人们便自然而然地对源于东方的人和事物带有期待的心情。老师对来自东边的你的期待与希望亦如是。

  于是，面对给你书写的祝福，老师决定采取一种现实主义的而不是典型的浪漫主义抒情笔调的写法，在历史中发现来路，在现实中走好当下，在未来中求得方向。

  老师的家，在济南的西之又西，地域的限制和经历的匮乏，让老师对济南之东一直缺乏了解，又一贯囿于自身认识的局限，或曰"没有行万里路，便不足以谈人生"，更不能谈东方。但你来到23班，带来东边人的灵动气息。活泼的生命个体开始让老师逐渐地走出地域的盲区，去观看每一种可能的人生，去了解每一个生命背后那些好玩而又真实的故事，去感知和发现一方水土到底是如何养一方人的。

这封祝福信是老师从你身上，在老师与你家长有限的交流中，揣摩到的一点儿东西。为你即将面临的机会与挑战，带去信心，鼓舞勇气，鼓励你迈开步伐，大步流星，去找属于你自己的可能之路。人生充满着期待，路途延伸到未来，老师希望你拥有最好的安排和美好的未来。

为了叙述方便，我们一起来回忆几件小事。

信的开头，老师说要从现实主义的角度进行我们的对话，但老师又担心提到成绩，或许对你是难言的隐痛。可高考录取的分数线从不遮掩，也从不假装，故而老师又为自己找到了叙述的逻辑和支撑自己接下来讲述和唠叨的依据。临别赠言，临战寄语。老师觉得定坤你能理解老师与你家长对你的期待和希望是相通的。我们师生二人平日性格多有相似之处：少言语。虽然有人常对老师说"兆军，别谦虚了，过度谦虚就是骄傲的表现"，但老师对自己有理智的自知。讲台之上，因责任和要求，必须要努力地表达；课间和闲暇，老师更多愿意做一个倾听者，而非倾诉者。

通过我们师生之间的几次交流，老师了解了你的一些成长信息，并在了解的过程中，佐证了几次事实的证据。你以指标生的身份来到南山，从喧腾的东方走进闹中取静的南山。你高一的经历老师没有参与，没有一手资料的来源，便只说高二几次小事，可以窥见一些老师之所以确信你将会拥有未来无限可能的端倪。班里的公用手机，因为同学们使用频率高但话费套餐有限，这之间有着难以平衡的矛盾，隔段时间老师便会看看短信提醒，是否需要继续充值。"我不需要送衣服，我有一身浩然正气。"带你们的这两年，其他事情老师可能会忘记，但你回复给母亲的这条短信，老师是永远不会忘记了。这条改写老师对你固定印象的短信，巧合一般出现在老师的班主任故事里，它让老师感知到了生活的幽默。能在劳累和疲惫的复习备考过程中，用如此幽默和智慧的方式与父母交流的人，我们理应看到他的精彩未来。

老师平日工作繁忙，有时身心俱疲，生活中的幽默之语和幽默之行基本绝迹。回想自己无知的初中年代，老师也是特别乐观、特别欢乐的一个人。不知为什么，走着走着就把生活中这最具韵味的东西丢了。日常中，人们也经常习惯于在外人面前展现幽默，在亲人面前反而会自缚住性格的多种可能。可是，定坤你能与母亲快乐地交流，幽默地回应，老师羡慕并向往这种生活的美好细节。身不能至，心向往之。一个拥有幽默心态的年轻人，一定是能够用自己的智慧去处理世间万事，也能够用幽默轻松的心态去度过生活的困顿和错愕。这是一门学问，不可学，没章法，或者说"没道理"。拥有它，是多么幸福的一件事情。老师希望你保持这份内在的幽默感，不要丢失，不要磨损，常用常新。

4月的成人仪式中，你的母亲发来了对你的祝福。老师便在祝福家信里得到了你幽默处理问题的家庭教育的来处。儿时照片上的你，可爱极了，一旁你的母亲与你的可爱处相同。由此，也可以推测你的家风，定是平等、和谐、温暖、轻松的。多少人羡慕不及的东西，你能拥有；万物都在眷顾你，你当何为？希望老师的追问，可以让你去思考未来路途的走法，去想一想前行的方向。

你在一中的三年间，老师感觉到你遇到了很多学习上的瓶颈与困难，艰险与挑战，这些体验，皆因自己的过去。没有人想复制糟糕的历史体验，老师相信你也不想让它在你未来的人生里重演。可以把那些糟糕的体验当作对自己的警诫，警示惰性和放松时的自己——老师常用此法，有相当的效力。为了寻找的可能，我们一起去奋勉。

九天后，你就要借由三年的光阴去踏入另一个人生阶段了。去往哪里，都不是问题，问题是去了后该如何。你母亲写过，"你一直都是一个听话懂事的孩子，也就是别人口中的'别人家的孩子'，也确实从小到大，让我省了不少心。其实妈妈心中也有'别人家的孩子'，但是我始终相信你才是最棒的。你说过你是黑马，那就拿出你的实力和魄力，给自己交一份满意的答卷！7月，你的名字一定要出现在你心仪大学的录取通知书上。最后，我要郑重地夸一下我自己：刘定坤妈妈，你太会生了"。成人仪式上你母亲的家书,温情中饱含幽默。你的母亲真实地流露出了自己对你的情感。真实最有力量,真实最打动人心。我们都不喜欢被家长拿着我们与别人对比,可生活往往又是冰冷直白的,不拐弯抹角的。例如,上学时,你的成绩;招聘时,你的简历;婚嫁时,你的条件。生活最现实处,也是最直白处。所以,老师希望你,为了不悔的青春,你要去战斗。未来很长,长到我们可以努力完成一些事情。老师资质平平,天赋一般,无论做学生还是走上工作岗位,节奏总是比别人慢一拍。可老师最大的收获,是慢不可馁,勤一定行。一路走来,跌跌撞撞,没有落下。

现在是29日凌晨,阳台外有省道103传来清晰的汽车轮胎噪音,近处村落里有偶尔的犬吠,窗外是初夏的晚风,从纱窗凉凉地吹进来。为了完成对你的祝福,在凌晨无人看见处,老师用自我的实践来为你证明:唯一不错的事情,就是敢想敢拼。临行前夜,言不尽意,此战志满,望你卓立自己青春的峰巅,回首往事可以不悔。当你拥有了这样的内心,便无论什么结果,都是美好,都是安排。

信的最后,老套地摘抄一个句子:"当你聚焦于远处的山峰时,山谷就会成为写满希望的旅程。"希望东方来的小伙子如蓬勃朝日,时空俱新。

纸短情长,搁笔至此。大幕将启,猛士往兮,得所愿兮!老师再一次祝福你,优秀的小伙子,十八岁生日快乐!

班主任　刘兆军

2022 年 5 月 29 日

# 从生活的无字之书中，获取奋进的力量

——写给星松同学

**吾生星松：**

见字如面，展信快乐。渴望人生出彩、梦想多姿的小伙子，十八岁生日快乐！

现在是晚间的第四节自习，你坐在老师的前面，我们真的成了前后桌的师生关系。这也能让老师如此近距离地观察你，猜测并想象你在过程中的每一次发力，每一次进击，甚至每一次犹疑和每一次徘徊。无论是怎样的你，老师对你的祝福和希望，却总是简单而坚定：希望星松有美丽人生，希望星松有美好前程。这个始终如一的祝福，可以隐藏起来，但心灵的呼应、感受是认识它唯一的道路与可能。如果你能读解到，唯愿你可以把它变成现实的样貌。

2020年8月末早秋的那个深夜，我在姓名的想象中，期待、等待、盼望着23班学生的到来。其中，你的高一成长的历史，老师不曾参与，高二开始的剩余时光我们一路在磕磕绊绊跌跌撞撞互助互长中走到现在。已经记不清是什么缘由了，我与你的父亲在锦绣楼一楼见面相识。他舟车劳顿风尘仆仆地从临沂赶来，我们共同寻找一个帮助你未来走得更好的方法。见面的时间很短，大家都要在自己的岗位上负起自己的责任，你的父亲急忙返程，老师接着去处理其他事情。当我们都为了一个孩子的未来更美好走到共同的战线时，你会发现这种关系的魅力和魔力，这种沟通交流的期待与希望。

前几天，老师在一个网站上看到省市优质课评比的结果公示，你毕业的初中学校有多位老师取得优异成绩。老师钦佩他们的专业精神，静赞他们的价值追求。一想到你可能就是这些优秀老师的学生，曾经受教于优秀的他们，老师便觉这就是我们日常的真实。

后来，你的父亲经常在微信上向我了解你的成长情况。翻看聊天记录，可以看到他对你关心与期待中的眷眷深情。你父亲的工作性质，因为行业的不同，老师不清楚、不了解。但身在异地，能为了孩子短时间内往返的，老师第一次遇到。所以那天你父亲急忙返程，老师在得知情况后感觉有些过意不去。但老师在家也是父亲，从一个父亲的角度去想时，便又能体会其中的深情了。

老师出身乡野。在我童年时，为了生活，父亲经常外出打工，有时很久才能回家一次。年少无知的我对生活辛酸处不能全盘了解，甚至认为那是一个家庭和个人的宿命。随着年龄增长，我越来越理解父亲的牺牲和不易。大学毕业后，在等待去读研的那个暑假，为了减轻家里的负担，不再因为自己的求学理想去拖累家人，老师去了一个建筑工地，在长久的体力劳动和难挨的时光中，理解了劳动者的寂寞和坚韧，动力和责任。如果要问，是什么给了老师用激情和热情去拥抱未知世界的斗志，或许，就是生活本身吧。

所以，我们应该深沉地感谢时代，热烈地追求未来。你的父亲对你期望的，也是所有父亲期望自己孩子的。在家长眼里，你们非常优秀非常懂事非常美好，可是生活中总会有那么一刻，父母希望你成为"别人家的孩子"。但父母往往善于隐藏这种情感，或许在一个歇斯底里、暴跳如雷的时刻，才会表现出来。我们读懂父母，应该从读解生活开始。星松，你很聪明，即使有偶尔的顽皮，也是符合年龄规律的。但十八岁要到来了，老师反而希望你"老成"一些，从生活的无字之书里，获取催人奋进的力量，从生活的酸甜苦辣中，打捞一些沉静踏实的勇气，去实现你自己心目中的那个你。

记得有一段时间，你提起过你的母亲身体不好。家有一双儿女，一个母亲，如果没有父亲保姆式的育儿方式，她会承担大部分的家庭育儿责任。老师的龙凤胎来到这个美丽的世界后，我曾经信誓旦旦斩钉截铁"洗心革面"地高呼我要做"家庭妇男"，但理想遥远，现实骨感，你的师母反而成了最累的那一个。老师相信，你的母亲情况大致也会是这样。

除了长子身份，你在家里还是大哥。一个家庭里，长子是一个充满责任感的名词；长兄，是一个提供安全感的称呼。你的妹妹，也会在你曾就读的小学初中完成她的义务教育，当她向同学们聊起你时，我们应该怎样把你变成为妹妹口中的骄傲大哥？

多年以前，老师在乡下的理发店理发，排队等待的时候，附近村子里的一位大爷聊起他家里的几个孩子全部上了大学的家常。那时，老师还是个孩子，对于"大学"一词有崇高的想象，在一次乡间聊家常的朦胧指引下，觉着世间美好的事情不过如此。几兄妹也许生活不易，但未来可期。这其中，大哥的领航人角色至关重要。带头大哥，带什么头，如何带头，带向哪里，方向对否，对家族来说很关键，对个人也很重要。老师没有亲兄妹，最亲近的是叔叔家的堂妹。家里孩子少，便觉在妹妹面前自己应该有大哥的样子。我们经常互相交流，沟通成长，她跻身名校，超越我这个老大哥，是最值得讲述的事情。

那天在操场上，我开玩笑地对你说："星松，什么时候来挑战我？"不论答案是什么，老师唯一的期待依然是青出于蓝而胜于蓝。你会拥有属于你自己的美好未来，愿你珍惜当下，愿你读懂生活，愿你未来可期，愿你展翅高飞。小伙子，在实干中出彩，在苦干中长力，一切甘甜，都来自水与石的相击，都源于苦与痛的磨砺，都发轫在生生不息的热爱和真真实实的努力中。加油！

　　信的最后，老套地摘抄一个句子："如果容许我再过一次人生，我愿意重复我的生活。因为，我向来就不后悔过去。"愿生活厚赠勤苦努力的我们。

　　老师再一次祝福你，优秀的小伙子，十八岁生日快乐！

班主任　刘兆军<br>2022 年 5 月 30 日

# 决心甚伟，丰富可能

## ——写给镇钰同学

**吾生镇钰：**

见字如面，展信快乐。向往心灵自由、渴望未来坦途、梦想振翅高飞的小伙子，十八岁生日快乐！

现在是5月30日下午的物理课，窗外的白鹭在卉木萋萋间翱翔，自由而空灵，洒脱而浪漫，在初夏的阳光里，忽而隐藏于树间，忽而出现在我们的眼前。当我们去注目这飞翔身姿的背景，可以清楚地看到我们曾经停驻的高一教学楼。红瓦绿树，远山静矗，夏风摇动着叶子，阳光眷顾着土地。土地之上，楼宇之间，匆忙的人在操持着属于自己的生活。土里淘金，书里寻宝。物理老师在讲台上，为同学们做着题目之外的引导和人生的告诫，劝勉大家理性地对待考前这最为关键的几天。"匍匐了一千多个日夜，为了猎物聚精会神，最后需要致命一击时，你大摇大摆地走出等待了数年的筹备，然后傻呵呵地看着猎物逃之夭夭。最后的几天便是致命的一击，我们更应该稳住。"物理老师的深情，融化在质朴的比喻和通俗的讲解中，带给同学们一些人生的思考。老师坐在教室的角落，也被物理老师理性思路吸引，细想并复盘着自己所经历的每次考试与挑战，亦觉最最关键处是最后，最最可能处也是最后，最最希望处亦为最后。"为求一字稳，耐得半宵寒。"

从现在时的"最关键处"回望，我们可以看清来路与归途。老师在电脑文件里查找了老11班的一些资料，影像的记录最能勾起人们的回忆，借助图像我们可以准确地抵达历史的现场。在 2019 年 11 月 14 日班级颁奖礼的影像记录里，有一张你的出彩照片；在 2019 年 12 月 31 日的班级照片里，你坐在教室的"黄金座位"上，摆出经典的"V"字手型，露出喜悦和开心的笑容，一切都是岁月值得、一切都是未来可期的精神十足的样子。少年的笑容，少年的表情，少年的心境，少年的状态，少年的光亮……我们在历史的图像里触摸到了曾经的温度和过去的脉络，分明而疏朗。

回首往昔，并不是用往昔的繁华来凸显单调的现在，也不是让多姿多彩的旧时光来反衬当下现实的苍白，我们只是要在个人成长的轨迹中看清来路，在源头处寻找到现在的突围可能。镇钰，你是一个有自我人生主见的孩子，无论是关键处的路径方向选择，还是重要岔路口的衡量取舍，岿然不动处，宠辱不惊时，即使成人世界用所谓过来人的经验给你提供可能的参照，也不改你对自己的坚定。这是生命的一种执着，也是冷静权衡比较的魅力。只要你能顺应自我内在的真实，去选择一种可能到达的人生，老师都尊重你的想法，并期待你在经过深思熟虑后的决定，都能到达你最初的想象，抵达宽广生命河流的彼岸。老师希望你，在竞争激烈的现实里，可以建构起值得自己托付和依靠的大厦根基，只要决心甚伟，未来的丰富形态将会是多种可能的显现。

在这里老师想重点提一下 11 月 14 日的照片，这是你与几名同学的一张合影，照片中你站在大家的中间，脸上是迷人的微笑。不知你是否还记得，你的手里端着一个粉笔盒，就是这么一个简单的道具，让这张照片呈现出一种与其他照片完全不一样的风格和形式。在一个略显庄重的场合，却能够展现出轻松自如的心态的孩子，我们理应对他抱有来日方长的希冀。其实，老师还能读解出的是，在那个时间段，面对繁重的学业任务和压力，你的状态应该是上扬的，你的心情应该是轻松的。老师的希望简单而明确，希望你现在也能拥有彼时愉悦而淡定的心境，去直面即将到来的挑战。

进入高二后，由于多种因素叠加，你在学业上遇到了相当大的挑战。老师看到了你的努力，也看到了你在坚定和犹疑之间的挣扎。在批评和自我批评的主题班会上，你曾经做过一次极致的概述。不论那个判断是你对自己的奋激之语还是面对现实的一种徘徊式的脱离，我们都可以在你运用反复手法造成的语词里，看见一个少年轻松背后的复杂心境。

少年时，我们在求知过程中遇到和经历的事情，是有专属阶段的年龄属性的。随着年岁日长，生命和生活中的遇见，将会更复杂，有的会更艰难。前途漫长，老师希望你能循着坚定的自我可能，不惧怕每一个当下所遇，因为，唯有直面它，并践行它，才会有解决的可能，才能看到前方的光亮。在这个过程中，要与自我的惰性、自我的错误、自我的盲目，做理性和智慧的斗争，然后直面你的未来想象，或许才有一些到达和成功的可能，否则，是一点儿辙也没有的。简言之，没有做，没有思，便没有果，没有解。未来万事不简单，亦不轻松，你要有清醒的认识。

老师与你的家人在高中三年的时间里，见面和交流的次数与其他同学的家长一样，是有限的。我们只能通过微信、电话的方式互相交流你在学校的成长和进步，沟通你遇到的困难和取得的成绩。还在高一楼的老教室时，老师记得，某一个晚上，学校的一位老师专门找到我了解你的成长情况，顺便带来家人对你的关心。老师想，在众多的学生中间，能够被老师专门寻来、熟悉进步情况的青年，是一个有福分的青年。老师为什么会有这样的观点？可以从老师的高中成长经历中得到些证明和注解。老师在县城就读高中时，曾经得到一个远房表嫂的关照，困厄之中，得到很多实际的帮助和精神的引导。可以说，高二以后的两年，我的成长很大程度上得益于这个表嫂的鼓励和帮助。

三年来，老师两次与你的姑姑在家长会上长谈，我们好像还刷新了老师工作以来家长会的时间新纪录。每次你的姑姑都认真耐心地等到最后，老师从她的眼睛里发现了亲人对你的期待和希望。所以，当你疲倦困顿的时候，不妨想一想背后的亲人，便会觉人生并不苍凉，而是万事值得的。希望你能读懂生活的厚赠和深情，理解亲人的关切与心情，在无力时有力，在无方时有方，在无求时有光。老师相信你，你是可以在亲情的厚重中找到力量的人。

　　七天后，你就要高考了。南山的孩子，求学远走，是改变人生的最为直接的方式，你现在有这样的机会。老师还是真诚地希望，你能通过考试，去抵达，去前往，去发现和实现青春的美好处、人生的可能处。

　　信的最后，老套地摘抄一个句子："对自己的不满足，是任何真正有未来的人的根本特征之一。"老师愿你每每回忆这一千多个日夜时，对生活都不感到愧疚。加油！

　　纸短情长，搁笔至此。大幕将启，猛士往兮，得所愿兮！老师再一次祝福你，优秀的小伙子，十八岁生日快乐！

班主任　刘兆军<br>2022 年 5 月 30 日

# 留一片空白随时浓墨重彩

## ——写给圣芳同学

**吾生圣芳：**

  见字如面，展信快乐。渴望艺术的自由洒脱，向往未来的花团锦簇，又能稳定心神耐住寂寞的圣芳同学，十八岁生日快乐！

  为了整体把握对你三年成长的了解，我专门从教务老师那里寻来你的高一成长记录，得以看见这三年你的奋斗进步曲线。这条上扬的线，在数字的维度上是简单的趋势体现，但当我们抛开数理逻辑的冰冷，去关注到细节和真实情境的过程，在它代表的趋势背后，确是火热的进步青春占领时间的高地，是值得肯定和点赞的青年圣芳同学，在一千多个日夜里，用汗水和焦灼写下的冰与火的胜利歌谣，用色彩和颜料描绘出的多姿多彩的青春画卷。

  因为疫情影响，我们这一级，是家长与老师见面最少的一级。我们之间的联系便更多地转到线上。于是，翻阅和滑动屏幕，便能在微信的聊天记录里大致窥见一个青年三年来的成长细节，也能约略感知到一个青年经历的学业焦灼和内心的挣扎。家长的关心询问，老师斟酌之后的回应，在问与答之间，记录和留下的是最真实的成长点滴。在这些点滴里，其实也有家长与青年一起经历的起伏与跌宕，失落和彷徨，但最终溪水淌流，汇成波澜壮阔的大江。青年将要以滔滔江海之势，去冲开面临着的最后阻挡，尽揽十八岁盛夏的生命风景，去领略金秋象牙塔的氛围。海北天南，四海五湖，每一所可能的优秀高校都在向青年敞开怀抱，欢迎圣芳同学。

  老师希望"圣芳"这个我第一次听到便颇感新奇的名字能肆意绽放在

你心仪大学的录取通知书上。

为了印证和确证老师的记忆不差，我翻开了两年前的班级相册。2020年8月31日，"孙圣芳"这三个字第一次出现在2019级23班的黑板上，那天是我们师生集体见面班会，你用白色粉笔在黑板的左上角自信地写下的名字。名字之上，是校训"严谨勤奋"；名字之右，是老师描红的艺术字"新起点"；名字周围，是你23班的同窗的名字。在郑重地写下自己名字的那一刻，你以严谨的态度和勤奋的行动，构筑成了未来的新面貌。

两年里，有不得不说的往事，有不得不提及的历史细节与回声。老师在和你开玩笑的时候，经常说"躺平吧"。你微笑着回应："那怎么可能？"在你对自己的成长产生怀疑和不自信的时候，老师又变成了回应者："那怎么可能？"然而你却在拒绝"躺平"的负责任与偶尔的不自信之间产生了矛盾，心中偶有对自己的怀疑。

当我们把时光之线和观察视角拉长并放大的时候，我们便找到了证据：拒绝"躺平"的你，是真实的；怀疑自己的你，是我们不认同不支持的。世间所有从醒悟到重生的过程，都不是以短时间为衡量周期的。如果按照你的逻辑，那么出身乡野、家徒四壁、天资平平、无所凭借的老师，或许在高中阶段就应该提前退出竞争的赛道了。高一入班倒数第九，英语遇到极大的学习困难想找人支持又没有资源，家里人耕作于土地更不能提供可借鉴的经验——在同龄的读书人里面，老师拿到的确实是一副"大落"的"好牌"。但老师抱定的，是与你相同的在付出中硬干的心态。等待收获的过程可谓漫长，低头耕作又看不到田地的尽头，但脚下的每一块土地都不会欺骗勤劳的劳作者。你是这样勤勉的农人，你是如此辛苦的跋涉者。老师看到，你的成长之线上的定位点在高三一模的时候达到顶峰，它没有止境，依然在等待你的触达，去宣示你的自信与能力。好了，我们这次把具有标量属性的时间之线当作衡量我们进步需要付出代价的尺度。你看，它用两年多的时光，界定了你的抵达可能。当我们仅仅用一小段时间甚至一个月去做我们拼搏和勤奋的衡量尺度的话，或许大多数情况下得到的结果都是止步不前甚至发生折线下滑的。这是因为，时间短暂，我们的进步还没有体现出来，我们的坚韧还需要考验。因此，一个拥有了长久时光之线为尺度去丈量进步的青年，是不会被暂时的外在呈现影响自己的节奏和计划的。虽然短期的可视化进步与成长令人可喜，但跌宕起伏一波三折才是生活最真实的样子。

　　老师这几年最大的体会，便是如若暂时处在生命黯淡的光阴里，只要理智地告诉自己，挺住，岁月便从不会亏待和辜负任何一个认真成长闪闪发光的人。只要顺应自己的内心，不放弃、不妥协、不回避、不躲闪，你就能在硬碰硬的对决里潇洒胜出，从容应付。因为，之前你已经用心血做了最为扎实的积累储备，你已经用岁月构筑起最为坚强的心理防线，内与外，表与里，形与质，勤力组建成最战无不胜攻无不克的青春浩荡铁军，任凭滚滚岁月洪流冲刷也不改其色，不易其心了。有了这样的播种希望的强大内心，外在所有的困难与挑战便都是小事，现实所有的磨砺与锤炼便都是幸事。那些打不倒你的，终归会成为使你强大的最好基石。老师相信你，越简单的成长逻辑，越干脆的生活联系，你越能读懂它，并以之作为丰盈自己的养料，茁壮出生命和青春的美好。

　　前段时间，得知你母亲住院，你在校的心情一直因为挂念母亲的身体而受影响。老师想告诉你的是，你在学校万事顺遂，其实是对母亲最好的安慰，当家人能平和轻松地了解你在校成长的信息，病痛也会加速缓解的。因为，一个感恩的青年，首先是要把自己发展好，作为回报母亲、呼应家人的基础和前提。借由书信，祝福你的母亲，康健安适。小伙，须知尽孝不只是床前和病榻的服侍，更高级的是用自己负责任肯坚持的人生态度换得母亲的宽慰。望你读懂生活无字之书，答好有字的考卷。加油！你，没问题！

　　留一片空白随时浓墨重彩。信的最后，老套地摘抄一个句子："虽然信念有时薄如蝉翼，但只要坚持，它会越来越厚的。"希望吾生圣芳在今夏璀璨绽放，盛开满园锦簇花团里只属于你的、独特的芳香，加油！

班主任　刘兆军<br>2022 年 5 月 31 日

# 构筑新生代的稳稳安全感

## ——写给洪亮同学

**吾生洪亮：**

　　见字如面，展信快乐。一直求进步、一直稳坚持、一直不放弃、一直逐星光的小伙子，十八岁生日快乐！

　　安全感。当这个词语出现在这一段开头的时候，老师甚至找不到其所来之缘由。如果说，老师在构思将要为你写下的这封祝福信件所提前预想的大致提纲中，对第二段计划的关键词原本是追求，也可能是坚韧，但"安全感"像一个词语的精灵，在无意识的争夺中夺门而入，锁定了它的位置，代替了老师之前设想的各种叙述可能。这，就是你给老师留下的第一印象带给老师的踏实感。于是，我便直接打破所有的前提构思，走笔行之，为你的高中作结，为你的美好未来祈福，为你的靓丽明天祝愿。

　　安全感，不只是我们的目前所见，更是我们在未来的人生所立。我们今日所忍受和所经历的一切难处和挑战，无不是想要在将来有一种人生的安全感。如果我们把视野收窄，这种安全感可以约略等同为我们的立身、立业、立家的信念之本。当然，我们在追求个体安全感的同时，不能忘记家国的抱负与使命，正如校训所言"至真报国"，有了阔大的襟怀和担当，我们的所求和所逐才会生生不息，才会更有价值与魅力。每一个最后能够抵达无限长远的青春生命，无不是胸怀广阔，超越了一己之私从而又更好地获得了"一己之私"的。十八岁的青春，要有这样的胸襟和见识，要有广博的情怀和目力，要有壮阔的见识和观点，只有如此，我们才有理由相信,青春的未来必是熠熠闪光,青春的明天必是丰富多姿。

在老师的班级相册里,老师找到了2020年8月31日大家进入新23班时的集体粉笔签名。你在"严谨勤奋"的校训格言和老师板书的"新征途"的中间,郑重地写下了你的名字。两年来,老师作为见证人,看见了你在新征途上的勤奋和严谨,在新未来方向上的投入与付出。一个热爱篮球运动,在球场上无所不能,在运动中蓬勃热烈,在比赛中激情澎湃的小伙子!老师在十多年的班主任经历中,见惯了那些篮球场上兴奋、学习场上颓废的学生,学习时总是不能沉静和安稳的。但你改写了老师这样的刻板印象,球场的动与学习的静,转换自如。当目睹了这样的青年之时,我们没有理由不相信,他的未来是安全感十足的。

青年的热爱是求知,青年的欢欣在运动,青年的兴趣在驳杂。你的寝室里的围挡,也是安全感十足的。老师求学多年,住过八人间、六人间、四人间和两人间宿舍。不论是热气腾腾的八人间的集体烟火,还是安静不互相打扰的两人间的宽敞自由,老师都喜欢把自己的微小居所打造成一个隐蔽的小天地。当周身被包围起来,除了安全感的享受,更多的是我们可以畅快地从小天地向往大天地。老师刚来一中的前几年,还住了几年教工宿舍,即你们现在所住的宿舍。为了营造自己的一方安静且不打扰其他同事休息的天地,我也进行了遮挡。现在印象深刻的,便是在那小天地里读了很多书。每当宿舍查寝完毕,蜷缩于自己的"天地"间,拿起书籍,在安静的夜里,伴着夹在床头的小台灯微弱的灯光,沉浸在了求知的热望之中,便不会觉出生活其他的不如意,"如果你觉得现在走得辛苦,那就证明你在走上坡路"。

站在现在回忆从前经历的种种,当年经受的大多磨难的细节都已经忘记。但灯光中的自己在知识的诗行里耕种的时刻,再一次回想那些细节,我会感到动人的美丽。枯燥变成了磨砺,暗夜孕育着光亮。如果把时光再回溯到更远的过去,老师在高一时,也经历了成长和进步过程的艰难。最难忘的是老师的床在靠近门口的上铺,这个位置或许是在冥冥中等待着我——它的最优势处，是床铺之上还有一个特别大的嵌在墙里的壁龛，不仅能放自己的物品，甚至大到整个人可以爬进去，关上门后便成为一个晚间学习"加餐"的好地方。在蜡烛的微光中，丝丝缕缕的黑色烟雾缓缓升起，伴着这微弱的光，老师写完了化学学案，完成了像你们现在一样的需要明早就要交上的作业。

后来，老师生了一场病，耽误了个把月的课业。大病初愈后，背负着家庭经济压力，我回到了阔别一个多月的学校。第一次月考结果，你或许也能猜得到。但是，老师不服输，不认怂，这绝对是热爱体育的所有青年固有的性格基底。奋斗的过程总是类似，放弃与妥协的借口才千差万别。为了跟上学习进度，我要每天比别人更早起床。有一天早晨起床后，宿舍院子的大门还没有打开，我又不想耽误清晨的宝贵时光，于是决定爬门而出。当爬到大门顶端与其上的水泥遮盖相接近的顶端时，估计是起得太早还没有完全清醒，老师的鼻梁重重地磕在了水泥横梁的边缘，身体几近坠落。但幸运也是眷顾勤奋青年的，我咬牙坚持了一整个高一下学期，期末考试中便改写了成绩。从此，我便相信"天道酬勤"一言不虚。

洪亮同学，时代各异，青春相似。享受容易的青春，将来必要付出容易的代价；历经磨炼的青春，未来定会享受"安全"。未来不确定，时代不能预测，唯一确定的，是那些恒久的光阴和寂寞的时光，那些挺过来、熬过来的过去，一定会加倍赏赐我们的未来。

来到23班后，你主线明确，定力满满，韧性不错，又有父母提供的优质条件和机会，当拥有了走向确定的未来。我们所能做的，便是坚定地发轫，积极地前往，沉着地应对和勇敢地战斗了。需要提高和增质处，只是需忍耐和克制自己无休止的越界和放纵的念头，便能搏一个稳稳的未来。希望老师再见你之时，你拥有了更高层次的"安全感"，那是你寄予岁月和家国的"安全感"。愿我们共同努力，为自己、为他人、为家国，构筑新生代的稳稳安全感，共勉。

信的最后，老套地摘抄一个句子："顺境的美德是节制，逆境的美德是坚韧，后一种是较为伟大的德性。"把这个句子放在这里，松懈和犹疑时，它会提醒我们。再一次真诚地祝福洪亮同学，最后的关键阶段定力稳稳，志向满满，在扎扎实实的步伐下，夺取高考决战的胜利。加油！

纸短情长，搁笔至此。大幕将启，猛士往兮，得所愿兮！老师再一次祝福你，优秀的小伙子，十八岁生日快乐！

班主任　刘兆军

2022 年 5 月 31 日

亲启，致青春的你

# 固守理想，直抵江河

## ——写给广宇同学

**吾生广宇：**

　　见字如面，展信快乐。稳定心神勤勉求索，耐住性子端坐寂寞，固守理想直抵江河的小伙子，十八岁生日快乐！

　　在23班五十多名学生中，广宇同学或许是稍微特殊的一个。如果仅从时间的限度上来说，我们已经是"老朋友"了。"老朋友"的老，不仅老在时间的长远，更是因为，朋友之老使我们彼此在看见和了解的意义上，可以清晰彼此的来路，也可以了解他的征途。

　　你来自济南东部，那里是一个城市希望崛起和新生代涌动的地方。你从充满希望的东部，一头扎进安静旷远的南山，方向变换中，或许可以为我找到这份十八岁生日祝福的一点儿思路。

　　劳累了一天之后，老师坐在六楼家里的阳台上，看着远处省道103上淡黄的灯光和学校通宵明亮的北门，听着呼啸疾驰的重型卡车传来的胎噪，困倦和疲惫甚至挥之即去，精神在深夜里又一次活跃起来。在为你构思祝福信之前的多个夜间，老师为了不打扰家人休息，在深夜或凌晨，在家中阳台这狭小的一方天地，完成了对同学们十几万字的祝福。独身一人坐在夜里，夜的清醒和安宁带来了思考的乐趣，老师的思路不因已入深夜而困顿，却因宁静而清晰。我与你们每一个人的书信对话，几乎都是在这手机屏幕的微光里完成。在别人看来这是几无可能的工程，老师自己想来倒是一件特别幸福特别满足的事情。美国作家奥尔森在《独木舟之道》一文中，曾经描述过与山水融为一体的荡舟之人对生命生活的感悟："以前他在一些烦琐小事中花费了过多的精力，如今才回到一种古老明智的生活惯例之中。不知何故，生活突然间变得简单圆满；他的欲望所剩无几，迷茫与困惑全无，取而代之的是深深的幸福和满足。……那是一种由距离、探险、孤独和宁静融合在一起的魔力。"

这个段落老师讲过多遍，只是单纯从备考技巧和散文阅读的经验角度作为讲解的重点。今晚南山的夏风轻拂，在夜的宁静里，老师确真走入了文本，找到了理解它的最为准确的钥匙。心无旁骛，凝神静思，谛听天籁，细察物音，你便会发现思考和提升的魔力，你也能感受理解深刻的幸福。老师相信你，在一中三年的深度学习中，你曾体会过这种单纯的美好和这种简单的幸福。成长，便是在这些瞬间，有了生命质量，有了思维的厚度。作为理科生，你在每一个知识点的攻克和每一组知识联系的构成时，一定深深领悟过类似的体验，一定细细品味过相同的时刻。

老师记忆犹新处，便是2020年12月30日的元旦晚会后，你留了一张纸条给我，大致内容是我精心准备的元旦祝福和相关活动触动了青年的心。你表达了征途者的立马奋起和勇敢者的热血雄心，老师被你感动到，也坚定了我的内心：聚焦学生精神成长，奠基学生可能未来。两年来，你的表现如当天晚上你所写的：不断超越，不断突破，不断坚强，不断茁壮。课堂上，你经常快人一步，找到题目背后可能的方法；课堂外，你也不改己志，追寻成长面前实践观的兑现。老师与你的母亲交流较多，你的母亲也为你的进步、你的懂事备感欣慰，收获了作为家长的温暖。你看，广宇，你作为家里的重要一人，点滴和细节的跃升让母亲得到宽慰和喜悦，更得到作为一个母亲的幸福。我们当何为，怎么坚持地为，应是十八岁的你最重要的人生命题。老师相信你会回答好这个题目。

前几天，老师问你高一刚入学时的位次情况，你的回答让我惊讶。高中是一个重新洗牌的过程，但你的高一"洗"得过于彻底和纯粹，清理得过于"整洁与干净"。记忆里，老师还听起过你高一的"果敢"和与老师的"斗智斗勇",便又感觉,这样的洗牌是公平和有反思价值的了。浪子回头,迷途知返,"一个人不能被同一块石头绊倒两次",就像人不能两次踏入同一条河流。过而能知,知而能改,你在进入新23班后展示了新面貌,开启了新征途。这个新,才能连接未来,才能指向远方。临别赠言,老师还想说明和强调,在我们取得一定成绩以后,更要谦虚谨慎,戒骄戒躁。高考时节,正是小麦丰收的时候。老师自小在农村长大,农人常说,"饱满的麦穗总低头,枯萎的麦穗高仰脸"。生活的智慧,也常在农谚和俗语中。时代风华各异,经典永不消歇。希望你能在生活的无字之书中感悟到一点儿东西。

前段时间线上网课,每天结束之时需要家长私信传给我你们的照片。在你母亲发给我的照片里,你的弟弟抢镜了几次,老师特别喜欢。有生活味,有烟火气,有手足情,有弟兄样儿。我们独生子女理解不了兄弟姐妹的幸福,但渴望这种幸福,所以老师希望你做一个好大哥,指路引领、扛事和牺牲。这是冯仑老师总结过的大哥之所以为大哥的三个特质。老师更愿意看到,你会成为令弟弟骄傲的哥哥,成为他未来向同龄人讲述时,一个优秀的和真正配为大哥的大哥。

同学们都喜欢称呼我为"军哥"。当了十二年的班主任,其实我正在从大哥变为大叔。《南方周末》上曾登有一篇诗人伊沙的文章《我们当年的老师》,文中说:"一个老师的好坏需要学生在十多年后来做出评判,需要用他们日后的人生经验才能判断准确,但有一点是不需要怀疑的——幽默、人性、真知灼见、真才实学,才是最终让人难以忘怀的根本。"我以之为准则,立之为范本。争做大哥,争做年轻的军哥。

现在已是6月1日凌晨。在老师没有去开启为所有同学写出心灵交流的生日贺信这项浩大的工程之前,我的暗夜基本交给了电子书或无目的的浏览。当我沉静地走入与你们心灵的对话,反而觉着时间如此美好,如此丰富,时光也开始变得有价值起来。沉浸在事情之中时,我便不会感觉到远处的噪音带来的影响,这没有节奏的疾驰而过的声响和村落里间断的犬吠，都是为见证一段拼搏和美好的时间而存在，都是为支持老师完成陪伴你们的这一段路途。一中不是最好的学校，但一中有最向学的环境，一中有最美的育人风景。当外在条件具备，剩下的便是你为了远方和美好而奋斗拼搏的日日夜夜了。夏天懂夜的美，微风也解人的情，它从窗外凉凉地吹进来，陪伴老师完成这夜的思考和夜的期待。只希望吾生广宇，能在老师深情的守望里，得偿己之所愿。老师相信你，一定会的。

信的最后，老套地摘抄一个句子："感情中最难克服的要数骄傲了，随你如何把它改头换面，与之斗争，使之败阵，扑而灭之，羞而辱之，它还会探出头来，显示自己。"当我们历数人类在艺术上和文学上所做的突破与创新，然后再回顾一下我们自己所拥有的浅薄知识，便觉我们自己的无知，然后清醒地认识到我们自己仍旧有更长的路要走。愿吾生广宇在构筑智识的人生长路上，继续保持谦虚谨慎、戒骄戒躁的扎实作风，勇抵宽广学海的彼岸，尽情享受知识无限和追求不止的进取魅力，尽意挥洒青春无限可能的热望和希冀。大学，让所有成为可能。六天后的高考，加油！

班主任 刘兆军

2022 年 6 月 1 日

# 相会在光芒万丈处

## ——写给未雨同学

**吾生未雨：**

  见字如面，展信快乐。来自繁华闹市，安静沉稳，不言苦累，内在清晰的未雨同学，十八岁生日快乐！

  我们在展望未来的时候，为了清楚过去的来路，我们便把叙述的起点锚定在2019年的初秋。三年前，你从都市感十足的历下区，来到宁静清新的南山，开启一段三年的旅程。从"富润屋，德润身"崇德励学的学校，进入"勤奋至真"的一中，从修为自我的初中到报效家国的高中，改变和提升的不仅是区域，更是层次和境界。

  去年十月初，老师因为有比赛的机会，得以走进位于繁华历下的你的母校，在比赛之外，感受了你的母校环境。后来又听你母亲说起，非常巧合的事情是，你的初中班主任也与我在济南市教育局提供的舞台上，共同为了育人这件美好的事情，在不同的组别讲述故事，竞技能力。济南有九百多万人，近千所中小学校，六万七千多名基础教育老师，基数不可谓不大。在这六万分之一的概率上，老师和你初中母校的老师，因为你的存在有了联系。我们都不是宿命论者，而且估计是彻底的唯物主义者，但去年秋天的巧合，却又在冥冥中似乎告诉了我们一些什么：未雨同学，是重要一人；未雨同学，也一定会有锦簇花团的未来。

  但花团锦簇的未来，也绝不是不经风雨便呈现出生命想要的期待。过程的起伏和跌宕，经历的波折和体验的五味心情，构成着三年来一个不断攀登的跋涉者，最真实的路径轨迹和最细节的心情感悟。准确把握过去的经历和三年高中的成长起伏，需要走进过往，只有看见过往，我们才会发现一个少年所走过的曲折道路，所历经的波折。准确地介入过往，便是回到三年来数字变化的本身。为了验证老师对你三年成长的整体把握，老师查找了老11班的一些档案。在找到的档案里，便真的发现了一些三年成长的细节之处的深意。

这些档案，更多的是瞬间定格永恒的图像。2019年8月20日，这是老师能找到的三年来历史最久远的可兹佐证的材料。《遇见更坚强的自己》，这是老师在军训开营第一天的生活记录，详细地向2019级的家长介绍了你们来到一中第一天军训的情况，这是老师的美篇制作里阅读量最多的一期——六千多的阅读量。从统计数据本身便可以发现家长对你们的第一次远行求学投入的关心和不舍，盼望与期待。估计未雨同学你也会对三年前那个八月的最后一周记忆犹新。记忆犹新，不只是记住那个时刻，更是记住了熬过那段过渡期的心情和状态。不知你们为了战胜那段难挨的日子，是否有过脆弱，是否有过青春里第一次深刻的思念，是否站在现在去回望它时，有一种感恩岁月和感谢自己的慨叹。如果老师说对了，不是我从你们那里了解了多少真实，而是每一段青春要完成蜕变都要经历这般的磨炼，高中的意义便在于你要独自去面对每次风雨，要一人勇敢地誓闯雄关。

继续翻看图片，老师看到你在七天后会操表演前的合影里眼神坚定，有个美好的开头必然会有美好的结尾。2019年的深冬，在"分手快乐"告别班会上，你乐观地笑着，与李文婧彼此倚靠。整个高一，可以说虽没有大起大落，但你的状态一直像寒冬里的笑容，温暖稳定，节奏疏朗，这是令人安心的。

高二时你的心路历程纠结、困顿，老师不再做狂热的假设。"难兄难弟"成了我与你家长微信交流时不约而同的角色共识。当成长的状态跌入低谷，我们或许会期待绝地反击，但现实常常事与愿违，每况愈下的事实往往跌破了我们的心理预期，雪上加霜的数字变化其实更考验一个青年的定力和心神。过招分高下，竞争拼心理，时间最公平，坚韧是秘籍。当真正的青春"寒冬"降临，分出胜负的决定性因素便是我们对自我的积极肯定和心理暗示。与之形成照应的是，老师在你高二保存的照片，其中的你少了一些2019年深冬的灿烂，那灿烂是可以体察到你内心幸福的笑容。表情不会说谎，图像识别真实，高二的你在挑战和角力中，形成了最为稳固的心理支撑。这样的支撑，其实比平顺的高一更能给我们提供源源不竭的内在动力。当一个青年，既体验了成长的愉悦，又经历了逆水行舟的旅程，他的成熟和成长，他的稳定和经验，将会在未来的日子里回馈岁月，将会在长久的征途上助力青春。那些低头抬头都在向未来奔赴的日子，简直无上美好。高中的魅力也便在此，起伏的价值也便在此。生活无限百味，成长酸甜苦辣，三年艰辛备尝，青春姿态万千。这样的经历，不仅丰富了当下，更指向了未来。因此，未雨同学，我们看到了高三的你，状态是稳定的，波动是可把控的，这样的当下，必然将会引领你到达最可能成功的未来。从来也没有什么结局已定，我们只要愿意，含泪播种便可以逆风翻盘。不服，不认，不输，不厌，就可以在今年的秋天，与海北天南的青年，相会在光芒万丈之处！如果说，我们还需要补充些什么，那便是尤需着重审视和勤苦实践的东西。加倍的付出，都会收到意想不到的惊喜美好。愿未雨同学，懂得其中的简单逻辑，并在未来用这样的信念去丰盈更优秀的自己。

　　前天晚上，你的母亲发了一条朋友圈，主角是你高调又活宝的妹妹。在去年的视频祝福里，老师见识了你妹妹的创造感和好演技，盈目皆是岁月和生活的可爱处与值得处。家有宝贝妹妹，大姐当执好猎猎领头旗，成为小妹的骄傲，那样，她在讲述你的故事时，才更有情节，更有剧情的张力。希望未雨同学努力成为经典故事的原型，茁壮成最美青春的模样。老师相信你，优秀与优秀并驾齐驱，卓越与卓越比肩而行，过往再无"难兄难弟"，江湖传唱英雄的传奇，加油！

信的最后，老套地摘抄一个句子："永远不要认为我们可以逃避，我们的每一步都决定着最后的结局，我们的脚步正在走向我们自己选定的终点。"希望骄傲的你如蓬勃朝日，时空俱新。多年以后，当你回头望，会发觉这个夏日里的每一声蝉鸣，都标记了这段无与伦比的青春。它们，都是旋律，都是诗。

　　听闻青年二字，应与平庸相斥。最后的最后，老师想拜托你：

　　"你的名字那么好听，一定要出现在心仪学校的录取通知书上啊！"

班主任　刘兆军<br>2022 年 6 月 2 日

亲启,致青春的你

# 相信是有力量的

## ——写给炎泽同学

**吾生炎泽:**

见字如面,展信快乐。一直很负责、一贯讲奉献、一心能坚韧的炎泽同学,辛苦了。祝福你,十八岁生日快乐!

当我们班级书信的祝福旅程走入火热的夏季,意味着我们距离高考成功也更近了一步,即将抵达一段奋斗的终点。一千多个日夜的等待和奋争,一千多个日夜的渴望与梦想,在6月7日大幕拉开的九点,登上青春最极致和最璀璨的美好舞台。舞台之上,你们都是主角;舞台之上,喝彩与欣喜,自信与意志,心态与前行,稳定与超常,都会以它最丰富的生命形态构筑起23班的集体撞线瞬间。老师祝福你,可以信心满满地去迎战这最荡气回肠的天王山决战,去迎接这期待已久的青春绽放。我们可以在走过的岁月和经历的日夜兼行中找到我们自信和斗志昂扬的诸多理由,发现"缘溪行,忘路之远近"的投入和纯粹;然后,循着历史的轨迹和清晰的来路,加倍为自己注入豪情和意气;然后,以骄傲青年的姿态和面貌,去争取,去收获,去体会,去记忆这个盛夏里萦绕着青春之声的响亮歌谣。小伙子,我们就"寻向所志",重新发现征途之美。

在这一千多个日夜的坚守和前行中,老师参与了你成长过程的三分之二。如果从完整的青春的意义上,那三分之一的遮蔽也应该被看见、被提及。于是,老师去教务老师那里找来过往的档案,从数字的变化和趋势的变动中,得以清晰地了解你的过往。这个整体的完成,好似一个喜欢集邮的人，终于得到了完整的系列，不只是集齐卡片的本身，更多的则是完成了一种心愿，获得了一份满足。当老师能够完整地把握你的三年，建构起对一个青年的过往的了解时，我们或许才能立足现在谈未来。通过回望，我们可以看到长河的源头，可以知晓其发端和起点，然后也便能在这坎坷曲折的河床之上，懂得浩浩汤汤的江河之水经历了什么，又见证了什么。

2020 年的 8 月 31 日，我们走入了共同的班级，得以互相印证对青春、对过往的注解和参照。为此，老师找到了两年前我们师生初见时的照片。主题班会"终于等到你"的签名环节中，你在老师板书的"新征途"和"新面貌"之间，签下了你的名字。你的名字，隐藏在众多大写意的青年名字的中间，让老师一阵好找。我在第一遍定位时，甚至有一种恍惚的错觉：当时的自我介绍环节，炎泽是不是没有参与？那天，他是不是在这个环节里因有其他班级任务而缺席了？当老师在照片上第二遍寻找和定位的时候，终于看到了你写了两行的名字。估计当时同学们已经把大部分的黑板空间占用，刚好为你留下了匹配你默默发力历程的姓名书写位置。于是，借由这份珍贵的资料，老师准确地找回了你的优秀品质和良善风度。

两年来，作为班里最重要的班干部之一，你承担了绝大多数同学所不喜欢的一个职务：卫生委员。小事琐事有你，考前扫除有你，考场整理有你，更令人纠结的是，每日的值日检查若出现问题，首当其冲的永远是你。在老师印象里，我们刚组班时，我征询大家的班干部任职经历，结果没有异议，你继续着高一时的这份"苦差事"。感谢炎泽同学两年来为班级所做的一切！或许，我们可以从另一个角度去解读这份任务对我们人生的启示。它在用岁月暗语的方式，为一个有为有度的青年，指引通向广阔人生之路的辛苦又美好的可能。

老师做的工作，估计也有类似卫生委员的特点。2018 年秋天，因为态度积极，扎实肯干，老师被作为后备管理人员培养。四年来，我在忐忑和犹疑中一路走来：写汇报稿，到凌晨；整理助学金资料，没有节点，没有假日。记得 2019 年 5 月 1 日，我驱车几十公里从老家返回，整理档案；团委的活动,我沟通协调;禁毒宣传、学宪法等,我不知道会有什么任务来临。取一天的静日读书,成为一种奢侈。时间无言,如此这般;但行好事,莫问前程。时间这个最公平的裁判,当它让人见证和看见你的付出的时候,就是你才干提升和价值被认可的时刻了。没有一份付出会被忘记,没有一种奉献会被怀疑,没有一丝努力会被遮蔽。你用心和用力做的,用智慧和头脑付出的,在某个时刻,总会得到岁月最公正的认可。老师希望你,带着服务他人和奉献的精神,在大学里继续发挥自己的才干,岁月会厚赠认真踏实的你。当你验证和确认这个生活中最质朴道理的时候,就是你的青春最闪亮的时候。老师祝福你,拥有这样的时刻,并朝着这样的时刻坚定不犹疑地前行。远行美好征途,尽览青春风景。

两年来,在服务同学们的同时,你主动坐在班级的"VIP专座",独守内心学习前行的寂寞,在不言弃不设限的学业之路上走得扎实,行得沉稳。老师仅从我所任教的学科来假设你的心路历程,共同梳理我们的来路,共同锁定我们的终点。在回到学业本身的时候,老师看到了你历经过的跌宕与起伏,捕捉到了你走过平沙与险滩的自信与怀疑。但每一个青春的个体之所以在备考的过程得到真正的成长,修炼了内在的心智,便是因为他们每一个人,包括你、我、我们,正是在波峰与低谷、爬坡与倒退的交替角力中锻炼和塑造了坚强的自己的。大海怒涛霜雪,风浪席卷裹挟,天气瞬息万变,青春,正是在滂沱和晴朗中、于艳阳和乌云的交替里,涤荡弥新。我们的经历,我们的一千多个日夜,正是因为这魅力无穷的岁月,才显得珍贵,才拥有了色彩。一帆风顺不是水手的天空,风平浪静不是青春的基色,风霜雪雨才是我们曾经领受和感谢的一切。拥有了这样的体验和经历,拥有了丰富的青春色彩,才会拥有壮阔的未来,才会饱览人生的靓丽景色。炎泽同学,两年来的奋争过程,已经提供给了你——一个经验丰富的"水手"所应具备的搏击风浪的智慧和胆识,只要你郑重地敬惜字纸,虔诚地写下每一个词语和每一份思考,岁月都会给你最好的答案,时光将为我们做出最准确和最慷慨的评价。

"最好的改变方式，是我们跟内在力量沟通，然后它会改变我们。"当我们具备了这样的内在力量，六月结果揭晓的时刻，就是优秀的青年你收获的时刻。祝福你，听到的是佳音，看到的是奇迹！加油！

三年的光阴就要结束了，除了老师看到的你服务同学、立志自强的往昔，老师也看到了你的纯粹和良善。未来漫漫长途，愿花香满径，愿你继续葆有生命的单纯和对美好的确信。相信是有力量的，以美好抵达美好，凭纯粹获得纯粹，用良善引领良善，生活值得。《这个世界会好吗?》是老师认真读过的一本书，是思想家梁漱溟先生的追问。因为有了如你一样的年轻人，我们可以自信放心地认为，这个答案是肯定的。"我相信世界是一天天往好里去的。"梁先生的回答，也是吾辈后学者的向往和认定，纯真的我们是应有点儿纯真的信念。

信的最后，老套地摘抄一个句子："支配战士行动的力量是信仰，他能够忍受一切艰难、痛苦，而达到他所选定的目标。"希望巴金先生的话，能让现在、未来的我们，获得勇气与力量，也相信炎泽定能折桂蟾宫，打开新征程的无限可能。

班主任　刘兆军

2022 年 6 月 2 日

亲启，致青春的你

# 去发现我们的潜力与可能

——写给长鑫同学

**吾生长鑫：**

见字如面，展信快乐。一直乐观开朗、一直笑意盈盈、一直昂扬奋斗的美好女生，大姑娘长鑫同学，十八岁生日快乐！

提笔为你构思写作"生日情书"——老班为你们定制的生日贺信的时候，已是6月2日的深夜了。在老师最后的冲刺写作之前，我甚至都有放弃的打算了。在第一封生日贺信——给王銎程的十七岁生日祝福完成的时候，我曾经在信里夸下海口，立下豪言壮语，要完成这个漫长的旅途。老师曾经网站上搜索过，全国范围内没有人做过这样类似的事，尤其是在高中学段。如果老师能够完成这个寂寞漫长的写作之旅，从十七岁的雨季到十八岁的成年礼，老师陪伴着你们，就不仅仅只有年岁的增长，而且能永远留下见证了。老师在搜索引擎上进行了相关搜索，没有一个完整的给学生的生日贺信文章模板，我就更加"猖狂"起来，在内心里告诉自己：兆军，如果你能完成，你就是全国第一了，哈哈！长鑫同学，你可以想象这个情境，当你在做的一件事意义重大，并且无他人在做时，你的完成就是代表了某种高级。我们还有什么理由不去加倍拼一下呢？这件事除了带给我们讲述故事的素材，更会让我们会发现自身的潜力与可能。曾经狭隘地认为高不可攀难于蜀道的事情，在我们用力用智的坚持下，最终竟然做成了，人生的欣喜和满足，对一个普通人来说，大致也不过如此了。况且，在未来无限的久远历史时间里，它都不会被毁灭，因为，真正用心写下和用情感悟的东西，不会过时。这也应该是老师如此固执如此着迷地对抗着暗夜和凌晨的混沌、疲惫和劳累去完成它的理由。

此外，孤独思考时的魅力和文字在光标处行进时的魔力，在吸引着老师；精神碰撞和情感激荡，也能够让老师与大家共同拥有不止步的青春。年龄固然增长，精神从不消歇，意志永远激荡，生命值得张扬。你看，这件事，既有实物的具体理由在支持着我，又有精神的抽象价值在灌注着我，永远热爱、永远年轻的生命，又有什么理由选择退却和放弃呢？

不仅对于我，也之于在奋斗和渴望过程中的你，稳定住心神，坚定着内心，迈开矫健的步伐，舒展地走在奋斗的路上。老师也希望你读懂时间这个朋友带给我们的价值，启示给我们的深意，保持着较好的状态，更好地提笔写下备考过程中每个语词和字句，每个选项和公式，祝福你，拥有充实的过程，收获充实的可能。

老师不止一次地在各种场合说过，年级主任和我，在这几年的学生培养之路上，在我们接力育人的征程上，做了不留遗憾又完美的配合。从2017年你的江涵师哥，到2020年的你们，时间纵然流逝，青年特质永随。你与老师相逢在2020年的初秋，两年来，老师看到了在六百多个日夜的奋斗中，你的坚定和从容，你的韧性和不屈，你的成长和成熟。可以说，你是我们23班两年来发挥最为稳定的女生，也是最清醒和最理智的女生。当稳定、清醒、理智等词汇集合在一个女孩子身上时，我们可以直接想象出她的优秀，预测出她的潜质，并畅想她的未来。老师没有见到过去的高一三百多个日夜里的你，但我们有现在的你之表现为依凭，完全可以大胆地想象，长鑫的过去亦如此，长鑫的未来更如此。

前一段时间，老师在班会上播放了东方卫视的综艺节目《极限挑战》的高考百日冲刺一期。当时我们在班里做了相同的数据统计，然后"悲伤"地发现，你们几个和老师一样，都是"原封不动"的"大神"。你看老师在这里标记了双引号，相信你能读明白现在的我。当老师再去体验这个有点无力的起跑线，是一点儿悲伤的感觉都没有的，因为过去含泪的耕种塑造了平凡但坚定的我。可是，如果站在 2002 年的高中，老师绝不会做到如此从容和镇定，估计与部分网友在网络留言中所言说的体会相差无几。"朋友看完《极限挑战》和我抱怨，条条大路通罗马，可有人出生就在罗马。"幼时不放弃但又不成熟的我，是渴望"起跑线"能够前移一下的，但生活总又喜欢把它最生硬和最不如意的一面展示给你看。或许就是靠着那气若游丝般的不服输和不认怂，依靠着那点脆弱虚荣和浅薄自尊，一步步远走他乡，负笈北上，学成又走向四方的吧。所以说，老师现在对起跑线的理解，带有了职业身份和获得感的影响，前面几句彻底的自我剖析，才是属于少年的我的内在真实。感谢岁月，感谢酸甜苦辣的生活，更得感谢读懂了生活后不言放弃的有韧性的自己。长鑫，至于班会时你的理解和所思，老师不知道也不会去知道，老师最大的希望是你能超越老师的理解，然后坦荡和自信地面对生活中遇到的可能的一切。

我的表姐，现定居天津，在一个被很多人羡慕的政府主要职能部门工作。少年时，她的经历和我相差无几。我的姑姑后来转述她的话，我了解了表姐也曾有过与我相似的生活理解，但她最值得敬佩处，便是在看不见光时有光，在寻不到希望时有望，慢慢熬过那段时光。现在可以在天津，在天南和海北，见识和拥有更多美好，看见和体验更实在的人生。任何一个普通人，在某种程度上，都是一段人生奋斗史的书写者，老师更希望，长鑫同学可以在坚持和永不言弃的人生态度加持下，走向无限可能的幸福人生，体验奋斗的魅力。

6 月 3 日凌晨时分，祝福和希望的书写就要完成。白日的汗水，在夜晚微凉的晚风中遁形而去。四处杜鹃的叫声在凌晨的村落里响起；远处夜行人驾驶车辆风驰电掣的胎噪声，隔着空旷的田地远远传来，清晰可辨；近处犬吠的声音和邻居家宝宝的哭闹声交替；夜的声音，是美妙和谐的声音，那是自有它们的生命逻辑的声音。在这些声音里，我们似乎得到了启示，只要凝神静思，一切值得的东西都会纷至沓来，一切值得奋斗的美好都会接踵而至，只要我们愿意为之牺牲和等待。它们，那些美好的事物一定会准时到来。请准备好青春的锦囊盛放我们的青春。加油，长鑫同学！

信的最后，老套地摘抄一个句子："居逆境中，周身皆针砭药石，砥节砺行而不觉；处顺境中，眼前尽兵刃戈矛，销膏靡骨而不知。"再次祝福经过岁月磨砺和生活馈赠的你，化困难为良机，生命如蓬勃朝日，未来时空俱新。加油！

老师再一次祝福你，优秀的大姑娘长鑫，十八岁生日快乐！

班主任　刘兆军<br>2022年6月3日

# 在"大考场"的赛道上跑出好成绩

## ——写给敏灏同学

**吾生敏灏：**

　　见字如面，展信快乐。一直很安静、一直很善良、一直在奋进的敏灏同学，十八岁生日快乐。

　　英语老师在讲台上认真地讲解着考前的最后一次模拟考试。教室内，是大家的回应和思考；教室外，是入夏以来的最高温 37 ℃ 的酷热天气。还有不到 4 天，我们期待并希望快点到来的高考就要真的来到我们面前了。面对马上到来的决战，空气中似乎也弥漫着只有高考季才有的味道。一切都在向往，一切都在渴望，梦想着在答卷上写下青春岁月独有的华章和青年的模样。

　　23 班来去的五十多名学生中，或许，你是除了老 11 班我的"嫡系部队"和"原住民"之外的特殊一个了。2020 年的夏天，学校安排我负责"新时代好少年"的评选，学生在疫情防控中的表现是文件要求的一个重点标准。在各班汇总提交的公示资料中，你的所行与所为更符合这个新时代对于"好少年"的具体要求。我们这次的作文模拟题"时代赋予我们的'必做题、选做题、加试题'"，也有异曲同工之处。青年人当以何行何为来呼应时代的要求，从而在"大考场"的青春赛道上跑出最好成绩？

　　作为新时代青年，当我们完成满足自身的物质所需和基本所求后，在更高的层面和境界上，不只关心自己的"粮食与蔬菜"，还能关心家国的"江河与大海"之时，老师会看到这样的青年应有的姿态，会想象到他的美好与未来。敏灏同学，那块沉甸甸的"新时代好少年"牌匾，除了认可的意义外，更是担当和责任、使命与抱负的寄托了。不是资本，而是责任；不是荣誉，而是担当。如果我们跳出荣誉的喜悦，去深思和挖掘这个称号的深意，你定会发现，"新时代"这个定语，其实是更为深沉和厚重的东西。最好的时代，值得最好的自己。在广阔的舞台长才干，在时代的激流增见识，在璀璨的未来圆梦想。个体与家国，个人和集体，一直是心心相依。希望你能有这样的深情，希望你读懂时间的密语，唯有如此，长途花香满径，征程鼓荡风帆。青春，才会有坚实的土地和坚守的价值与意义。

我们试着把叙述的视线从信仰的高空拽回坚守的大地，你会看到，在我们的身边，"躺平"从不少见，"摆烂"见诸新闻，有人信仰迷失，有人孤芳自赏，有人郁郁寡欢，青春萎靡不振，书生意气激扬者少见，暮霭沉沉老气横秋者多闻。老师不能再列举了，否则会给你带来负面情绪。老师叙述这些人生状态，是为你、我、我们提供一种可视的参照，我们应有昂首挺进的生命姿态，应抱持攻坚克难的意志信念。青春无难事，怕难无青春。

"我们走在大路上，意气风发斗志昂扬……我们的道路多么宽广，我们的前程无比辉煌……披荆斩棘奔向前方。"这首 20 世纪 60 年代的歌曲，隔着遥远的时空，在用歌词和旋律告诉我们，一个时代的风潮是与这个时代的青年息息相关的，青年兴则时代兴，时代壮丽辉煌，青年也定会道路宽广。在宽广的青年成才之路上，最基础和最稳妥、最笃定和最紧要的，还是我们每一个人都不能游离之外的学业。

"学业虐我千百遍，我心视之如初恋。"增才干、强本领、广见识、多积累，是我们的本职。老师没有参与你高一的成长，我从找到的档案中，得以大致了解你那一年的过往，但数字仅仅呈现事物最单一和冰冷的一面。那个埋首书海苦读的青年，你所经历的每一个细节和体验到的每一丝心情才是最真实的。攀登到高中学业表现的峰顶，或是努力之后依然有时掉落数字的波谷，这一千多个日夜所历经的心理和情绪的起伏，数字不会说明；而外人，包括父母和老师，也不能完全体验。因为，每个人都是自己的独一无二。这段挣扎着不放弃的旅途，这条怀疑着不松懈的道路，这场犹豫着不认尿的青春，都是属于你的。"一个高三人，要是不经历过被虐和捶扁的过程，不跟未曾预料的困难和学业挑战上的阻碍交过手，就不可能懂得高三的全部意义。"这或许是高考给我们带来的最美养料，助力我们形成坚毅的品格，帮助我们苗壮心理的底色，于是一个少年在宏大的理想图景和具体细微的个人成才之路上都收获了可能，丰富了青春。理解了这些，也便觉努力值得，此行不虚。

在这次没有归途的单航向旅程上，你的父母做了称职的家长应该做的一切。前几天，老师整理大家的毕业档案，在打印的综评资料里，看着你的三年成长轨迹，细节之处明显比同学们的更为规范和丰富。无论是志愿活动中你的积极参与，还是"天地有大美而不言"风景中你的身影，又或者规范装订分门别类的梳理，老师看到的，其实是站在你身后的父母。你的母亲，两年来对你挂肚牵肠，谨小慎微保护着你的心情，护佑着你的健康成长；你的父亲两年来，对你慷慨大方，厚重踏实护航着你的学业，照管着你的饮食起居。我与你父母线上联系的机会比较多，我们得以深度沟通和交流你的住校与居家生活。家长们没有对比参考的对象，但老师与所有家长联系沟通，更能感受到你父母对你的事无巨细的精心照顾和智慧养育。敏灏同学，老师希望你读懂父母的深情，从生活这本无字之书读出理解，读出情感。"哀哀父母，生我劬劳"；"哀哀父母，生我劳瘁"。希望你常怀感恩之心，感恩父母，感恩生活。

下午考前最后一节课，你来我这里接受作文指导。老师的私心，便是希望我的每一个学生都能无问西东，远走高飞。不论艰辛的求学过程怎样困难重重，你工整的卷面已经向我们诉说了一切——一个怀着认真和虔诚的态度写下青春答卷的青年，理应得到岁月的厚爱与馈赠。天道酬勤，学道酬苦，高考的答卷上定会呈现出我们的品格和意志，展现出我们的智慧和可能。

信的最后，老套地摘抄一个句子："养成他们有耐劳作的体力，纯洁高尚的道德，广博自由能容纳新潮流的精神，也就是能在世界新潮流中游泳，不被淹没的力量。"希望敏灏同学善始敬终，锲而不舍，唯精唯一，青春如蓬勃朝日，时空俱新。高考，加油！

赤日炎炎，愿自珍重，临颖神驰，言不尽意，姑道一二，未必为是，纸短情长，搁笔至此。大幕将启，猛士往兮，攻城拔寨，得所愿兮！老师再一次祝福你，优秀的姑娘，十八岁生日快乐！

最后的最后，老师想拜托你：

"你的名字那么好听，一定要出现在心仪学校的录取通知书上啊！"

班主任　刘兆军

2022 年 6 月 3 日

# 笑着，表现生活的胆和力

## ——写给元敏同学

**吾生元敏：**

  见字如面，展信快乐。一直很安静、一直在奋斗、一直有追求、一直不放弃的元敏同学，十八岁生日快乐！

  作为老11班的"原住民"，你是为数不多的能与老师同行三年的青年。这位时间朋友给我们提供了便利条件，让我们师生拥有彼此共同的光阴，让老师见证了一个青年三年完整的成长历程。当我们能够从整体上把握过程的真实和细节的微小，我们才能如实地品味岁月给我们的馈赠，我们才能真实地看见前行每一步的映像。一千多个日夜，带给你的，除了年岁的增长和身高体重外形的变化，最为重要的是你在成长过程中孤勇前行的底气。

  从遥远的2019年8月20日的军训，到2020年8月31日新23班的组建，变化的是班号，不变的是攀登者跋涉的步履和坚定的眼神。你在日与夜的转换里，不断摔打锤炼成一个拥有冲刺高考各种能力和处理各种情绪的勇敢者。在这条没有返途的长路上，你只能借助内心强大的自己，与外在的自己并肩战斗。外在是内在的现实可能，内在是外在的想象引领。老师希望你能在这个美丽的夏天，收获一种人生的轻松，去往可以到达的远方，去实现我们忍着疼痛依然渴望的青春想象。其实，我们23班的孩子中，老师最希望的便是元敏同学你能够用秋天报到的大学来为自己的未来点燃更美好的光亮，能在9月用他乡或泉城的象牙塔之美来平衡高三一年我们承受的一切。为什么老师会说最希望的是你呢……

  十多年前，老师刚入一中工作时，印象里接的那个班在现在高三北楼的四楼最西头，是一个学生数量巨多的班级，最多时有 76 人。受惠于当时的中考政策，这个班里更多的是咱们南山本地的孩子；市区的学生也有，但还不是很多，完全不像现在，城乡的生源已经"分庭抗礼"了。记忆中，那些来自南山的孩子成绩优异，沉稳积极，最关键处是他们的绝大多数都通过了高考的独木桥走向四海五湖，实现了青春梦想。他们在山大、海大、石油大学，他们也在山理、山农、济大、聊大、曲师大……前段时间，老师组织的你们的学长学姐与大家的见面会，八名同学中就有六名来自南山。

虽然已经过去半个多月了，但屏幕前后，你能感受和领受到的经验和智慧，老师相信你还能说出一二，还能记起八九。当天晚上视频会议结束后，老师与他们互通联系，互致问候，他们都说，在屏幕里感受到了高中时代的状态，似乎就坐在教室。于是，我们可以说，高考带给我们的东西就是他们的信息回复内容所说的一切了。你的学长和学姐从南山走出，多年未见，老师甚至都不敢想象他们的变化如此之大了。你看到的他们，是将来的你们；他们看到的你们，是回忆中的他们。每一个从高中跃升到更高平台的孩子，对于高中的回忆，基本都是感谢这酸甜交织的生活的。苦痛也罢，失望或是深深的绝望也罢，这些情绪都会在岁月的酝酿中，让我们驰骋在更辽阔的大地，让我们翱翔在更辽阔的天空。

高三一年，老师看到了你的泪水，也感知到了你身体上的疾痛。面对这些，老师只能以拽人上岸的角度，让你看到可能与希望。好在这些略显疼痛的经历都已过去，考前的这几个月，你一直在加倍努力。老师相信你会收获自己心中想要的结果，也会去往你心底渴望的远方。

前几天，老师参加一个评选，需要点赞拉票。生性不喜把为学生的所做所行主动示人的自己，面对这个挑战自尊的事情，实在是感到手足无措。可游戏规则需要老师硬着头皮去"吆喝"自己，最终还是在"潜水"很久的同学群"冒了泡"。初中群的同学在为我点赞的时候，我察觉到了生活正在用无声的事实和语言向我们诉说求学与否所带来的人生不同走向之别。老师出身乡野，少年时经历了太多生活的寒凉，也体会了"劳动分工"之外的巨大差别。一个少年在需要被支持、需要被投射关注的目光时，乡野的环境和家庭是不能给他提供成长所需要的条件的。老师生性敏感和又过度自尊，现在回忆起来，仍然感到不堪和沉重。于是，老师便狠心对自己下手，忍耐了寂寞的坚守，克制着玩乐的天性，走他乡，寻职业，算是终于脱离开爱与其他复杂情感交织的故土。

但是我的同学们，大部分固守田野，每日为农忙奔波。老师每到假期回乡，在集市，在途中，总能看到过去的同学们蓬头垢面地穿越人海，去寻生活的可能。劳动的确不分贵贱，但理论的完美不能掩盖现实的苍白和冰冷，文字的宣示永远不如生活来得真切或强烈。抒情式的想象在真实的生活面前有时脆弱得不堪一击，连证明自身准确性的唯一可能也不存在。当丢失了曾经握在手中的机会，在现实的凉薄面前悔恨往昔的时候，或许才能从幻想的虚无中走出，发现读书的价值，发现高考对于一个乡村青年应有的意义和功用。高考虽说不是唯一的成功途径，但对于你、我，我们山野的青年来说，它仍然是目前最好的直达未来的方式。我的初中同学中虽不乏事业成功者，但在概率上算起来，我们能走出小山村的几个，还是有更大的人生可能性的。老师不是在炫耀我们的出走，而是希望你能明白：南山的孩子，更需要咬牙坚持，更应该忍耐前行。因为，没有伞的孩子，更应当无所顾虑。无所顾虑的是，坚持着成长，才有极大之可能，可能改变现状，可能丰富自身，可能有未来稳定的安全感。且不说达济天下的襟怀与抱负，也不说回馈社会的爱与良善，我们只从生活的狭窄视角，去看待城乡的差别。时代楷模张桂梅老师说，一个女孩的教育的成功，是三代人的福祉。不管未来和过去，老师更关心的是你的当下。希望你能通过高考的挑战，决胜人生旅途上的千军万马，能够带着决心和信心，带着好心情和好心态，在最关键的时刻，自信满满地写好答卷，然后，微笑着收获你所赢得的一切。因为，含泪播种的人，一定会含笑收获的。高考必胜！加油，元敏同学！

信的最后，老套地摘抄一个句子："凡笑者，就表现着他尚有生活的胆和力。"希望元敏同学乐观积极，微笑奋斗，坚持奔跑，高唱胜利的歌谣。

老师再一次祝福你，优秀的姑娘，十八岁生日快乐！

班主任 刘兆军<br>2022 年 6 月 4 日

# 辛勤是深沉的幸福

## ——写给俊杰同学

**吾生俊杰：**

见字如面，展信快乐。长久坚持、克服懒惰、不曾言弃、不曾犹豫的俊杰同学，十八岁生日快乐！

2019级的学生中，有不少叫俊杰的，巧合的是，还有另一个王俊杰。这个姓名的重合概率大，可以看出，背后的父母对于孩子的美好期待和未来祝愿。在这些大概率的重合中，又有一个特别勤奋、特别努力、特别优秀的俊杰同学在23班，这对一个班集体来说，怎么不是一种幸运。优秀感染优秀，优秀引领优秀，在集体与个人共同建构的集体品质和个人品质的指引下，他们一同出发，前往。这个想象中的朝气蓬勃的画面，像极了"浴乎沂，风乎舞雩，咏而归"的经典场景。当这些"俊杰"青年，带着骄傲和荣耀行走在宽广的大道上，我们有理由相信，他们会收获只属于奋进的前行者才拥有的无限荣光。因为，岁月里，他们付出了智慧，熬过了时间，战胜了惰性，并且在经过富有智识的选择后，选定了最美青春应该去往的方向。从此，"红日初升，其道大光；河出伏流，一泻汪洋"，我们有理由相信，青年俊杰，会是闪闪发光的那一个的。

在个人闪闪发亮的历史所由从来的光亮里，我们找到了我们勇敢断定他有美好未来的缘由。少年的舞台，可以是聚光灯的灯火通明，站在C位的少年，在海啸山呼般的欢呼浪涌中，接受呼喊与回应。站在舞台中间的青年，享受着瞩目的骄傲。这样的画面，我们常常在生活的情境中和在娱乐视听的屏幕中看到。"每个人都能当上15分钟的名人"，波普艺术家安迪·沃霍尔的这句话常常被人引用，用这句话去形容上述的情境再合适不过了。我们习惯看见荣光，往往对荣光后的来处选择忽略。但正是这些来处，才是最显品格和深度的源头。23班里的俊杰同学，在2020年8月31日的初见班会上被老师看见，一千多个为梦想而战的日与夜，老师见证了其中的三分之二，我们便从这三分之二的征途和来处追寻一点儿线索，发现一点儿美好，挖掘一点儿价值。

学生时代，学生最期待的是假期；走上工作岗位，打工人最期待的也是假期。不分职业、年龄、性别，对于假期的渴盼，达成了不谋而合的共识。假期里，我们可以卸下"铠甲和战具"，回归到松弛的状态，享受我行由我心的自由，可以不学习也不必背着沉重的负担，可以不劳作也不必怀着惴惴不安。这种放松和"嚣张"地做自己，成为我们渴望假期的一些理由。但又确确有人，在这个渴盼放平自己的时间段，继续执甲出征，继续向梦而行。这样的生命个体和群体，值得我们的赞叹，他们也最有理由和信心去享有荣耀的"15分钟"。

在这些跟松散和惰性斗争的少年里面有一人，就是俊杰同学。记忆里，高二时，晚自习你们经常在实验楼挑灯夜读，在其他同学张扬着自己无计划无目标的青春时，你们做着具有长远目标指向的辛苦播种。这样的辛苦，其实是在挑战我们人性中的懒惰，是在对决绝大多数人内心天生的松散。当辛苦的少年播种者，战胜了大多数人不能战胜的，他们已经在同辈的马拉松竞技中抢到了先机，站好了身位。没有人能摆脱掉"内卷"的现实，既然如此，那好，我们就卷起来吧！

于是，在课余、在周末、在假期，当一些同学沾沾自喜地讨论着游戏和享乐，当其他人沉溺于松弛、消遣，我看到的俊杰同学，选择了孤旅，选择了勇敢地走在意气风发的路上。疲惫是有的，劳苦是有的，老师想告诉你的是，当我们认定了自己的所选和所行，当我们坚守了自己的所为和所践，每一步的成长便都是踏实和幸福的。孤勇不是孤独，劳累不觉劳苦，辛勤更是深沉的幸福。老师说的这些，你肯定在锦绣楼的物理自习室体会得更加彻底，在与题目的较量和才干的增长中，也会沉浸到只有自我前行时内心才有的坚定和面对挑战与艰险的从容。青年，如果在这个旅程里，你在青春奔跑的赛道上塑成了性格，完善了勇气，一旦拥有强大内心，便能助力你战无不胜，攻无不克。因为，一个青年在青春看到的世界和他经历世界的状态，决定了他未来对待世界的方式。所以，老师祝贺你，在暑假的备战中，不仅获得了外在的等级认可，其实更为深沉的，是你拥有了明日面对更为宽广世界的方法论。从长久未来和人生之海的磅礴中，我们的所得便具备了时光上的意义，我们的所获便加成了内蕴的潜能。

在老师的 QQ 留言里，你"为成为强者！"为结尾的那条留言是老师收到的字数最长的学生留言，字符数 455 字。在共勉的期待里，老师看到了你的可能性，故而特别希望你能攀登至更高的峰顶，尽览青春的景色。

前几天，老师与几个同事在饭间聊天，提到了孩子是否继续攻读的事情，有老成者建议尽快工作。老师从自身的经历和收获出发，倒希望这个孩子可以继续在更高的平台见识别样的风景。老师勉强读了研究生，虽然成绩平平，但接触的人、看见的生命样态、感受的人生广度、体会到的智慧魅力，以及自己在这个过程中切实体验的悲伤和欣喜、成熟与感动，都为青春赋予了不去便无机会享有、不达便无可能感受、不到便无境遇体悟、不往便无时间品味的美好可能。多年过去，2007 年 9 月在辽宁大学蕙星楼初见高凯征院长（老师到现在为止最崇拜的学者，没有之一）时的那个下午，就像一段美好旅程的最美站点，永远定格为永恒，成为老师永远怀念着的青春记忆。你为知识拜倒，你为魅力征服，想象一下，便觉青春奋斗有味，便觉少年追求有盼，便觉人间所有苦辣和拼搏，都值得。

信的最后，老套地摘抄一个句子："沙漠里的脚印很快就消逝了。一支支奋进歌谣却在跋涉者的心中长久激荡。"希望付出了心力，坚持了理想，收获了信心，看到了无限美好可能的俊杰同学，高考马到功成。加油！

老师再一次祝福你，优秀的小伙子，十八岁生日快乐！

班主任　刘兆军

2022 年 6 月 4 日

亲启，致青春的你

# 少年与爱永不老去

## ——写给李泽同学

**吾生李泽：**

见字如面，展信快乐。酷爱体育运动、苦练竞技本领、学业不弃追求、未来充满可能的李泽同学，十八岁生日快乐！

当毕业的离歌在此起彼伏地唱响，当决战的烽烟在九州大地燃烧，我们的高中生活，我们最值得怀念的青春和过往，也即将画上它的句点。今夜好像有点儿特别，省道103线上风驰电掣的呼啸消隐了，看来为了高考，大家都在努力地克制着。李泽，你也将在这各方努力共建的和谐安静的环境里走上考场，老师希望你闯雄关，名显扬，青春无限，行者无疆。

今天晚上，老师本想只强调一下明日最后一节班会的注意事项，但在讲解注意事项的过程中，可能是因离别的伤感，也或许是太想要送上心灵的祝福，老师把讲解变成了讲述。许久没有这么酣畅淋漓的感觉，这也是老师几天来一直想的，争取在毕业前为大家送出的心里话，它真诚，真实，直指心灵，又富有力量。虚假的一看便知，真实的才能用心感受。希望李泽同学你也能在最后的总攻发起时，无所畏惧，无所犹疑，无所懈怠，无所顾虑，像在球场上老师看到的你，对篮球如此热爱和执着的你。

你是喜欢篮球的小伙子。与你母亲交流时，她说起你在家运动的场景。为热爱和喜欢的事投入态度和付出精力，为追求和渴望的目标拿出干劲尽力拼搏，这是你能在篮球场上理解并实践了的青春经验，这是你在运动项目上懂得并加深了印象的少年过往。

"少年与爱永不老去，即使披荆斩棘，丢失怒马鲜衣。"这是一个篮球视频的文案，视频的主人公叫张家城——估计你知道他的故事。"热爱可抵岁月漫长！那个摆摊的篮球少年带着绝杀回来了！"这是另一个关于篮球的故事，主人公叫石学念，视频的沸腾处是最后读秒的三分绝杀。

两个"天选"的少年，身体条件本不突出，甚至还有先天的障碍和劣势，但正是这样的主人公才更有打动人心的魔力和魅力。魔力处，在于像老师一样的篮球盲也能被其专业的技术层次征服；魅力处，在于我们可以用超越篮球之外的人生内涵进行解读。张家城被独臂设限，石学念被困于现实条件，可以说，两人都没有在篮球这条路上闪亮的长处，可故事的激动人心和振奋人心处，就是被限制的人生冲破限制，短板的人生不认输的青春品格了。故事里主人公的专业度固然有限，但精神的引领带给我们的启示却生生不息，那向光和逐光的品格与态度令人过目不忘。精神没有专业之分，态度坚决各行如是。张家城视频的最后是三分球进，一个专业的国外运动员将他高高举起；石学念视频的最后是他的三分读秒绝杀，然后高高扬起腾空的脚步，激荡飞扬，壮阔无比。青春最闪耀处，就是靠着无人看见的努力，抵达峰顶后被众人拥趸的感觉了。人生壮观大地，青春无限长天。老师希望你在体育中不仅健体强身，更能领会体育之于人生的要义。那样，体育与人生，才是最和谐的两驾马车，体育之效才能让我们化弱为强，我们来日方长的青春才能找到每个人最为独特的前行之途和抵达之路。

前几天的一次周测后，语文组的同事在批阅作文的时候，在我们的组内讨论群里发了一张答题纸的截屏。我一看，便知是你的答卷。如果说同事在你的叙述里关心了刘主任的出场，我则注意了你的讲述和讲述背后的离情别意。其中，你写到忘不了老班的热血班会，我很欣慰。虽然对每个学生的教育目标不能完美地实现和抵达，但真正触发学生的哪怕一点儿的感悟，使之有前行和奋斗的可能，我们就满足了。有人说，这个世界上有两件事很难完成：掏出别人钱包里的钱和改变别人的思想。在简单和纯粹的你们面前，如何帮助你们"系好人生的第一粒扣子"便成了老师们最难完成又最想完成的一件事。它值得每一个教育人付出心力与智慧。坦诚地说，23班的你们，遇到了老师最好的三年。我把前期的积累和所学，在23

195

班进行了大力的实践。仅以这封凌晨一点多我们师生交流的书信为例，它已经超越了过往老师所有的班级书写可能。前几年，老师的休息时间过零点是极限，可现在，尤其是高考冲刺的这几天，过凌晨一点已成为常态。无目的地浏览时，困倦和疲惫并存；有目的地书写，心中怀揣着创造未来的最美可能时，困倦和希望相守。写累了，看窗外，远处的灯光会给我一些等待发掘意义的可能。寂静的村野和远离喧嚣的南山，会令人感觉在与未来同行，我做的和思考的都是我爱的和最值得期待的事情，便不觉夜深，便不觉苦累。

过去的这两年，老师作为你的班主任见证了你的成长。作为长辈，我和你不只谈美好的实现，也有义务与责任指正你的短板，辅助提携你变得更好。两年里，生活细节处和习惯养成处，还要下勤苦的功夫；态度周正处和勤严谨实处，还有多提升的空间。老师的责任，不是只用赞歌的幻象遮蔽真实的现状，也不能只用语言的修饰涂抹瑕疵，因此，临别成人生日祝福和高考寄语之外，老师还把目光放到了未来和久远，希望李泽同学能在每次认识自己后有实行，有提升。这样，在"内卷"的时代之争和未来的职业之争以及一生之争的人生修为上，我们才能有实现更美好可能的前提，才能"阳光照进现实"，才能有抵达和到往的基础。在最狭窄的意义上，我们才能不被细节缠身，不被琐事分神，也才能聚精会神地成长自我，完善自我。希望你明白老师的深情，在未来的成长之路上有理性，多智识，少随意，杜盲目。老师相信你，这样的李泽，才会在日久见人心的青春赛道上，熠熠闪光，晶晶发亮。

信的最后，老套地摘抄一个句子："所有的胜利，与征服自己的胜利比起来，都是微不足道。所有的失败，与失去自己的失败比起来，更是微不足道。"老师盼望着你，与优秀的自我同行，与微瑕的自我战斗，在火热的运动激情和冷静的理智援手下，高考马到功成！加油！

班主任　刘兆军

2022 年 6 月 5 日

# 愿所有美好，都不负归期

## ——写给新颖同学

**吾生新颖：**

见字如面，展信快乐。一直安静地追寻着梦想、一直深藏着青春的渴望、一直在拼搏的赛道上进行着想象的新颖同学，十八岁生日快乐！

现在是北京时间2022年6月5日的深夜，老师看着学校北门明亮晃眼的灯光，开始在回忆和展望的交接处，在往昔与未来的联系中，寻找我们师生对话的切入处。

回忆里，新颖同学的眼神，不论是在老11班还是在新23班，都是在眼镜后闪烁着明亮的光，在交流时露出希望的笑。

在老师的班级记忆相册里，有一张照片。照片上，你拿着"联盟部落奖"的奖牌，站在老11班的后黑板处，右手大拇指竖起，眼神坚定，蓬勃着青春的气息，这是独属于少年的样子。老师在美篇配文："不以一时定未来，沉潜才具真功夫。在挫折中体悟，方能于挫折中奋起。"已经记不起这是哪一次的考试奖励时拍下的照片了，你留下的是自信的阳光和舒朗的模样。记忆可以模糊，追求不能打折。老师看着这些找出来的老照片，恍惚中会发觉时间就在悄然间溜走了。没有一点儿声息，没有一丝留恋。但时间的无声息和无留恋给故事和往昔之中的当事人留下记忆的同时，也给了我们更多反思和回望的机会。

新颖同学来自南山，有南山学子典型的品格和特点：单纯、良善、文静、温暖。淑涵同学曾经在一次聊天时说起，她最喜欢的感觉便是与来自南山的你们在一起。其中的缘由，大抵也是因为你们所共同展示出来的优秀品格。这些优秀的品格，在你的身上，因为安静的涵养变得更为突出和明显。

老师为了找到祝福叙述的灵感和对话的线索，又去重温了你的家人写给你的成年礼祝福信。从厚重温情的家信里，老师找到了证明我对你印象的考据。你的姐姐，在对你的祝福和期待里，不仅用富有智识的语汇细致地描述了你的过去，还用创设标杆为你描绘了可能的美好未来。于是，老师便觉，你的优秀品质，便有了由来的源头，你的未来也有了前往的去处。美好的家庭培养美好，幸福的环境孕育了幸福，老师希望你当有享有幸福和美好的感恩，当有在幸福和美好的培育下抵达的方向。南山的孩子，拥有了如此的家庭环境，当是山川水月教给你生命密语之外的最值得珍视的东西。

带着爱与期待，在繁重的学业进取之路上处于犹豫和徘徊、彷徨与踌躇时，我们就会找到自己源发的起点，定位好自己的未来。于是，老师看到了一千多个日夜中，你与同行的守梦人和圆梦人在青春竞逐的赛道上扎实的前行脚步和自信的昂扬状态。高中最让我们不断成长和不断茁壮的因素，确是那些来自幸运里遇到的磨砺，那些幸福里闪耀着泪花的日子。当我们能和挫折与阻碍携手前行，我们才可以凭骄傲的青年所独有的生命样态，去敞开自己的生命可能，去拥抱、去迎接那激动人心和激荡生命的未来。新颖同学，老师看到了，你在期待的奔跑中，加速了自己的"七十迈"，在方向平坦和远路征帆交相辉映的漫漫征途上，终将抵达辽阔的江海，将壮阔的风景尽收眼底。

是的，我们的人生值得处，我们的愿望纯净处，便只是那在别人看来微不足道而自己"敝帚自珍"的爱恋上不停歇自己的脚步，不放慢追寻的可能。想象固然美好，然"大风起于青蘋之末"，江海源于千里溪流。在山阻石挡的长路上，我们遇到的情绪才是真实，我们感受的崎岖才是所在。老师不仅为你"画"出青春的大饼，老师也细数一下，我们经历和感受到的低谷和伤痛。就如老师跟你开玩笑地说着耿耿于怀的寒假往事，老师当时所不希望的，是我班的孩子，我的学生新颖同学，没有出现在教室里她奋斗和前行的位置。老师希望的，是看到她与同窗们相扶相携着如初升朝日，冬季里苦战硬战，盛夏时收获收满。诚实讲，老师当时甚至不理解，我一直相信着的新颖同学，怎会没有如约而来。那是与自己对逃离的抗拒而约，与自己对直面挑战的勇气而约，与假期里断舍离的坚定和果断而约。这是老师期待中的你，也是汇集了对学生所有青年品质的期待聚合在一身的你。这种期待，与家长和姐姐对你的期待相同，与自己对自己的渴望吻合，它是理想中的我们，也是可能成为现实的我们，更是未来值得的我们。

2022年的春天到来后，随着高考的临近，老师对你的"意料之外的缺席"，慢慢有了"和解"。这都是时间的帮助。当时对学生、对你们不近人情的极致要求，就连我自己都做不到，哪里又有底气去带动和鼓励你们，哪里又有体验和经验拿出来分享？成年人，在经过生活和日子"私心"的捶扁后，有时尚且不能悟生活，改行动，转方向，塑人生。一个学生，一个青年，在某一个时刻的缺席和偏离，我们亦不能对她仅进行马后炮式的贬低，我们更应该看到她的未来，只是，现在、当下和此刻，需要她先拿出战斗者的生命姿态。希望她如是，她也一定会如是。新颖同学，老师再一次选择相信，你内心的答案都是正确，都是唯一。

写完这封信的时候，理智的清醒已成为混沌，面对我们的内心，我们的努力和坚持又一次完成了。在与自我的战斗中，所得的乐趣和收获的心情，只有埋头耕耘的人才会读懂。正如我们在南山时常见到的劳作景象：辛勤的农人在烈日下汗如雨下。当他不管骄阳似火、风沙劲吹时，我们看到，只要静静地等待，他的身后已是良田万顷碧波，麦浪浮动金黄。这样的等待与所行，就是我们的高考！老师祝福你，马到功成，加油！

信的最后，老套地摘抄一个句子："愿所有美好，都不负归期，选一种姿态，让自己活得无可替代，没有所谓的运气，只有绝对的努力！"天地辽阔，宇宙浩瀚，祝福少年，光照千山。

老师再一次祝福你，从家人的幸福中来的新颖同学，十八岁生日快乐！

班主任 刘兆军

2022年6月6日

# 人总要为了一点儿目的活着

## ——写给维超同学

**吾生维超：**

  见字如面，展信快乐。逻辑思路清晰、辩论角度入理、未来掌握手中、梦想又接地气的维超同学，十八岁生日快乐！

  今天是二十四节气的芒种。天公作美，把近来最舒适的天气给了决战前的调整和备考的日子。今晚的天气一扫几日来的夏热，白天的温度也从昨天的35 ℃降到今天的30 ℃。无论从体感上还是精神上，这样的天气都是再好不过的条件了。占尽天时，独享地利，在这样的天气里起航，我们的心情也是愉悦而美好的。启程的时刻，老师心中唯有对你的祝福，对你的宽广未来的希望和对你美好未来的确证。三年来的一千多个日夜，终要完成它的使命和它的旅程了。这种完成，在高考的节点上结束，且要在美好青春再启新程的时候，画上它的句点了。

  按照学校高考期间的值班安排，老师要在凌晨两点去宿舍值守。现在是6月7日的凌晨零点零五分。这个时间老师本可以暂时回家休息，但刚才在家洗漱完毕后，想到学校里的大家和马上就要完成的生日贺信系列祝福，思来想去万事缠心，我实在没有入睡的可能。虽然现在也是困倦，大脑开始混沌，但通过生日祝福的书写去更好地完成与你们的心灵交流这件事一直在内心牵挂着，于是，我做了干脆的决定：提前到学校里来。

  高一北楼管理办公室内保安大叔的鼾声如仲夏的小夜曲，监控设备的运行声也在耳边沉闷地嗡嗡作响，亦有蚊蝇在身边飞舞着聒噪。无论怎么修饰，老师选择的这个书写的地方，都是不如"躺平"在家里来得彻底、简单与轻松的。高考过后，大家就真的要从一中这座小站远走高飞了。时间紧促，老师对所有人的祝福也在即将完成的关卡上堆积着。在老师进行这件事情的时候，我的同事心疼我劳累，劝我不要这么拼，因为这不是一份必须完成的教学任务，甚至说它根本不是任务。老师完全可以把班主任工作做得很轻松，如果"躺平"，也未尝不可。可是，人总要为了一点儿目的活着。

无论是美国心理学家马斯洛提出的需求层次理论，即生理需求、安全需求、社交需求（归属与爱的需要）、尊重需求和自我实现需求，还是中国哲学家冯友兰先生把人生分为自然境界、功利境界、道德境界、天地境界四个境界，它们都认可了人的现实需求，并且也都提出了自己对于人类的更高需求的理解和观点。回归到我们的现在，老师按时休息是生理需求和现实需求，但老师主动并幸福地选择了自我实现需求和道德境界需求，是我的精神愉悦的满足感和职业信仰的崇高感给予了自己超越身体劳累和精神疲惫之上的自信。

这样的追求，它不以职业的基本规范和标准为准则，它更多地关注自己的内心，突出的是我们自主的选择和自我的提高。简言之，它是我们的精神追求和自我道德追求。没有人规定我们要超越基本要求，也没有人为我们制定标准之上的评价尺度和衡量准则，但它却有深深的魔力和魅力，引领着我们的内心，激发我们的潜能。如果非要为这样的召唤力量定义一下，或许追求、价值、信仰、情怀、深情、操守的集合，能够概括它的一些意思，但又不是全部。为了便利和直截了当地概括老师的讲述，我们可以生硬和粗暴地把它表述出来：人，终究是要有点儿追求的。

凌晨的文字讲述，带有了这个时间段特有的模糊和倦意，但老师想告诉维超你的是，老师希望你能像在126宿舍时的样子一样，拥有并保持上面我说的这种追求，怀揣并践行这样的精神。唯有具备了这样的精神特质，我们的青春才有颜色，我们的生命才有激情。

一千多个日夜兼程的奋斗就要结束了。我们师生有缘，共同参与了彼此两年的成长。坦率地讲，这几百个日夜，是老师的专业成长过程中最看得见样子的日夜，是老师带班方法运用最有思考和实践的一年。我们在彼此最美好的年华，你的青年姿态，老师的专业成熟，在各自最美的可能里碰撞最美的希冀。不知老师的记忆对否，印象里，老师在 126 宿舍为你们加油鼓励之后，你以大哥的身份在宿舍里提醒兄弟们要心无旁骛，认真成长。宿舍里有的同学游戏青春，当时你与我的心情一样，"怒其不争"。随着时间推移，老师现在以"大哥"的身份希望维超"书山固超远，大蒋四海维"。"鸡汤"的表述是这样的：请相信每一次的努力都算数，奋斗过就足够骄傲。

时间来到后半夜，老师度过了困倦的临界，现在反而有些清醒了。再回忆一些深情之事：刘洁昨天回答记者采访时说"我与老班不打不相识"，于是我想起了 2013 年 527 宿舍的小伙子们，集团式地与我"斗智斗勇"，隐藏式地钻学校规则的漏洞，团灭式地荒废学业。好在他们在经过大学现实打压后，在不同的高校集体奋起，录海大、入山大、走长安、进一汽，考军校、上京城……虽是都多走了一步，但终归百川入海，拐入正途。青春依次绽放，散是满天星光。老师再次选择相信，维超，靠着对自己狠一点儿的奋斗，成为你想成为的模样吧。离别，总是会主观带入情绪的，老师希望你能读懂深情一二。去年 9 月 10 日，你的母亲来校。老师每次与家长的见面，总是会有丝丝的内疚，他们风尘仆仆远来，行色匆匆返程。"父兮生我，母兮鞠我。拊我畜我，长我育我，顾我复我，出入腹我。"每一个成年人都有不为人知的"伤痛"和"苦难"，成年了的你，当知父母不易处和辛酸处，在提高才干和丰富自我的过程中犹疑和徘徊时，想到他们便能得到些继续前行的力量，方为知责任、懂感恩，老师相信你会做好。

信的最后，老套地摘抄一个句子："即使狂风与尘沙将你湮灭，也决然不要淡忘，当精神的光明到来，生命将面临更大的活跃。"这个句子，既不是来自圣贤先哲，也不是源于厚重典籍，它是老师在大学求学时，一个酷爱读书的同学写在赠送给我的纸页上的。多年过去，这个句子依然清晰如昨。当年是仅从背过的角度理解它，随着年龄的增长和所经事情的渐多，老师便读出其中的深意，能深刻地理解我们的生活了。希望维超同学也能在荆棘密布的时光前路上，在青春不息生命沸腾的成长中，获得精神上的提升，去理智有勇地面对未来的生活，把生命之青春，把人生之未来，过得踏实而稳健。老师真诚地希望你，勇敢地实现人生，清醒地过好当下，一切都如心所愿。

老师再一次祝福你，未来有无限可能的小伙子，十八岁生日快乐！高考，加油！

班主任　刘兆军

2022 年 6 月 7 日

# 前途似海，来日方长

## ——写给筱雅同学

**吾生筱雅：**

  见字如面，展信快乐。一直很安静、一直很善良、一直很担当、一直很理智的筱雅同学，十八岁生日快乐！"功成名就递寒筱，传语雅人清且安。"两年前老师为大家构思的姓名联句，是在深夜的书写里，在未见大家之前，对你们的想象和期待。印象里，老师在学校里开完班主任例会，晚间哄孩子睡下后，总感觉第二天我们的师生初见，要有一点儿不一样的感觉。

  "人生若只如初见"，从此江湖无恩怨。在心理学上，美国心理学家洛钦斯曾经提出过一个概念，叫"首因效应"，大致指交往双方形成的第一印象对今后交往关系的影响，即"先入为主"带来的效果。虽然这些第一印象并非总是正确的，但却是最鲜明、最牢固的。在班会上，如何呈现具有23班独有风格特点的见面仪式，如何在多年后回忆起高中过往的重要时间节点，能"秋风不悲扇"，让过去的日子在生命中有旧时光的味道，老师思来想去，便坚定地告诉自己，决不能草率地对待我们师生的初见。可是，在最终确定做这件事时，已是深夜了，当坚定并忍受着困倦把这件事做成的时候，是凌晨两点多。

  于是，2020年8月30日晚上，在家人都休息后，我在能看到省道103线上灯火的阳台，用几个小时的深夜时间，为大家构思了这些姓名联句。在这些姓名联句中，老师感觉自己构思比较好的，并真正地体现语文味道且深切地表达了老师对你们未来想象和期望的，是为你写的这一联句。我们有句俗语，"巧妇难为无米之炊"，我们可以从你的名字本身的角度去想，正是你美好的姓与名，给了老师创作的美好前提与可能。"安""筱""雅"，无论是合读还是具体的每个字的单读，它们的音节和含义，它们的读音带给我们的想象和假设，都如斯美好，如斯和缓，如斯温柔而坚定。音与义，字词的读解，与具体生命的美好，都在告诉我们，安筱雅同学也会在温柔而坚定的征途上写下属于自己的美好故事，留下动人的故事。故事的书写源于"日拱一卒"的微小付出，源于每日所行和每日所成。为了建构整体的三年成长框架，老师把三年来最能带代表我们具体成长的数字变化史进行了重要节点的勾勒和汇总，以期发现老师与你没有同行的高一的过往细节，并在完整的数字史中重新发现、重新定义你的过往青春及未来生命的提升和塑造可能。于是，过去的历史无论是跌宕的开阔，还是踏实心安的稳定，在指导未来走向的意义上，它们的价值都不可低估。

开合跌宕时，或许表面的数字表现让我们揪心，波峰固然可喜，波谷亦不必悲伤；踏实心安的稳定或许是每一个有进取之志的年轻人所渴望达到的理想状态，理想实现必然是可贺可喜，但稳定的层次提升才是每一个逐光前行的青年应该到达的心安终点。这样对照和比较，这样集合和考量，就让我们的内心清晰澄澈起来。跌宕起伏本来就是命运的正常形态，稳定的发挥是每一个学生努力想要达到的层次。当我们把观察视角拔升，把看问题的视域拓宽，我们加深确证和增强底气的理由便又多了真实生活的证据成分。这样，我们求索的内心拥有和怀抱生活的无比丰富和厚实的证据时，老师相信，你在生活中发现和观察到的生活真实，将为你的前行呐喊助威，聚力相助。老师渐觉，你甚至可以看见家庭变化的轮廓，在家庭生活的书写中，你会了解和感知到生命内里的无限壮阔。父亲不言生活的苦累，母亲隐藏日子的酸辛，他们让我们看到的只是变化，让我们感受到的只有坚持。当一个家庭如绳股、如征帆，这个家庭的美好幸福可达，这个家庭的阳光希望可往。读解生活之书，你会看到这样的人家，每一个人都是温柔坚定、奋力奔跑的。老师的年龄虚长你们好多，学识的增长你们渐渐便可实现，但生活的教益，则需你们用发现的眼睛和心灵，主动探求，从生活的收益中获得宝藏，丰盈人生。

筱雅同学，老师在语汇罗列的叙述中讲述生活的深意，是想让你把自己的成长看作生活的养成。在老师的资料收藏文件夹里，有你前段时间写给我的书信。在你更多的是科目知识点的表述中，老师作为一个"过时"了的高中生，已经丧失了对专业的学习方法进行指导，丧失了让人学之即用的技能。但老师有更多能拿来使用的，便是那些从低谷中挣扎爬起的经历，是雨季里掺着雨水而流的泪水，是在看不见希望的黑暗中坚持着去寻找光亮，更是在自我怀疑和与他者的比较中丧失斗志时的"只要做"的经验，是在突然的一天和某一个时刻发现自己真的成了被上天眷顾的逐光者。"当一束光线透过胶体，从垂直入射光方向可以观察到胶体里出现的一条光亮的'通路'，丁达尔效应的出现从而也寓意着光可被看见。"这是对丁达尔效应专业的解释。黑夜里突然射来一条光路，让黑暗中的人看到希望，让绝望的人又燃起斗志，让前行者又找到方向，让迷失者向光聚集。这束光，就是我们内心虽经数次风雨而终没有熄灭的光，是我们在沉重苦累的尘世里那没有被界定的东西。这个小东西，深深埋在每一个少年的心里，在每一个孤独绝望处给人力量，在每一次挣扎焦灼时给人勇气；它不是别的东西，它就是你自己，那个奔跑着呼喊着渴望着奋斗着拼搏着的你自己！筱雅，老师看好你，光在心底，无可限量，照千山，临大地，青春，怎会不明亮个彻底！

信的最后，老套地摘抄一个句子："人生是在进行着无数次入围与淘汰的比赛，无论入围还是淘汰，都应该有一份超越自我之心，挑战自我之心，战胜自我之心。"希望在沉潜的积累和蓄积的力量双重加持下的你，面对青春之挑战，以智慧和理性，以情感和投入，骄傲地入围。高考马到功成，未来前程锦绣，加油！

临颖神驰，言不尽意，姑道一二，未必为是，纸短情长，搁笔至此。大幕将启，猛士往兮，攻城拔寨，得所愿兮！老师再一次祝福你："前途似海，来日方长。"未来有无限可能的姑娘，十八岁生日快乐！

班主任　刘兆军<br>2022 年 6 月 7 日

# 我们的奔跑必要有个终点

## ——写给新源同学

**吾生新源：**

见字如面，展信快乐。一直很安静、一直在追求、一直在奋斗、一直在渴望的新源同学，十八岁生日快乐！

现在是北京时间6月7日深夜，老师坐在家中的阳台上，又一次听着窗外不绝于耳的胎噪声，伴着远处村落里不时响起的犬吠声，开启我们的师生书信对话。为你书写的祝福，在老师紧张的书写计划的压轴位置，老师期待你必会以压轴的表现，为自己的高中三年结尾，为阶段性的奋斗历程作结，为新征程的出发鼓舞呐喊。老师对你的这些美好期待和动人想象，既是老师对你三年奋斗历史的抒情假设，也是你对自己三年拼搏过程的结果实现。

三年，一千多个日与夜，我们的奔跑必要有个终点，我们的旅程必要奔个去处，我们的青春必要求个答案，我们的人生必要立个志愿。这样的概括和界定，可以化为简单的目标和具体的事件——老师希望你高考上岸，三年圆满。

老师相信你三年来一直在为这次青春的撞线积蓄并贮存战斗的意志和闯关的本领，其中的后两年，老师作为见证人，看到了你的主动追逐和积极态度。不为数字的变化改心志，只为过程结果的破解找途径。老师浏览了与你家长的微信交流记录，其中有几条信息，是你的家长为了帮你解决学习上的具体困难向老师请假，确定一下接你回家补习最合适的接送时间和具体离校位置问题。

从天桥到南山，老师查看了一下，接近38公里。来回两趟，约150公里。父母用150公里的路途，不辞辛劳，为你的未来人生路途寻找一种可能的破解方法。老师对天桥不熟悉，又因工作繁忙和对孩子的照顾，久不出远门。如果说，过去对你家庭住址的地理位置界定更多的是依靠地理名称上的想象、地图上查询到的各种可能线路，但今晚因为书写祝福需要搜集素材，老师把这些具体数字距离加起来的时候，着实是被惊讶到了。惊讶的是来回的距离之远，意料之中的是老师读懂了你的父母对你爱得深切。能不辞山高路远，为孩子成长不惜一切代价的时候，父母便都是驾着七彩祥云来守护我们的英雄。只有他们把我们送到目的地，并叮咛嘱咐的时候，他们才觉自己的任务已经完成，自己心底的牵挂有了回应。我们作为被照顾者和生活条件的享受者，在爱的意义上"发现"了父母，在生活的大书里看到了父母的内心，在远距离的舟车劳顿中看到了父母的无所不能。因此，新源，当你在拥有或享有这些父母提供给我们的条件时，我们要学会去发现、体悟、感受爱与力量，去找到、定位、理解父母的苦心。当一个青年拥有了这样静下心来"看到"父母的能力，看到表象下深厚的情感河流时，他也将重新获得力量，再一次赋能路上的自己。

"自今以往，弃'哀时客'之名，更自名曰'少年中国之少年'。"这是梁启超先生《少年中国说》的最后一句，我们可以从中看到先生的果敢与自信，昂扬与信心，蓬勃和理智，远见与卓识。正如文中的话："少年人常思将来……惟思将来也，故生希望心……惟希望也，故进取……惟进取也，故日新……"这样的句子每一次读起，都是一次荡涤，都是一次生发，都是一次振奋。

老师为了了解你在高一时的大致表现，便去找了一些过往的佐证资料。借助这些重要节点上的表现，可以约略有了三年整体性的把握。于是，借助它们，我看到了默默进取和时时怀抱希望的你的过去，感受到了你的现在，也能够预想到你那必将美好的将来。因为思将来，才有了你今日的坚强意志，因为生希望，所以看到了你的寂寞坚守和坚定脚步。

英语科目考前的上午自习，付老师在讲"中国元素"，你坐在教室的"C位"，认真地背诵，仔细地落实，时不时拿起笔记录，讨论。在考前，我们能够幸福地坐在教室，安静地梳理重点，比那些为了考点奔波在路上的同龄人，更多了一分信心和力量。信心力量何来？在内心，在自我。

前段时间，老师记得你到我的座位上来，向我表述了自己高三复习时内心的犹豫和怀疑。老师安慰和鼓励了你，不知是否能够帮你卸下当时的包袱，再次鼓荡风帆，逐日远行；但老师相信的是，新源一定是有顺应内心的回答的，因为"阻碍不能阻其志，困难不能困其心，挫折更加坚其行"。备考之路的困境丛生，前进之途的阻碍常见，正如老师昨日晚自习给你们分享的文章《高考所代表的奋斗精神历久弥新》所述，2019级是疫情下"天选"的一届，与往届不同的是"非同寻常的困难与挑战，将给他们带来非同寻常的成长与淬炼"。一以贯之地保持奋斗精神，个人的命运汇入更宏大历史叙事的格局，将成为我们受用一生的财富。老师见过的世界不大，你们未来有更多的可能。在老师见过的世界里，这种历久弥坚又历久弥新的奋斗精神，让一个天资平平、条件无优势的乡间少年一直在奔跑。压线就读高中，搭末班车入大学，压线读研，渺茫中考入一中编制，从没有一次完胜和决胜，但从没有一次自我放弃和"躺平"。回望来路，特别感谢1999年在冬日雪夜的暗色里重重摔在冻硬的车辙上的自己，2000年那个雨中骑自行车在求学路上摔了一身泥的自己，2007年在城际大巴上失魂落魄的自己，2008年沈阳-20 ℃穿行在街道上去往教室的自己，以及每一个深夜疲惫中躺下的自己和每一个清晨睡眼惺忪被梦想叫醒的自己。因为这些自己，才有了在希望中大哭着回到前行路上的自己，才有了微笑着收获了歌谣的自己。

天桥区大鲁金太阳幼儿园彩虹二班的李佳烨小朋友最近的读书习惯养成记录已经超过21天了，他认真的小手伴着纸页的翻动，萌萌的童声行进着的朗读旋律……听说你是他的骄傲，是他向往的青春之可能与未来之想象。

  朦胧诗派诗人食指在 20 岁写下的诗句"朋友，坚定地相信未来吧，相信不屈不挠的努力，相信战胜死亡的年轻"，历经几十年的时间风雨，不仅没有被岁月掩盖其意蕴，反而诗意愈发年轻，因为"那些迷途的惆怅、失败的苦痛……那无数次的探索、迷途、失败和成功，一定会给予热情、客观、公正的评定"。新源同学，十八岁已来，意味着步入了生命的新途，脚下，老师希望你有坚定；内心，老师希望你有智识。因为，压轴的你，一定会给自己青春答卷以压轴的表现和压轴的可能。高考，马到功成，加油！

  信的最后，老套地摘抄一个句子："欲望以拏云之手段，回天之事功，挟山超海之意气，能乎不能?"希望来自天桥太平庄的大姑娘新源同学，能够奋意起人生，如蓬勃朝日，回答曰"能"！高考加油，马到功成！

  临颖神驰，言不尽意，姑道一二，未必为是，纸短情长，搁笔至此。大幕将启，猛士往兮，攻城拔寨，得所愿兮！老师再一次祝福你，安静中寻找美好未来可能的李新源同学，十八岁生日快乐！前程浩浩，来日方长！

班主任 刘兆军

2022 年 6 月 8 日

# 有些特定的时刻，情绪比讲述真实

## ——写给泽豪同学

**吾生泽豪：**

见字如面，展信快乐。一直镇定坚守、一直孜孜以求、一直寂寞追寻、一直俯身劳作的泽豪同学，十八岁生日快乐！

历城一中西北方向24公里处，有市中区（但老师更愿意把它认为是槐荫区）的一个小区，叫天成国际花园。老师知道，这个小区里有你的家。在熟悉的地理位置名称上，老师找到了我们师生之间这封祝福信的起点。一个是小区，一个是故乡，一个在西北，一个在西南。它们构成了你的来处，你的过去，你的现在与你的未来。老师的故乡，在你之来处的西之又西，这样说起来，我们师生二人是教室里故乡文化渊源最近的两个人了。从旧有的故乡走到济南城区的西部，然后从城区的西部，又都来到了济南的南部，在最美丽的高中校园里寻找未来的人生，探索职业的一种可能。这样的方向，是属于我们的过去的，从现在到未来，老师希望你在祖国的东方，或者北疆的大地，或者南国的烟雨，甚或是西部的壮阔与苍茫中，去寻找更具创造力、更加温和、更为壮阔的人生方向。

东南西北的四围方向，都可以给你施展才华、兑现梦想的机会。

泽豪，你可能会奇怪老师怎么对天成国际这么熟悉。记得与你聊起过，天成国际可是老师青春过往中一个悲伤的记忆点。我们的老家都在济南之西,"段店"这个地方或许是家在西城的人们最熟悉不过的。老师十八岁外出远行,负笈求学,每次中转,都要经过段店。老师的老家在归德,是长清西南很远的一个乡镇,何况老师的家又在下边的农村,外面的世界,甚至是县城的世界,在老师少时清晰无误的记忆里完全是缺席的。记得婶子来市区的省立医院看病,为了让我看看城里的世界,她带着初三的我进入城市。可能你会感到惊讶,老师15岁才第一次进城?但这的确是老师最真实和最伤感的少年记忆。随婶子坐车转车,倒车四次才能到省立医院。为了让我看到城市中的可能性,婶子陪我坐了电梯,感受了省立医院从一楼到二楼电梯的拥挤。在大观园北门,我看到有人费力地推着三轮车上西门的斜坡,我快速地跑过去帮他。在公交车上,我为老人让座。并不是老师多么懂事和高尚,而是我第一次站在了这从未经历和到过的地方,面对未知,便要从已知中寻求答案。我的已知就是那些纸页泛黄的教科书,书里告诉了我所有的美好,在老师看来,城市就是要与书中所写的一致。这些书,是老师在农村和街镇的学校里读的书,是在老家资源匮乏的角落不知怎么寻来的书。我在书里寻找到的答案,在与乡村的生活经验完全背离的城市中失效了,它带给一个第一次进入城市的少年的体会是:要离开乡村,去往城市。

这或许是老师求学时最直白最简单的奋斗来源了。

离开凋敝,离开保守,离开苍黄,离开泥泞,这些促使老师离开乡村的具体原因,带给了老师源源不断的动力。老师生性胆小,少年时家境又在贫穷之列,所以这些离开的诱因和追求的渴望,构成着老师少年时的奋斗动力。2003年秋天,我乘车远行,去往他乡,带着家人的期盼和花费了家里巨额学费的心理负担走入城市,热烈地追求着远方。可当我从外地第一次返家,需要在长途汽车站转车回长清时,我又经历了城市的一次暴击——面对假期的拥堵场景,我像一只迷路的羔羊,看着步履匆匆的人们和飞驰而过的车辆,不知怎么转车倒车,城市又让我感觉如此"遥远"。毕业后,因为年龄原因,需要在段店附近买房。那已经是2010年的初冬了。表哥开着车,带我在周围溜达,探点楼盘。在二环西路的天成国际售楼处,看着4000多元每平方米的单价,我们只能望房而叹。

老师在叙述啰唆中仿佛又一次走进了自己一步步走来的往昔。后来,高中毕业后和本科毕业的假期,老师都曾在段店附近打工,也干过劳务市场农民工做的生计,其中苦辣酸辛,一言难以概括。段店,也因此成了老师最熟悉又最想远离的地方。一个从长清乡下走出的孩子,虽然不再对城市感到恐惧,也不再渴慕,但当少年的我站在城市的街头,面对尘土飞扬黄沙漫天的时候,那看着车流滚滚不知所措的感觉,却没有随着时间的流逝被遗忘,反而更加清晰,对这些回忆的情感也更加复杂。无论是回望的痛苦,还是前行的有力,城市,或者说段店,甚至说是老师曾经登上过的当时在建楼盘天成国际的混凝土楼层,都深深地印记在老师的青春和记忆里,远离又回归,出走又重逢。

这,或许是老师想向你诉说的老师与天成国际的故事,老师与西城段店的故事。这样的故事,最深沉处和最具价值处,就是青少时自己的遇见让人清醒,就是青少时自己的经历启人奋斗。多年后看那段经历,它不再不堪,它不再被自己嫌弃,或许,正是自己被城市拒绝和被城市迷惑的过去,让老师看清了自己的去处,看清了自己的未来走向。幸运的是,老师经过努力现在已被城市接纳,对城市亦没有了过去的不理智不成熟的向往。在南山,在任何一个可能的地方,都可以看到未来,都可以不惧怕黑夜,都可以看到光,并成为光,然后"微以至远"。

时间来到6月9日的凌晨一点,远处省道103上渣土车的胎噪一点儿也不友好,不知现在的你是否会被打扰。今天上午八点,你们将要进入等级科目的比拼了,距离离校还有36个小时。许是距离离别的时间如此之近,老师的情绪被你们的毕业离别感染,今夜的叙述进入了一种情绪的沼泽。因为,有些特定的时刻,情绪比讲述真实,歇斯底里胜过箴言智语。老师向你讲述我的过去和来路,便是希望泽豪同学你可以从生活的切肤真实里读懂真实,从热烈的生活理解中寻找理解。

你的老家在长清，在这个意义上，我们是实打实的老乡。每一届的学生中，都有来自长清的学子，他们在与老家亲人千丝万缕的联系中，经常会找到我作为一中信息的中转者。家长们希望我帮着照料孩子在校的生活，提供力所能及的支持，商量合适合理的选择。这些来自老家长清的学子，都呈现了长清人的踏实和质朴，长清人的实干和苦干，长清人的向往和追求。无论是老师带的上一级7班的一个学姐（高考成绩超过其在二中就读的双胞胎妹妹30分左右），还是更早的2014级或2012级的学姐、学长，他们都在一中取得了进步，获得了美好的结果。更有说服力的是同样毕业于2019年的一个老家的孩子，在我们一中复读，从一个前一年本科线下30多分的无希望青年成长为当年超本科线50分的青年，最终被医学院录取。

你的高一一年老师没有参与，但老师为了准确地把握你的成长历程，去教务老师那里借来了资料，从而确证了你后两年的成长与进步，成熟与提升。老师是一直相信你的能力的，便有了上次谈话时，老师对你进取心不足和理想性不坚定的训导。青春的时光转瞬即逝，我们要理智地看清自己的所有与所无，这样，我们最低限还可以做到与好友一同打闹与欢笑。希望你能读懂老师对你的鼓励与提醒，在青春最重要的时间和最关键的位置，走好自己的每一步，走对自己的每一步，走实自己的每一步，走准自己的每一步。有了践步的基准，有了安静处自己的坚守，泽豪，你才会像你的学姐或学长一样，可以在未来从容地讲述自己的故事，可以在明天骄傲地谈起自己的过往。这样的故事与过往是有力的，是激荡人心的，因为它们是你的故事，是你的历史，你就是主角，你创造了它们并被它们荣耀加身。老师期待并真诚地希望你如夜行之灯，虽然有时微弱，但毕竟可以成为光明的引领。

面对离别，老师再多说几句。老师有你母亲的微信号，经常会看到她的朋友圈状态更新。如果老师给这些朋友圈信息归类的话，只涉及两个对象：一是你母亲认真对待的工作，一是你的一切。有这样一条朋友圈信息，大意是"店里今日不营业，来校看青年，大家勿跑空"之类，老师看到的除了文字之外，更看到了你母亲的心灵和内在。寻常言语的不寻常处，其实是你母亲细腻而幸福的内心。店里收入可以暂停，儿子不看却不行。这是骄傲的通知，也是幸福的告知，老主顾们会读懂你母亲的深情的。作为儿子，你更要明白与理解：母亲，是我们爱的起源和所在，是我们责任的起始和所守，读懂母亲，读懂深情，也会读懂人生，读懂未来。小伙子，老师期待，你一定会做得不赖！

离别情怀，不尽依依，诸君一别此去，海天远隔，灯火星星，人声杳杳。信的最后，老套地摘抄一个句子："当你聚焦于远处的山峰时，山谷就会成为写满希望的旅程。"希望老家来的小伙子如蓬勃朝日，时空俱新。

老师再一次祝福你，未来有无限可能的李泽豪同学，十八岁生日快乐！

班主任　刘兆军

2022 年 6 月 9 日

亲启，致青春的你

# 读懂生活的深情与厚谊

## ——写给浩然同学

**吾生浩然：**

见字如面，展信快乐。一直默默努力、一直自我追寻、一直认真负责、一直坚定期待的浩然同学，十八岁生日快乐！

物理科目的考试已经结束，你坐在老师的旁边，继续和同学们一起为剩下的化学、生物而战。高考的战役，你已经攻下了主科的三座大山，闯过了等级考的第一个虎穴龙潭，老师希望你继续沉静心神，咬紧牙关，在你担任课代表的优势科目上，踏马前行，一路平川。

这两天，老师的心情被即将离别的伤感浸染，同时又被网络媒体上关于我们的最后一节班会的报道和转发激动。你的高中三年即将结束，老师第十二年整的育人工作也将完成——2019年秋季你进入了历城一中，2010年秋季老师来到了南山。虽是时间不同，身份有别，但师生都在寻一种人生里的可能。你虚心向学，老师努力求索，"鸡汤"的话便是"时光从不负人，结果注定完美"。

历城一中地理位置优越，老师曾在一次教师节的感悟中，把它形容为"济南之南最美丽的校园"。当我们师生从不同的地域来到南山，心便静了，神也聚了，劲更足了。你听，窗外的鸟鸣和夏风，还有书页的翻动，万籁入耳；你看，大家埋首注目，负重前行，左与右，前与后，都是你的同行者，都是追梦人。在这样的环境中，散乱的心神得到凝聚，萎靡的心志得到振奋，光明的未来在所行所为中渐渐浮现它美好的画面。

三年来，晨曦中的黎明，暗夜里的发奋，能让一个少年不妥协、不松懈、不放弃、不犹豫、不怀疑、不质疑的，一定是一个坚定如铁的东西。这个东西，是信念，是梦想，是精神，是追求，是渴望，是目标，是未来，是青春，还可以是心底的一切。有了这个它和它们，我们早起的黎明才不会困顿，我们日间的坚持和硬撑才有了气力，我们晚睡的充实才不会悔恨。这样每一天的重复，每一月的坚持，真正地构成了博大而厚重的三年。三年的日与夜，便有了丰富人生价值的意义和内涵。

甚至我们还可以减少对生活的"审美"涂色，去除这些虚浮的夸张和语词的修饰，回到每一个平凡日子的简单处和直白处，我们只从奋斗和前行的生活逻辑追求出发，去思考我们的所行为何，我们的所为求何。老师相信你，浩然同学，你一定是深刻地明白和懂得了这些为什么，你也一定是长远地追问和解答了这些为什么，你在内心和思想上获得的这些答案，这些谜底，也一定是支持你、增援你一直以来坚持努力前行的最深厚力量和最深邃能量。没有人不会疲惫，没有人不会劳累，没有人不会松懈，也没有人可以完全复制最投入时的状态并把这种状态一直保持。青春过往中，这些否定性的时刻出现的时候，我们正是凭借这种信念完成了对抗，再一次出发，把那个将要放弃的自己拉回青春的赛道，修正走偏的轨迹。

是的，浩然同学，这意念在你的心中，在老师的心中，在每一个怀揣热望和激情、每一个心怀感动和可能、每一个拥有蓬勃青春和不屈生命的追梦人心底，在我们的精神和智慧中，在我们的骨子和基因中。老师不断地"搜肠刮肚"去寻找激昂的语词，去铺排和安放这些句子和语段，不仅是给你的战斗意志加持钢铁的力量，也是老师一路走来，跌跌撞撞最真实和最具体的收获。浩然，你的老家在千里外的周口，老师的老家在济南之西又西的一个小村落。我们都从老家出发，来到陌生的地域，寻找明日的可能。

因为疫情，线下的家长会我们只开过几次。老师与家长见面的机会更是寥寥无几，甚至我对你的家长也少有印象。上个月，我们举行了十八岁成人仪式，在家长交由我转达的家信里，老师看到了生活的可能和真实。老师老家的村落，是大而破败的。每一次回乡，对于我们外出求学、习惯了城市但不一定内心接纳城市的人来说，都是一次疏离。"回不去的故乡，留不下的城市",网络上对这类人群的概括交织着希望和伤感,混杂着忧愁与不解。在父母看来,我们求学的目的必是进入城市,不重复他们此前的人生的。上午与你交流,我大致了解了你的家庭生活。从乡村走向城市的这个过程本身就是勇敢的代名词了。大多数人往往习见了惯性的魔咒,循规蹈矩地过完一生。往往是那些对生活心有不甘、愿意提出对目前生活的不解并且敢于迈出第一步寻找答案的人,到最后会实现了另一种人生的可能。老师希望,浩然同学你也是这样的青年。面对积习的生活,敢于从人生理智处出发,敢于从"为什么不能如此"启程,超越现实中青年眼里的不堪,去开掘出新生活的可能。

成人仪式上,长兄为你写的家信,有长兄观察生活后的责任担当的影子,有对父母辛劳的理解和感恩,有对你新生活的祝愿与期待。"父母皆艰辛,尤以母为笃""低徊愧人子,不敢叹风尘""游子未能归,感慨心如捣",这些直白浅近的诗句用诗词的方式传达了你在回复长兄的书信里提到的生活细节。酷暑天寒,夏雨冬风,"哀哀父母,生我劬劳",浩然,你难以忘记的生活酸辛的细节,以及父母在为我们遮风挡雨时站立的身影,老师相信你可以读懂,也读懂了生活的深情厚谊。理想的实现是唯一和最直接的报答,老师相信你,并真诚祝福你:高考,马到功成,加油!

离别情怀,不尽依依,但老师相信,"聚是一团火,散是满天星"。信的最后,老套地摘抄一个句子:"百余年前,五四先驱李大钊这样激励青年:青年之字典,无'困难'之字,青年之口头,无'障碍'之语;惟知跃进,惟知雄飞,惟知本其自由之精神,奇僻之思想,锐敏之直觉,活泼之生命,以创造环境,征服历史。靠什么征服通往梦想的火焰山?拿什么安放我们心中如火的激情?奋斗,唯有奋斗!"希望一直坚定行走在奋斗之路上的小伙子浩然,未来人生似海,壮阔长天。

班主任　刘兆军<br>2022 年 6 月 9 日

# 用自己的实际行动回馈美好

## ——写给奭喆同学

**吾生奭喆：**

见字如面，展信快乐。一直很安静、一直很善良、一直很内秀又一直很理智的奭喆同学，十八岁生日快乐！

老师提笔写下这份祝福的时候，你的等级考第二科马上要交卷了。高考的结束与成功，近在眼前。

现在是6月9日的晚自习，明天这个时候，你已经坐在家里，舒服地躺在沙发上，拿出沉寂在箱底的手机，开启自由的假期模式了；或者，你的家人为你准备了庆功宴，大家开怀畅饮，庆祝青春答卷的完成。所有的想象都是美好，所有的预设都是未来，但我们现在最需要做的，还是稳定住心神，明天的生物科目还等待你的完美发挥。

未来，现在，还有过去，构成时间整体意义上的我们。未来的辉光璀璨，现在的执笔沉潜，过去的厚重深沉，这些时间的光点，成为编织过去千余个日夜的觉醒和奋斗之网的最深印记和最好标志。在离歌即将唱响的时刻，畅想未来的最好方式可能就是回到我们的过去，循着时间的脉络，梳理过往，定义现在，决胜未来。

为了从真实的细节和确凿的记忆中寻找今天书写祝福信件的切入点，老师搜罗了过去两年的班级文件夹。回溯时光，沿着来处寻迹而行。老师能够找到的你在23班的最早图片，是2020年8月31日我们师生初见班会上的签名照片。在老师板书的"三词九字"的图片上，你用标准的楷书，在黑板"新征途"三字的下边位置，写下了被图像永恒保存下来的"李奭喆"三个字。这标准的书写，其实也在隔着时间的屏幕向我们介绍：奭喆，是一个方正的孩子。

印象里，你的名字中间的"奭"字，老师好像读错过一次。虽然2020年8月30日的晚上，在为你们构思姓名诗句的时候专门查过它，但这个生僻的方块字，它过于"高大"，过于"威猛"，最后终于老师是在读错后巩固了对它的读音记忆。"音shì，盛大的样子。《说文》：'奭'，盛也。从大，从皕，皕亦声。奭作古字时百为日，做人名时其义尚不可完全确定，学术界认为有辅助之意。""喆，圣喆之治。喆，两吉对立。吉，象形，上是兵器，下是盛放兵器的器具。喆通'哲'，在双方具备实力中找到平衡。意为有智慧，聪明的人。多用于人名。"从专业解读中，我们可以看到，你的名字被长辈和家人寄予了多么美好的期望，大智慧，大聪明，双百双吉，方块汉字的魅力在你的名字中体现得淋漓尽致。在这份美好的期待中，我们可以找到家族文化的影子，从这份寄予的深情中我们可以寻到家长期待的目光。带着文化的深意开启人生河流和青春大海的旅程，这样的少年应该在细节里发现背后深蕴的情感意义和文化价值。仅从名字这一点，你的方正和美好便多于小伙伴一层，当有感恩的心意，用自己的实行回馈父母家人倾注的期冀，用自己的所为呼应寄托的厚重。

千余个日夜中，我们师生有缘共同度过了其中三分之二的旅途。老师清楚地记得，高二时你心情低落，请假回家，我们师生二人在信息楼的二层走廊交流沟通，在五楼教室外的东侧大厅我们也探讨过青春明日的几种方向。时间无言，记忆也在逐渐模糊，但陪伴时间的，是与时间一同前往的旧日情绪，感受和体验不会被忘记，率真的你让老师印象深刻。

当然，伴随时间的除了美好的情绪，还有一些稍显暗淡的光影。你在成人礼的家信里，提到了陈老师。老师不用去揣摩，只需简单想象，便会勾勒出陈老师与你的故事，你是她（或他）教育叙事里的重要一员。少年就是在棱角的磨平和性格的培养里才会走向生命的澄明的。老师读书时，亦经历过你书写中的过往故事，成长之后，你会发现，能赋深情的反而是师者与孩童的这种曾经的聚合和彼此成就。高中我们一同前行的两年，光亮多于暗淡，希望大于失落，成长胜过止步。看着你三年以来的变化，老师深深地祝福：我的学生，奭喆同学，定能立马山河，未来锦绣！

高中时光转瞬即逝，听你母亲说起过，她也是一中的校友。能够与自己的母亲成为校友，这既是生命的厚赠，也是岁月的慷慨。这样，你们便可一起"吐槽"母校，一起说些糗事，一起共享记忆，从这个意义上说，母子的求学之线也是学校发展之线，甚至可以说，你与母亲的每次对话都是校友级别的对话，每次探讨都是关于一中历史、现在、未来的探讨，这样的母子关系和时光关系，甚至是一个时代里教育脉络在独立个体上的具体展现。羡慕你，奭喆同学。

明日高考决胜后，你将从一中的小站，去往更为宽广和壮阔的人生中。我们以数字为桨，以梦想为帆，乘风渡海，浩浩荡荡。数字的追求固然重要，数字之外更要用心，更要谨慎。因为那些数字之外的它们，才是我们完整丰富之青春生命的深切内涵和价值意义所在。我们开朗乐观的性格，我们真诚厚重的品性，我们友善悲悯的情怀，我们使命责任的担当，这些丰富的意义，才是超越成绩、超越数字之后，真正在岁月里经得起考验和耐得住检验的美丽人生之根本要素。

你在成人礼的家信里，表达了令父母纠结不已的少年情绪。借用王朔的小说，可以概括为"一半是海水，一半是火焰"。成长的过程酸辛备尝，成人的希望甘甜醇厚。生活有酸辛，未来必甜美。

"在春风得意之时，悔恨酣然沉睡，而在困苦潦倒之时，它会带着痛楚的知觉醒来。"信中你的自责处，也是老师看到了希望处。"用高傲的心灵来承受不幸，用希望来安慰悲戚。"不论是岁月的深情还是成长的蜕变，相信你的母亲也如老师一样，在信里看到了希望的样子和期待的真实。这种期待和真实，正在白日和深夜，正在当下与未来，生发、生长、生成。因为，"只有能够实现的希望才能产生爱，只有希望才能持续爱"。你母亲美丽的容颜在等待奭喆爱的兑现，生物医学的大门已经开启，相信你，一切从现在开始，祝福你，现在的现在，笔下的答卷定会是完美的青春答卷。高考如愿，马到功成，加油，奭喆！

离别情怀，不尽依依，灯火星星，人声杳杳，但"聚是一团火，散是满天星"。信的最后，老套地摘抄一个句子："人必须像天上的星星，永远很清楚地看出一切希望和愿望的火光。"期待一直坚定行走在充满希望的奋斗之路上的小伙子奭喆，可以在蛙鸣蝉噪的盛夏，看到胜利的精彩，享受抵达的喜悦。祝福你，小伙子！

班主任　刘兆军

2022年6月9日

# 期待不会过期，将永远保质

## ——写给杜燚同学

**吾生杜燚：**

见字如面，展信快乐。一直在追求、一直在坚持、一直在向往、一直在期待的杜燚同学，十八岁生日快乐！

现在时间是2022年6月9日深夜，当老师开始为你书写这份青春祝福的时候，距离高考结束只有十三个小时了。十三个小时以后，你将解脱估计是人生中最累的学业任务，释放最大的学业压力，去拥抱青春的新阶段和生命的新境界了。

此刻，在宿舍值守的老师正在一层巡察，静静地守护着你们入睡。老师今晚没有值夜班，得以又一次坐在家中的阳台上，伴着黑夜里的各种声响和略显凉爽的夏风，写下这些文字，写下这些过去、现在和未来的美好。面对这些文字和美好，就是面对自己的内心，面对生命和生活的可能，在可能里找寻前行的价值与意义，在可能里挖掘未来的方向和指引。

记得在高二锦绣楼时，老师有一次把你和李浩叫到走廊，与你们两个进行了长时间的谈话交流。谈话的内容老师大致还能记起，就是希望帅帅的你们有帅帅的表现。这是老师的期望，更是家长的期望。三年，一千多个日夜仿佛还在昨天，但6月10日12点30分，伴着生物等级考结束的铃声，你们的三年便要真正地过去了。老师家阳台的窗外，学校北门的广场，还彻夜通明，可是，青春美好的时间过去后便真的不复返了。杜拉斯曾说过："好像有谁对我讲过，时间转瞬即逝，在一生最年轻的岁月、最可赞叹的年华，在这样的时候，那时间来去匆匆，有时会突然让你感到震惊。"既然时间流逝的过程是如此冷酷无情，那拥有青春的我们该当以怎样的姿态，去利用年少的有限时间，去创造可能的未来人生？

高二时，老师在教学楼走廊讲过的对你的期待依然没有过期，并将永远保质。不知在毕业的离别时刻，回望在一中的三年，你是否会热烈地歌颂自己的过去，自信地向往美好的未来？老师希望你能有自己内心真实的答案，能听到自己心底最真实的声音。这个答案，应该是出于对过去的准确总结与自我概括；这个声音，应该是基于对现在的精准认识和理智把握。现实里，青年在预想和勾画未来的蓝图时，往往过于阔大或过于微小；在实现蓝图和兑现未来时，往往韧劲不足和志性不强，预想只能流于口头，勾画常是画饼充饥。希望杜燚同学，你能有热烈的言行，也要有匹配热烈的实践；你能有豪壮的假设，更要有与之对应的扎实的付出。前天晚上自习时，老师为大家读了一篇文章《高考所代表的奋斗精神历久弥新》，文中有这样的语句："事实上，无论什么时候，决定'终身'的从来不会是'一考'，而是一个人能否一以贯之保持奋斗的精神，以及把个人命运汇入更宏大历史叙事中的格局。考卷上的试题文字随着岁月流逝将日益模糊，但为之拼搏不懈的经历和精神将成为考生受用一生的财富。一代代人的奋斗累积，成为我们这个民族在复兴路上的共同记忆。"当身边好多的年轻人因为学习之累之苦而提前"躺平"或放弃这条青春的竞逐赛道，他们便提前丧失了一个在最公平赛道上竞争的机会。这样的青年，自以为聪明地选择了捷径，其实是把自己推向了更困难和更艰险的旅程。他们不知，除却高考之外，其他的方式与之对比，总有不完美和不完善的地方，他们的逃离和放弃在很大的可能上让他们成为那些不完美或不完善方式的牺牲品和献祭品。也因如此，高考依然被视为最公平有效的人才选拔方式，依然是目前年轻人改变命运的最主流机会。

老师便是因为这样的机会，改变了如果没有高考注定一生坎坷和疲惫的命运，从此走出农门。面对现状，老师对过去悔意不能全无，但感谢必是主要。老师出身乡野，家里并无文化氛围。母亲没有读过书，连她自己的名字也写不好，记亲人朋友的电话号码是在她自创的"象形文字"的帮助下完成的。家庭环境对我学业上的帮助基本没有，少年时又经常遭受别人的冷眼，居此回望，五味杂陈。

但唯一被老师懂得和明白的事，是相信知识和选拔考试的力量。对大学的向往在老师高中求学时更像是一种精神图腾。正是这种图腾帮助老师忍受了同学之不能忍，克制了同学之不能克制，进入大学之门。记得考研复习时，冬日寒风劲吹，为了抢占复习的位置，老师每日早起。看着宿舍里其他同学呼呼大睡，心里也多有被幸运抛弃之感。但岁月从不负人，疲惫松懈时，老师便从《金刚经》片段"云何应住，云何降伏其心？不惊、不怖、不畏"中找寻力量，悟到心志。

时间已到凌晨一点，这篇成人礼祝福信的完成，也宣告了老师在2020年11月发出的豪言壮语终于要兑现。"梦想还是要有的，万一实现了呢？"在为大家写作这个系列祝福的过程中，放弃的声音响起多次，犹豫的想法也频繁出现，自我怀疑的否定也一直伴随。但梦想的声音总是在这些时刻一次次现身，击倒放弃、犹豫和怀疑，然后又一次打开电脑和手机，继续完成书写。

杜燚同学，你从济南东边的还乡店来到南山，求前途，找方向，塑人生。三年的苦辣酸甜，老师相信你也体会深刻。在成人礼的家信里，父母以朴实的言语，完成了对孩子的再一次鼓励和期待。你的回信也直抵内心，剖析了过去的岁月。其实，老师看到的更是你的成长。每一段青春都值得赞扬，每一个未来都值得喝彩，每一个生命都值得欣赏。

我们师生有缘，得以共同走过彼此人生中的两年时光。过去的两年，不论我们是对它报以热烈的颂赞，还是对它怀有绵绵的遗恨，不论我们对它永记于心，还是对它怀揣商榷的态度，它，真的要从今天宣告结束了。宣告它结束的最好方式，便是用最后一次猛攻，拿下生物科目的高地，然后在下午五点，骄傲地归来。老师祝福你，高考马到功成。加油！

　　离别情怀，不尽依依，灯火星星，人声杳杳，但"聚是一团火，散是满天星"。信的最后，老套地摘抄一个句子："人最重要的是发现自我。因此，你必须常常孤独和沉默地思索。"希望在这个夏天，小伙子杜燚能在辛勤的求索中发现新的希望，收获最美的果实。

班主任　刘兆军<br>2022年6月10日

# 日为日行，不负时光

## ——写给允楷同学

**吾生允楷：**

见字如面，展信快乐。

岁月悠悠，衰微只及肌肤；热忱抛却，颓废必达灵魂。一直勇敢渴望求索、一直顺应家长心意、一直默默承受不言弃的你，高考完成快乐。

九个月，270天，这是我们相识的时间。2021年的9月9日，你们走进了2019级23班。你们的到来，绝对是缘分使然。记得那天，你们在一号学术报告厅等待，老师在管理办公室开会抓阄，然后，就是我们的270天了。

凡是经历过高考的人，对高三都是记忆犹新的。如老师般悲催，遇上2003年那样变态的考题，高考成绩和模考相去甚远，当有同学选择再来一次时，我们便属于胆怯的一类，不敢再踏入这条刻骨铭心的冰冷河流。你们，无论是自我的选择，还是家长的意愿，能来到一中重新开始，并坚持走了下来，在老师看来，已是最勇敢的决定了。

一年来，你们体验了焦灼和挣扎，经历了怀疑和犹豫，感受了欣喜和希望。总结这喜乐参半的一年，无论是伴以胜利的歌声，还是奋进的诗谣，无论是伴以青春的泪水，还是充满信心的欢笑，老师希望你们都能昂首以胜利者的姿态，大步流星地前往宽广未来，飞向壮丽长天。

一年来，你们为这个班级带来了与众不同的力量。清浩有敦品励学、明志笃行的精神，宇欣和允楷有务本求实、奠基未来的追求，魏喆有严谨勤奋、至真报国的使命担当，有独立飞扬的生命个体才有青春起舞的班级。你们已然体验过高三，参与过高三，希望在历城一中2019级23班的日夜没有给你们留下遗憾，没有让你们失望。每个学校有每个学校的风尚，每个班级有每个班级的气度，每个老师有每个老师的特点，但最直指人心的还是我们每个独特的生命个体的风格与力量。进入不同的学校或年级，你们内心都有杆秤，肯定会比较，希望我们的努力不会让大家回想往事的时候有无限的悔恨，这就是对学校最大的认可了。

一年来，除了记忆的美好，或许也有老师对你们的严厉和鞭策、督促与"提示"，"就让往事随风，都随风，都随风，心随你动"……

作为老师，离别的时刻还有几句嘱咐和唠叨：允楷同学，自信是珍贵的东西，"先相信自己，然后别人才会相信你"；宇昕同学，"为其所应为，这样的人才是勇敢的"；清浩同学，"他山之石，可以攻玉"；魏喆同学，"美——是道德纯洁精神丰富和体魄健全的强大源泉"。希望你们理解体会。"人不能两次踏进同一条河流"，这是古希腊哲学家赫拉克利特对时间的"变"与"不变"进行的经典阐述概括。你们两次踏入了同一条河流，老师希望你们把它当作启示与提醒，未来日为日行，莫要蹉跎光阴。老师希望你们未来加劲奔流，不负时光，河流滚滚，大海汤汤，诸君努力，来日方长！

我们师生有缘，共同走过一年时光。过去的一年，不论我们对它永记我心，还是对它怀揣商榷的态度，它，真的要从今天宣告结束了。宣告它结束的最好方式，便是用最后一次的猛攻，拿下生物科目的高地，然后在下午五点骄傲地归来。老师祝福你，高考，马到功成！加油！

离别情怀，不尽依依，但"聚是一团火，散是满天星"。信的最后，老套地摘抄一个句子："人最重要的是发现自我。因此，你必须常常孤独和沉默地思索。"希望在这个夏天的成人礼上成熟成长的你，"允中锦书来，青春放楷歌"。未来有无限可能的你们，永远十八岁。毕业快乐！

班主任　刘兆军

2022年6月10日

# 展信一马当先，功成必定有你

## 2022 高考壮行信

**同学：**

  首先祝福你们，展信一马当先，功成必定有你！

  三年高中漫漫岁月将逝，遥遥高考梦想成真在即。作为 23 班的一员，两年来，老师看到了你们成长的铿锵脚步，见证了你们为青春梦想不断发力的美好过往。我们期盼的高考决战终于到来了！那场让我们魂牵梦萦、无比渴望用来证明自己的高考，终于准时进入我们的集体围猎场。我们 23 班的每一个人，都无比相信，它将为我们的集体身份和青春标志画上最完美、最灿烂、最动人、最耀眼的句号。你们的理智、自信，和我对你们能力的相信，从 2020 年我们初识的秋天，一直顽强持续到今天——我们终于等到了这个让我们有可能登上人生巅峰的机会！

  后天——2022 年 6 月 7 日，星期二，你们将和其他同学一同步入高考的考场，接受祖国的选拔和检阅。陪伴了你们两年奋斗旅程的班主任，此时此刻，心中亦有万语千言的祝福向你们诉说。不过，老师要告诉你们，在启程的时刻，我不会唱歌，我不能舞蹈，我也来不了相声小品，那就为你们触手可及的成功添一把火，加一把力吧：二五一十，祝愿你们十全十美，马到功成。我和家长为你们祈福、助威，永远相信你们！青春的勇士攻城拔寨，青春的战果手到擒来。加油！我在顶峰等你们！

班主任 刘兆军<br>2022 年 6 月 5 日

亲启，致青春的你

# 聚是一团火，散是满天星

## 美好大学生活开启前老班的唠叨

如果2022年的我是十八岁，我会干什么？我在干什么？会怎样向往未来？会如何实践未来？一切语言的假设都没有现实的附着点，时间倒回二十年，倒是能够清晰地回忆起十八岁的自己在做什么，也能清楚地记得自己当时做得如何。

23班的同学们，马上或已经远行。临行前，老班想给同学们唠叨几句近来一直在酝酿的肺腑之言。这些寄语，在自己这里还有一种"不吐不快"的坚决，就像大家拿出专门的时间去"吃席"，菜肴的搭配固然要讲究健康合理，但最后一道菜的上菜时间必须是有讲究和规定的。

23班的人，都是"讲究人"，作为班主任，一定要做好这个23班的总结。为了把它整得有点儿时光接续的感觉，我甚至把对孩子们临行前的唠叨故意放在今晚。因为，明天，高一新同学就真的开学了。其实，在今晚去完成，更多是拖延症在作祟，就像当时每一封祝福信的构思和书写，没有思路，困顿难解，只有在做和写的进程中，找到交流的重心和每一封信彼此不同的重点。

记得全国教书育人楷模张桂梅老师表达过这样的意思，她希望自己的学生走出华坪女高，忘掉这里的一切，莫要背负沉重的铭记负担，到远方去。张老师的育人境界，我还做不到，但可以"看见"，并引领和导向自己的教书育人之行。我们追寻和向往，高山景行，令人沉思。23班，是我在时间不是太长的班主任工作经历中，最用心的一个班。到目前，对自己来说，也没有之一。不论是仪式感的呈现、激励方法的探索、情感的投入，还有作为班主任自己的成长，都是历届所带班级之最。以后会不会更好，不敢想，也没有勇气去想。

深夜，我又回到高考前那熟悉的情境中去了。伴着妻子和孩子熟睡的鼻息，我一个人走进欢喜的独处时刻。在秋夜安静的沉思中，找到了想给孩子们表达的第一个意思：到远方去！

"当风从海上吹过的时候，它认不出航海者的心情，却能认出高高矗立的帆。"此时，请用力张起你的帆，等风来。录取工作结束后，好多家长跟我私信分享孩子们的录取结果，分享内心的喜悦。大家的喜悦就是我的喜悦，其中夹杂的些许遗憾也是我能感受到的遗憾。可是，当我们把看问题的视线拉长，从长线思维的角度去看，奋斗本身就是一种胜利。在我这个班主任看来，无论学生们的录取结果如何，我都能感觉到大家的"释重负"。三年的高中家长经验，也值得我们每一位家长在回味和咀嚼中，体会其中的酸辛和喜悦；值得我们每一位家长在回放和慢镜中，放大过程的辛苦或焦灼。我们自己参加过高考也罢，或仅仅是作为家长陪考了三年也罢，其中过程的感悟和情绪的起伏，我不知，天地不知，只有你知。仅从情感的丰富性来说，我们是不是也得狠狠地感谢这不可复制的三年独特经历？

几天前，我的孩子们开始去上幼儿园了。今晚能够这么早坐在电脑前，我要感谢几天来有规律的幼儿园生活：就餐有定时，晚休变规律。虽然每天早晨的入园仍是个挑战，但享受了这几天居家轻松时光的我，说什么也要狠着心坚持每天准时把他们给送到幼儿园去。

大学开学后，受限于疫情影响，估计家长们下一次见到孩子要在寒假了。孩子们与我们，将实现真正的远离。孩子出门前，"穷家富路"，老话不老，为23班的小伙子和姑娘准备充足的物资，是大家都能想到的。除此之外，我们还要准备什么？每个家庭有每个家庭的独特方式。如果能够为孩子在行李箱中放一件我们认为"放心的行李"，就需要大家继续发挥三年高中生陪读家长的实战经验，一件可以让他们行正走直的行李。

大学是美好的，也是相对自由的，在自由之上，其实更考验孩子们的"静"功夫，考验他们的"稳"气质。大学难考是我们的固有认识，但考上了之后，又应该怎么样，更考验孩子们的定力和判断。前几天，学校安排我去做评委，面试新老师。看着他们年轻的面庞和纸页上的学历信息，我感叹：竞争如此激烈，学历提升势在必行。

2016年，我带的毕业班里有一个男生宿舍527。他们的乱和不务正业属于我带的学生里面的"天花板"级别。语言和惩罚改变不了他们的，现实可以。今年暑假，当527宿舍的第五名同学考入"211"院校，他们在工作中曾经面对的"学历鄙视链"其实在再次确证当下的现实：竞争没有止境，也没有机会止步。更高的山峰，和更为宽广的风景，需要孩子们认清现实，继续把学业作为最重要的事情。青春姣好的面容和秀丽的容颜不会永驻，知识的魅力却能永恒。23班的孩子，最懂这个道理。

我不是一个擅长在众人面前表达自己的人，身为班主任，却又不断地突破自我设限，一次次在学生面前"好为人师"。多年以后，当23班的孩子回忆起高中生活，能说"老班啊，还不错"，就是我不虚此行了。

今年是2022年，距离21世纪中叶还有28年。这是23班的同学们这一代人最为宝贵和重要的28年。2022年进入大学，期待23班所有的孩子能在未来担大任，负勇力，高歌远大志向。理想不尽相似，但都应与新时代同频共振，殊途同归于同一片"星辰大海"。

感谢大家两年来对我工作的支持和帮助，我们的家长群也完成了家校合作使命。不解散，留作纪念。

班主任　刘兆军

2022年8月30日